U0932014

淒風苦雨

從文物看日佔香港

增訂版

唐卓敏　著

中華書局

增訂版序一

今年是中國人民抗日戰爭勝利八十周年。在這承載着民族記憶與榮光的時刻，《淒風苦雨：從文物看日佔香港（增訂版）》一書的出版，以珍貴收藏品的獨特視角重現那段血火交織的歷史，不僅是對過往苦難的深刻反思，更是對今日和平繁榮的珍視與謳歌。

以史為鑒，開創未來

作為人大代表，我深感歷史教育關乎民族精神傳承。本書不僅是史料彙編，更是一堂生動的愛國主義課。它提醒我們，紀念勝利並非沉湎仇恨，而是從苦難中吸取力量。當下國際局勢波譎雲詭，唯有牢記「落後就要挨打」的教訓，堅定維護國家主權與發展利益，方能確保香港長期繁榮穩定，確保中華民族偉大復興進程不可逆轉。

願每一位讀者透過本書觸摸歷史的脈搏，將個人命運與國家命運緊密相連，以敬畏之心珍視當下，以奮鬥之志開創未來。

林至穎

第十四屆港區全國人大代表

增訂版序二

時值香港的夏天，雨總是下得纏綿。1941 年冬，淒風苦雨中的港島，在炮火與硝煙中墜入漫長的黑夜。三年零八個月，一段被刺刀刻進城市肌理的歷史，如今在唐卓敏醫生的收藏中，被一頁頁揭開。

《淒風苦雨：從文物看日佔香港（增訂版）》不是一部尋常的史書。它不依賴宏大的敘事，而是以明信片、舊照片、檔案文書為引，帶我們重返那個飢餓與恐懼交織的年代。唐醫生以醫者的敏銳與收藏家的執著，將這些沉默的證物一一拾起，拼湊出一幅戰時香港的浮世繪。

唐卓敏先生的身份本身便是一種隱喻：身為醫者，他救治身體；作為歷史收藏者，他試圖療癒記憶的斷層。在醫學與人文的交匯處，他完成了這部兼具史學嚴謹與人文溫度的作品。

值此抗戰勝利八十周年之際，此書更顯其深意。香港的年輕一代，生長於霓虹璀璨的太平山下，或許難以想像他們的祖輩曾如何在「蘿蔔頭」的皮靴下求生。但歷史從不應被簡化為慶典上的煙花，它更需要我們以雙手觸摸其粗糲的質感。唐醫生的收藏恰如時光長河中的礁石，讓我們得以逆流而上，看清來路的險灘與暗湧。

願我們都能聽見歷史深處的回聲。這不僅是對過去的追憶，更是對未來的叩問：一座城市的靈魂，究竟該如何在記住傷痛的同時，依然保持向光而生的勇氣？

是為序。

呂愛平

第十一、十二屆全國政協委員

香港浸會大學副校長（研究與發展）、黃英豪博士冠名中醫藥教授

歐洲科學院 外籍院士

乙巳年夏於香江

增訂版序三

1941 年聖誕之夜，香江淪陷，既是山河之慟，亦係文明之殤。昔日繁華之「東方之珠」，竟於三年零八月間化作焦土。日寇鐵蹄所至之處，燒殺搶掠，生靈塗炭，慘絕人寰，罄竹難書。然淪陷之下，香江亦有不屈之魂，歷史傷痕、文明星火，雖經風霜，終難盡滅。值此抗日戰爭勝利八十周年之際，喜得此書，以日佔時期文物為舟，溯流而上，重窺當年淒風苦雨歲月，並以史為鑒，警醒後世，勿忘國恥。

本書作者唐卓敏醫生，乃香港醫學專家；懸壺濟世之餘，更以醫者仁心、史家修為，廣集香港文物，其用心之專、用情之深，常人難及。本書刊載唐醫生珍藏日佔時期文物逾 300 件，以郵票、錢幣、明信片、照片、單據等日常生活物品，具體展示淪陷時期庶民掙扎求存、困頓窘迫之印象。書中文物蒐集之精、資料數量之巨、涵蓋層面之廣，令人欽佩，

余習史有年，深明歷史非僅前後敘事之交迭，實乃無數個體命運之交織。文物乃歷史之實證，其價值非惟物質，更屬精神

與文明之記憶。書中所示票據、證件盡皆泛黃褪色，閱之當知今日我輩安居，實乃前人犧牲小我之因緣美果，應當加倍珍惜當下和平，以免重臨前人之困境。

「硝煙已遠，警鐘長鳴」，本書既係歷史著作，亦係後世之警示。書中文物皆為中華兒女苦難之明證，為後來者重溫歷史之憑藉。本書之出版提醒讀者銘記歷史，珍愛和平。願讀者皆能以敬畏之心撫摸書中文物，以悲憫之情聆聽其中故事，並為祖國繁榮昌盛，國泰民安，為中華民族偉大復興而祝禱！

劉智鵬

立法會議員

嶺南大學歷史系教授

二零二五年六月十二日

增訂版序四

The Japanese occupation of Hong Kong lasted from 1941 to 1945. It was a grim time, but after the darkness came the light. Whereas the Empire of Japan signed the "Instrument of Surrender to the Allies" in Tokyo Bay on September 2, 1945, this was followed shortly afterwards by the unconditional surrender of the Japanese forces in Hong Kong, on September 16. So ended a harrowing period for the people of Hong Kong, whose suffering during Japan's occupation was horrendous.

This year marks the 80th anniversary of Hong Kong's liberation, an event requiring full recognition. People need to understand how their forebears coped with tyranny, what they had to endure and what conditions were like. It is a powerful story, which teaches how adversity was overcome, and how the spirit of Hong Kong's people was unbroken, despite their ordeal. Although the dangers were often huge, local patriots, in different ways, courageously resisted the Japanese occupation from the outset. For example, the East River Column and the Hong Kong Kowloon Brigade organised themselves militarily, and their guerrillas made life as difficult as possible for the occupying power.

Although facing vastly superior forces, they were not afraid to take a stand, and their example inspired many.

In this anniversary year, a debt of gratitude is owed to Dr William Tong for producing the second edition of his seminal study of the Japanese occupation of Hong Kong, first published in 2015. He is a renowned collector with keen historical perspectives of his own. He has not only provided expert commentary in his text but also illustrated it with items from his collection. While some of the items are very rare, they are all illuminating in their own way, and they depict what life was like during the occupation. Although conditions were invariably harsh, life still had to go on, and hardship often brought out the best in people.

The illustrations show how the military government operated, how its bureaucracy controlled things, and how ordinary people adjusted themselves to wartime circumstances. Through documents, photographs, postcards and assorted artifacts, Dr Tong sheds light upon events of which many people know little, but form an integral part of Hong Kong's history. By informing post-war generations of what happened with such clarity, Dr Tong will undoubtedly enlighten many, including students and the curious. His work, moreover, will be rewarding for everybody who cherishes Hong Kong's history, values its example and wants to broaden horizons. Dr Tong has made an important contribution to historical knowledge, and I commend his text accordingly.

I Grenville Cross GBS, SBS, SC
Senior Counsel, Hon Professor of Law, former Director of
Public Prosecutions of the Hong Kong SAR
July 1, 2025

增訂版序五

八十年前，抗日戰爭的硝煙散去，華夏大地迎來了久違的和平。然而，歷史的傷痕與記憶，並未隨着歲月的流逝而模糊。相反，它們如同沉默的見證者，提醒着後人勿忘過去，珍惜和平。在這樣一個具有深遠意義的年份裏，收到唐醫生邀請，為《淒風苦雨：從文物看日佔香港（增訂版）》撰寫序言，深感榮幸。

文物，是歷史的見證者。它們沉默不語，卻訴說着往昔的故事。本書以獨特的視角，透過一件件珍貴的文物，為我們揭開了日佔香港時期的神秘面紗。每一件文物背後，都承載着一段鮮活的歷史，都蘊含着香港人民在苦難中不屈抗爭的精神，並重現了香港在三年零八個月日佔期間的歷史場景。作者以其豐富的收藏和細膩的筆觸，將那段苦難歲月中的點滴記錄在案，讓讀者能夠透過歷史遺物真切感受到那段時代的重量。

當我們凝視這些文物，彷彿能看到當年香港街頭的滿目瘡痍，能聽到香港人民在戰火中的悲泣與吶喊。同時，我們也能感受到他們在困境中堅守的信念和勇氣。這些文物，不僅是物質的遺產，更是精神的財富，它們激勵着我們銘記歷史，珍惜和平。

《淒風苦雨》不僅是一部歷史書，更像是一座橋樑，連接了過去與未來。透過這些文物的故事，我們不僅能夠學習歷史，還能從中吸取力量，讓這段記憶成為我們面對未來挑戰的精神資源。在當今這個全球化和社會快速變遷的時代，懂得珍視歷史、尊重歷史，顯得尤為重要。因為只有了解過去，我們才能更好地把握現在，並開創未來。

最後，我謹以此序，向作者的付出致以敬意，向所有在抗戰中付出生命、汗水與淚水的先烈致敬。願這本書的出版，能喚起更多人對抗戰歷史的關注與思考，並在這個和平的時代中，繼續傳承那份不屈的精神。

陳偉佳 謹序

香港浸會大學附屬學校王錦輝中小學總校長

中國宋慶齡基金會理事

增訂版自序

整整八十年過去，那場席捲全球、給中華民族帶來深重苦難的世界反法西斯戰爭暨中國人民抗日戰爭的硝煙早已散盡。然而，歷史的迴響從未停歇，尤其是在我們腳下的這片土地——香港。當舉國上下隆重紀念抗戰勝利八十周年之際，回望那一段被日軍鐵蹄蹂躪的「三年零八個月」黑暗歲月，其意義不僅在於緬懷先烈、銘記犧牲，更在於警醒當下、啟迪未來。

正是在這樣的歷史節點，《淒風苦雨：從文物看日佔香港（增訂版）》一書得以付梓。它並非一部宏大的敘事史詩，亦非詳盡的政治軍事史考，而是選擇了一個更為沉靜、卻也更為直抵人心的視角——「文物」。

何謂文物？它們是時光的倖存者，是歷史的「沉默證人」。一張張斑駁的「軍用手票」，訴說着經濟掠奪的殘酷與民眾財富的瞬間蒸發；一張泛黃發脆的「住民證」，禁錮着行動的自由與身份的屈辱；一份發霉陳舊的配米票、渡航證，承載着飢餓、恐懼與壓迫下的記憶與生存掙扎；一封字跡模糊的戰俘家書，寄託着亂世離愁與渺茫的期盼⋯⋯這些看似冰冷的物件，在日佔時期的香港，卻曾是無數人日常生活的一部分，是那段淒風苦雨、艱難歲月的直接承載者。

這些文物是香港淪陷時期血淚史的物化象徵。凝視它們，是對那段黑暗歲月中逝去生命的哀悼，是對在頑強求存、甚至奮起抗爭的香港先輩堅韌精神的致敬。香港的「三年零八個月」，是中華民族十四年浴血抗戰不可分割的一部分，其苦難與抗爭同樣壯烈。

本書的初衷，便是試圖透過這些散落於博物館、檔案館、私人收藏乃至城市角落的「物證」，去觸摸那段被刻意模糊或被時間風塵遮蔽的歷史肌理。它們不言語，卻比任何文字都更具象、更真實地揭示了軍國主義佔領者的嚴苛、資源的匱乏、自由的喪失、生命的脆弱，以及潛藏於民眾心底的不屈與韌性。每一件文物背後，都牽連着無數個體的悲歡離合、生死掙扎。它們共同構成了一幅淒風苦雨的立體圖景，讓我們得以超越宏觀的史實，感知那個時代普通香港市民的體溫、心跳與脈搏。

銘記歷史，砥礪前行。最後感懷那些在戰爭中逝去的生命，更為抗戰勝利而捐軀的戰士致以崇高敬意。感謝初版讀者的支持，以及促成本書得以付印的所有人士，更致謝為此書作序的好友。

是為序。

唐卓敏

二零二五年 抗戰勝利八十周年紀念前夕

初版序一

日佔香港的三年零八個月，對於戰前出生、遭受戰火蹂躪而倖存的長者來說，是人生最黑暗的歲月，永誌難忘；但對九十後的年青人來說，日佔時期的歷史與史前史沒有兩樣，都是遙不可及的事，哪會費心思與時間去理解，也不明白長者為何總愛懷緬戰爭。香港淪陷時期的歷史，一直以來都是學者與研究者最感棘手的課題，因這段時期的資料，大部分都在戰爭期間散逸，殘缺不全。其實早在淪陷的前一年，殖民政府各部門已停止發表工作年報，官方慣常公開的通告亦紛紛停刊，要重組 1940 至 1945 年的歷史，只能靠老一輩見證者口耳相傳，略知一二。長者或因記憶模糊，或因思緒凌亂，複述的史事雜亂分散，實難有系統地重構日佔時期的歷史，史學界逐漸遺忘了重組這段時期歷史的責任。

唐卓敏醫生公開日佔時期的個人珍貴藏品逾 300 件：明信片、照片、車票、證件、各種票據等，分為軍事、經濟、社會及民生狀況等類別，把淪陷時期的香港，逐一呈現在讀者眼前。這本徵引資料數量龐大，涵蓋層面廣泛，輔以文字解說的集子，不但補充了歷來研究日佔時期史料的不足，更為這段時期的研究提供了新的線索，填補了研究的空隙，彌足珍貴，是研究者及市民大眾不可多得的瑰寶。圖像本身被記錄、被發表乃至被流傳，也象徵了製造資料者的立場，不同政見者背後的政治動機，為研究者提供了解當時社會狀況的實證，對解讀殘存的史料具啟發及輔助作用。圖像資料述事能力強，較易懂易明，讀者透過圖像既可觸摸歷史，也可利用個人的想像置身其中，作古今對比，對當時的情景有更深入的體會。常言道鑑古能知今，這些擺在眼前的珍貴素材，讓我們感激長者在戰爭期間所作的犧牲，為他們堅毅不屈的精神而驕傲。我深信只有尋找歷史的足跡，才能認識自己身處的時代，勇敢地面對將來。

何佩然

香港中文大學歷史系教授

梁保全香港歷史及人文研究中心主任

李和聲香港歷史資源中心主任

初版序二

今年適值抗戰勝利 70 年，正是回顧歷史、温故知新的良機。78 年前日本發動全面戰爭，神州大地有半壁江山被日軍鐵蹄蹂躪達八年之久。至於處於大陸南陲，時為英國殖民管治地區的香港，也被侵佔了三年零八個月，提起這段黑暗的歲月，我們的上一代大都不堪回首。在淪陷時期，被日佔政府及軍人戕害的、餓死的平民數以萬計，更多的人被迫以手上的港紙兌換日本政府濫發而沒有黃金作儲備的軍票。和平後，百姓終生的積蓄變成廢紙，欲哭無淚，索償至今仍不得要領。

我這一代，有幸生於和平之世，但從父母口中，尚可得悉並體會到其時生活之困苦；至於成長於昇平之世的香港年輕一代，自小看日本卡通片成長，鍾情於日本漫畫，穿着日本時裝，愛吃壽司、拉麵，對於他們來說，日本幾乎是一切美好東西的代表。很難想像在七十多年前，日本曾發動過一場殘酷的戰爭，奪去包括中國、東南亞等地數以千萬計的人的生命，導致生靈塗炭。七十多年前的日本侵略，是鐵一般的事實，我們可以寬恕，但未敢遺忘。要認識三年零八個月的日佔時期的情況，可以從與民生息息相關的實物入手，包括郵票、錢幣、明信片、照片、單據、文獻、檔案等等，這都是認識此段歷史最好的媒介。

唐卓敏醫生是香港頂尖的核子醫學科專家，治病救人之餘，以搜尋及收藏香港文物為樂，眼光獨到，以收藏豐富及精品多樣而享譽收藏界，令人艷羨。猶記得過往博物館籌劃展覽遇到文物不夠時，往往向唐醫生求助，其收藏之豐可見一斑。為了配合抗戰勝利 70 年紀念及香港重光 70 年，唐醫生慨然公開其多年珍藏的日佔時期的文物，配以精簡文字，介紹日佔時期港人生活的不同面相。一書在手，我們可重溫香港歷史上的重要一頁。謹向廣大讀者大力推薦。

丁新豹

香港中文大學歷史系客席教授

前香港歷史博物館總館長

初版自序

1941 年 12 月 25 日的聖誕節，香港淪陷，日軍佔領香港。巧合的是，100 年之前，即 1841 年，英國通過鴉片戰爭，單方面宣佈《穿鼻條約》，進佔了香港。1945 年 8 月 15 日，日本宣佈無條件投降，香港光復，重返和平。

今年是香港抗日勝利的 70 週年，當年不幸的香港市民經歷了三年零八個月的日軍殘酷統治，苦不堪言。現在香港享受着安定繁榮的日子，對於這段黑暗及較為空白的歷史片段，年輕的一代可能所知無幾，但老一輩的香港市民對於日佔期間的慘痛經歷仍然記憶猶新，刻骨難忘。由於當年市民痛恨這段被日軍侵佔的痛苦歷史，加上戰火的洗禮，戰後香港的經濟發展迅速，不少戰前的舊樓已被拆卸重建，因此得以遺留下來的文物不多，在舊物市場或拍賣會上亦較為罕見。這些文物資料非常稀有和珍貴，對於研究這段時期的歷史非常重要，作為收藏品的價值和意義也甚高。

本人從自己的日佔藏品中選出三百多件，包括明信片、照片、車票、證件、各種票據文獻等，撰錄反映香港淪陷前後的軍事、經濟、社會及民生狀況，雖然只是一鱗半爪，但希望讀者能重溫這些藏品背後的舊日歷史，領略苦盡甘來的人生道理，並體會和平盛世的可貴，珍惜得來不易的安定繁榮。

全書內容根據本人的藏品而寫，未能深入引證，恐怕有所錯漏，敬請讀者包涵原諒，加以指導。何佩然教授和丁新豹教授在百忙中撥冗撰寫序言，令本書生色不少，在此向他們致以衷心感謝。最後我要感謝中華書局編輯部，特別是黎耀強助理總編輯的從旁協助，讓這本書順利出版。

唐卓敏

2015 年 9 月於香港

目錄

香港的淪陷 57

日本的治港政策 93

大日本帝國政府
軍用手票
壹圓

漢譯
日語の講座
香港日文研究社出版

戰前的
香港

繁榮的背後

香港地處中國大陸南方海岸，自鴉片戰爭割讓給大英帝國後，憑藉其在地理及政治上的優勢，在 20 世紀初已逐漸發展成一個重要的商埠。香港的經濟環境雖然不是很富裕，但也不失為一個安居樂業的好地方。加上香港的交通運輸發達，大批歐洲人紛紛東來經商、傳教及旅遊，他們喜歡購買明信片作為紀念，並會寄給親朋戚友以作書信聯絡用途。這些明信片除了在通訊方面有所貢獻外，本身也是非常珍貴的歷史文物，具有很高的參考和欣賞價值，特別是一些用黑白照片製作的明信片，更能清晰地反映出香港當時的實貌，成為了收藏家的寶物。戰前香港的人口，主要集中在香港島，最繁盛的地區是中上環、西營盤及灣仔一帶，這些地點常常成為明信片的題材。

到了 1941 年中，國際形勢急劇惡化，戰爭的陰影籠罩着整個香港，港府高層軍政官員的調動更是前所未有的頻密。莫德庇少將（Christopher Maltby）先於 7 月接任三軍司令之職；繼而楊慕琦（Mark Aitchison Young）於 9 月 10 日蒞任港督，代替了因患病健康欠佳而離職的羅富國爵士（Geoffry Northcote），而新任輔政司詹遜（Franklin Gimson）亦於 12 月 7 日抵港。一天之後，日軍開始向香港發動襲擊，香港守軍英勇抵禦了 18 天，最終因彈盡糧絕，於 12 月 25 日聖誕節宣佈投降。在 1941 年 12 月前，香港市民做夢也沒想到，香港會由大英帝國的殖民管治地區，變為日本的佔領地。

戰前的維多利亞港，港島中上環一帶樓宇密集。

一九二〇年代末的皇后大道中，近中央街市的一段，行人熙來攘往，右面遠處可見到余仁生的招牌。

戰前馬路旁自由自在的小市民。

手工上色的照片明信片，可見繁榮的中環德輔道中是香港的商業中心地帶。

「東亞病夫」

清朝末年，外國勢力不斷入侵中國，朝廷腐敗無能。甲午戰敗後，清廷簽訂了喪權辱國的《馬關條約》，被迫向日本支付巨額賠償，致使積弱的滿清帝國任人宰割，更吸引了各強國的覬覦，欲分一杯羹。20 世紀初，中國發生了義和團之亂，八國聯軍攻陷北京，清政府又向各戰勝國付上了庚子賠款。

日本自從 19 世紀的明治維新開始，在工商業、經濟及軍事上發展迅速。日本接連戰勝了中國後，更在 1905 年的日俄之戰中，大敗當時的沙俄強國。日本政府顯得信心十足，開始密謀全面侵華的計劃，以為可在短時間內全面佔領中國。

當時，歐洲非常流行富有幽默感的卡通漫畫，人們經常把漫畫印製成明信片出售，製作精美，很受市民歡迎。這些明信片以嬉笑怒罵的形式，諷刺社會、政治、戰爭等等。由於主題明顯，一目了然，很容易讓人會心微笑或內心不安。在清朝末年，諷刺及羞辱中國的漫畫明信片經常在歐美國家出現，用以貶低中國，掩蓋其侵略行為。

▶ 在光緒二十四年（一八九八年）繪製於香港的明信片，不言而喻，反映出清末的時局，列強各國對中國虎視眈眈。

時局圖
滿清
光緒廿四年歲次戊戌廣東開平柂振泰依王香江繪
不言而喻
西伯利亞
SIBERIA
俄國
北
南
東
西
日本國
JAPAN
COREA
高麗
MANCH
滿洲
蒙古
MONGOR
PEKIN
THE RISING SUN
JOHN BULL & I WILL WATCH THE BEAR
太平洋
KIAO CHOU
上海
CHUSAN
舟山
浙江
CHE KIANG
福建
FUKKIEN
安徽
ANH
河南
HONAN
YUNNAN
雲南
BURMAH
暹羅
SIA
安南
ANAM
COCHIN CHINA
THE PHILIPPINE ISLANDS
BORNEO
EASTERN TURKESTAN
TIBET
西藏

代表了中國的滿清人，被各國軍隊圍毆攻擊。

當時的歐洲和亞洲局勢，日本及沙俄不斷向外擴張，中國人成為「東亞病夫」，無力抵抗。

日本及歐洲列強環繞着一碰即碎的中國巨人跳舞。

A qui l'emportera
Pauvre John Bull! ils te font la nique et sur ton dos s'arrachent les meilleurs morceaux.
Rélève toi vite .....
..... si tu peux.

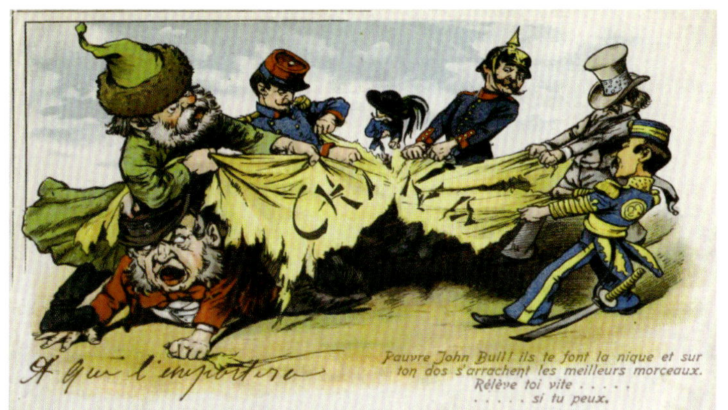

各國軍隊輕易地撕破寫上"CHINA"並代表中國版圖的布匹。

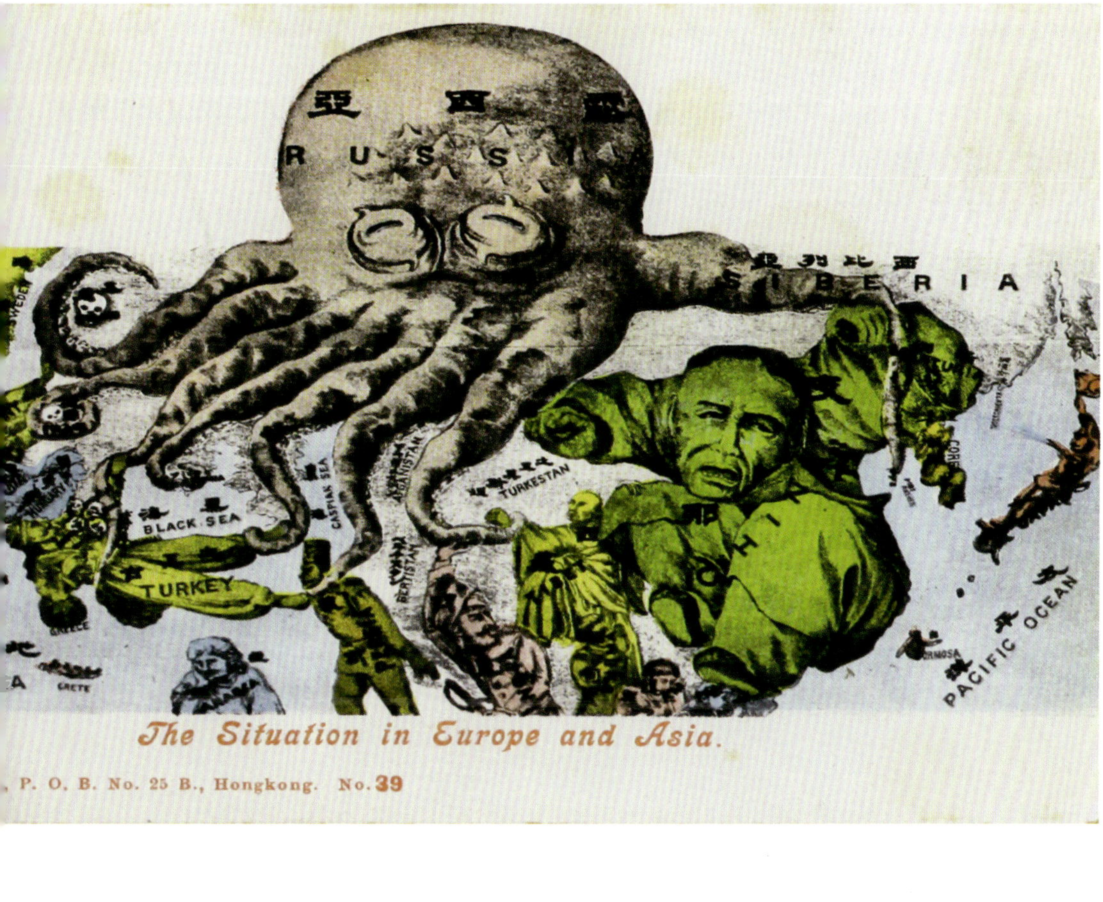
RUSSIA
SIBERIA
BLACK SEA
CASPIAN SEA
TURKESTAN
TURKEY
PACIFIC OCEAN
CRETE
The Situation in Europe and Asia.
P. O. B. No. 25 B., Hongkong. No. 39

日本全面侵華

1914 年，第一次世界大戰在歐洲爆發，日本即借機佔領當時德國在中國山東的租借地青島。1931 年 9 月 18 日夜，日本關東軍自行炸毀一段南滿鐵路，誣指是中國東北軍所為，然後以此為藉口，於當夜攻擊東北軍，同時炮轟瀋陽城，即所謂「九一八事變」，日本侵華戰爭從此展開。

1932 年 1 月 28 日晚上，日軍向上海進攻，製造了所謂「一二八事變」（又稱「上海事變」）。同年，日本在東三省扶植溥儀為「偽滿洲國」皇帝，成立傀儡政權，在華北推行所謂的「自治運動」，計劃長期佔領這些地區。幾年之間，日軍佔據了東北全境，繼而向全國各地發動侵略戰爭，企圖控制中國的政治、軍事、經濟及領土。到了 1937 年 7 月 7 日，日軍引發了「七七盧溝橋事變」，北平、天津相繼淪陷。7 月 31 日，國民政府軍事委員會委員長蔣中正發表《告抗戰全體將士書》，宣佈「和平既然絕望，只有抗戰到底」，全國人民熱烈響應，抗日救亡運動空前高漲，中國全面爆發抗日戰爭。

▼盧溝橋，位於距離北京市區約十五公里的永定河上，為我國最長的古代多孔圓弧拱橋，距今已有八百多年歷史。這明信片為一九〇〇年八國聯軍攻入北京時，法國軍隊在這聞名的盧溝橋上所攝。

一九三七年七月三十日，日軍攻陷北平，不久即在市內當眼的地方貼上皇軍入城的告示。

(47) 先施公司前罹難之斷臂殘肢

一九三七年八月的淞滬會戰，是整個抗日戰爭中規模最大、戰鬥最慘烈的一場戰役，上海遭日軍進攻及轟炸，市內傷亡慘重，不少建築物被炸毀。

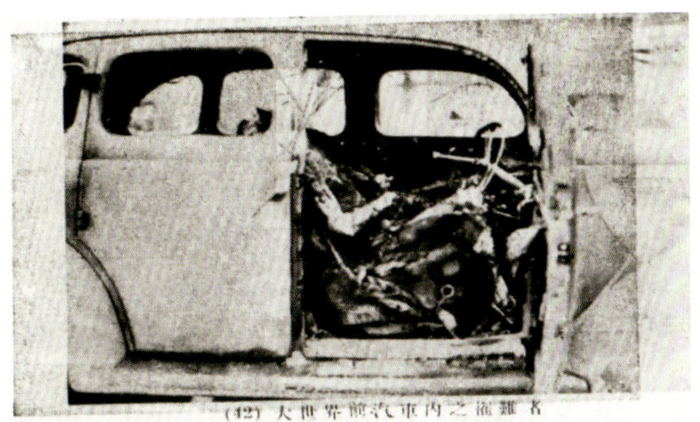
(42) 大世界前汽車內之罹難者

(10) 沙遜飯店被炸情形之一

生命財產保障

國防化學會長黃新彥防毒面具之製法

（救飢方統列）

煮粥救飢法

米九升　烏豆壹升炒　生羌壹兩　油壹兩　鹽三兩　清水五十餘斤

煤約十八斤　凡煮粥切要用舊鐵鑊，萬不可用新鐵鑊，因新鑊煮粥煮飯，飢民食之多生疴嘔也。先用生油與羌起鑊，次落烏豆與清水，待水滾落米，大約滾一点鐘久，後用慢火再煲半点鐘，煲成粥五十斤，若每人一斤，計可供五十人食，欲供給多廿人照數增減可也。但煲粥宜於夜間煲好，貯在大瓦缸中，次早以木棍梳匀，然後分飢民食，可免因過熱食，不致傷生之害。早煲者午派，午煲者晚派，使食者切忌驟飽，若果驟然過於飽食，則飢腸爆裂矣。倘救久飢者，更宜潑稀粥於木桌上，令該久飢者吮食之，否則飢腸微細，飽食則脹死矣，切記。

食樹皮樹葉樹根及食雜糧者須知

若遇飢荒而食樹葉樹皮樹根，須與稻草節（即粘穀禾稈草之節）同食方可，否則必防閉塞而死。若食野菜雜糧者，寒症尤多，宜加食生乾羌為要。

香濟丸

黃豆七斗　芝麻三斗　水洶過即蒸，不可蒸久，恐去原氣，蒸過即晒乾，去殼，三蒸三晒，搗爛為丸，如桃核大，每服一丸，可以三日不飢。如遇飢荒，此方所費不多，一料可濟數千人，宜修合以濟世。

濟飢方

黃豆七斤炒熟　糯米十斤炒熟　黑芝麻三斤炒熟　淮山三斤炒熟　共研細末捏丸，每個重三錢，每日食三丸，如寡為收，不用去皮

救荒丸

芝麻一斤炒熟去皮　紅棗一斤蒸熟去核　糯米一斤四両蒸熟　共為細末，煉蜜為丸，每個重三錢，每日服一丸，以滾水送下，一日不飢

以上九方不宜過早預製，因貯久恐失原氣，或不生效力。

服後須能救飢，不至肚痛，但覺困倦，不能用力過勞。

民國三十一年四月

香港南北行街第五十八號A

慈善使者謹告

受到戰火的摧殘，糧食的生產及運輸受到嚴重破壞，饑荒處處，香港的慈善團體印發給祖國人民的抗戰生存指南，內容提及如何進食樹皮和野菜以填飽肚皮。此外又教導怎樣躲避日機的轟炸，以及如何以土法製造防毒面具來抵抗日軍的毒氣炸彈。

生命財產保障

每家存一張 臨事無危險

嗚呼，近代民眾之受戰禍摧殘大者，傷害生命，動輒數千萬人，損失財產數百萬萬，小者如上海一隅，僅戰一月，而慘死者數萬人，損失財產十餘萬萬，良堪悼惜。查其摧殘之原因，乃飛机炮彈、封鎖交通、施放毒氣三種，而佔多數人民何辜，罹此浩劫，誠為空前慘劇。今為預防三種避免計，例減輕人民困苦，謹將見聞所及，獻議于民眾之前，俾各存一張，倘遇患難之時，藉以補救也。

(一)避免飛机擲炸彈焚燒生命財產也。

(二)避免毒氣，如吸受其氣味，則有性命之虞，最好買便避毒面具，如嫌耗費，則買料自製，每具價費壹元，鼓角一家數口，所費者數元，使保全家平安，今將製法及用料分列于下，俾有戰事時，各人製便，以禦災難。

(三)封鎖交通則糧食斷絕，所有民眾欲逃不得，欲買糧食而無由，故須先為多貯糧食，以備不虞，縱然無戰，亦可為平日糧食之用，倘貧家無款貯備，或貯便之糧，為炮火所毀，或為匪人搶去，亦要飢餓，今將救飢數方，分別於後，如有事時，即行製便，救己救人，均宜預備，以免臨事徬徨無策。

(防飛机擲彈法)

每戶用麻繩結網，分二層，每層約高二尺，章遮屋面及街巷，其掌網之竹柱或鐵枝，頗須以厚棉花包住，掌網不可太緊，免至受彈之時有相撃力，并在屋面貯水十餘桶，水筆二枝，以為在間之用，如飛机擲炸彈，則有軟網以截之，以柔制剛，不妨爆炸，如以硫磺彈擲下，最好以械火將射之，其次以水筆射炮之，所費者少，所保全者多，倘無械者，則電筒可當手燈，水桶可作家用，水筆滅火，可以沽出，損失甚微。

(防毒氣面具之製藥法) 乃廣州市衛生局試驗有效之方

藥用重曹亞硫酸鈉、炭酸鈉、玫瑰花油水等，混合滙以製成，該項防毒面具，方模與人之面部相等，係以桑紗布夾棉花約厚七分，兩眼以千層紙鑲作圓形，面具兩旁以白布作耳，中橫接皮帶，凡遇敵人施

香港的愛國運動

戰前香港抗日活動一直很活躍，當時港人的愛國情緒可以說是前所未有的高漲。「九一八事變」發生後，香港迅速出現大規模的反日示威，僑居香港的日人甚至成為襲擊的對象。其後的數年間，愛國教育成為了大部分學校的主要課題。不少在這些學校任教的老師，都是從國內淪陷區逃出來的知識分子。除了學校教育外，一些出版機構亦印行了許多愛國抗日的刊物及書本。另一方面，香港的電影工作者亦於此時攝製了多部著名的抗日電影，樹立起香港電影的愛國傳統。

在這段時期，香港出現了大量抗日組織、團體、青年軍、婦女會、賑濟會等，它們推廣抗日救國的主張，並募集經費、藥物及醫療器材，支援抗日鬥爭。其籌款形式多不勝數，包括捐款、募捐物資、義賣、義演、購買救國公債等。

耗時八年的抗日戰爭是一場規模空前盛大的全民抗戰，期間所需的軍費浩繁，為了支援抗戰，逐出倭寇，國民政府曾推行一系列的財政政策，例如發行救國公債、軍需公債、節約建國儲蓄券等等，並勸募海內外人士節衣縮食，慷慨捐輸。從這些公債票中，我們可以深切地感受到當時國難當頭，全國支援抗戰的熱烈氣氛。

旅港華僑救護團救護訓練班招考第一屆學員

宗旨：養成非常時期救護工作人員回國服務起見
地址：辦事處本港灣仔道七十六號四樓
　　　訓練班灣仔鵝頸橋培正學校
資格：不分性別年齡在十六歲以上三十歲以下身體健全熱心服務
　　　並須文理通順者
名額：本屆暫取四十名
時間：每日下午七時至九時
科目：衛生學　防毒法　担架術　掩埋術
　　　救急法　裹紮法　消毒法　陣地工作
報名：繳二寸半身正面無冠相片四張報名費五角
試期：廿六年十二月十五日
試驗科目：體格檢驗（指定醫院檢查）　常識　口試　精神問答
上課：廿六年十二月廿日
畢業：修業期間定兩個月考查合格給予畢業証明書派赴災地服務
救護訓練主任：鍾蓋臣大醫生
待遇：學員受訓期內一切書籍概由本團供給
服裝：受訓期內自備
服務：成績優良自願受派服務者經本團審查及格後暫定服務期間
　　　為三個月所有一切伙食服裝用具鋼帽器械等概由本團供給
　　　成績優良者按級遞升

港人不只募捐金錢物資，亦組織愛國者回內地戰區提供救護服務。

澳門市民亦不甘人後，紛紛舉辦慈善活動，如義演籌款。香港學賑會（香港學生賑濟會）是由一群熱心的大學生於一九三七年成立的愛國團體，進行募捐支援抗日，並派出慰問團與服務團到前線工作。

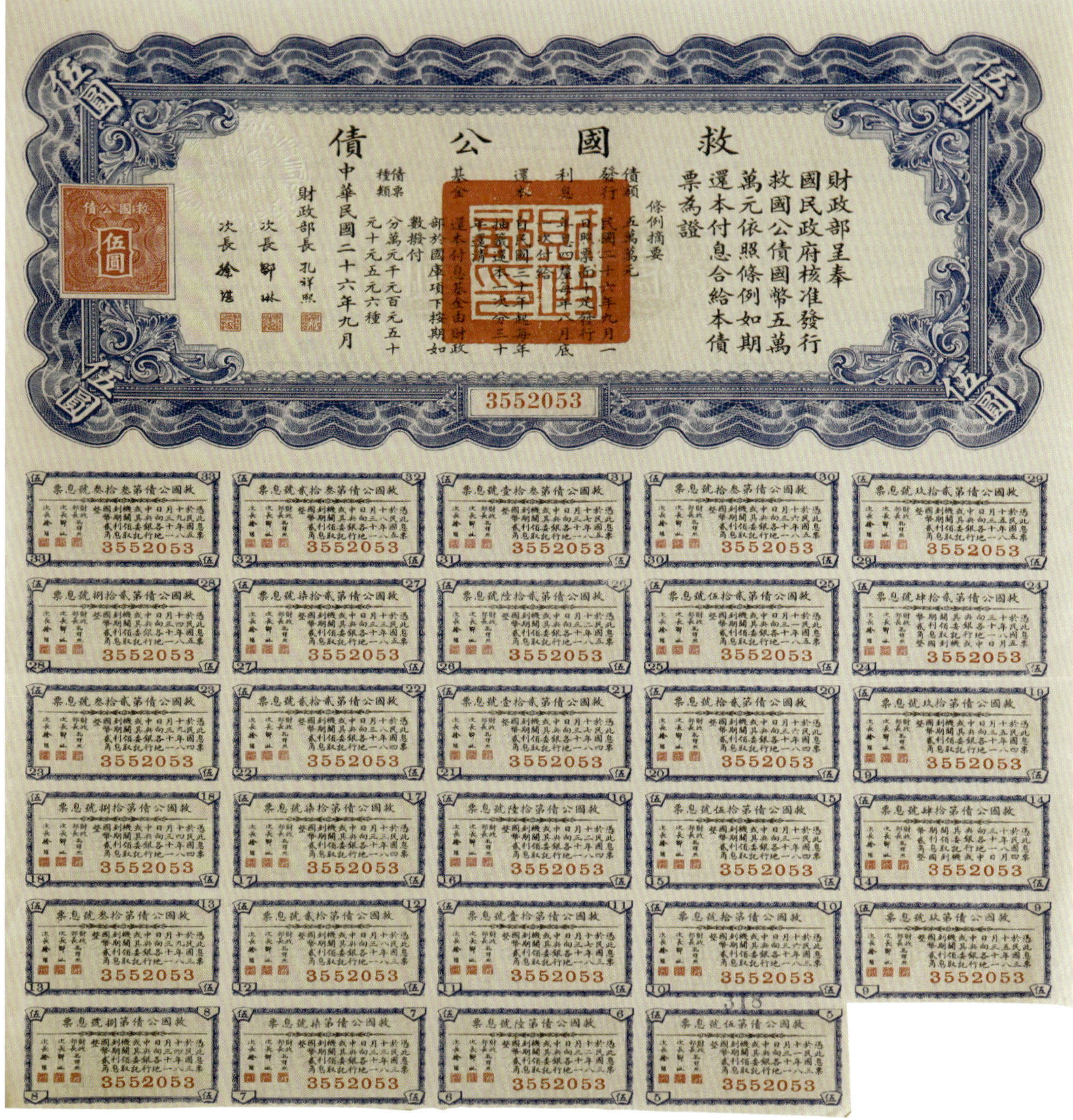
救國公債

財政部呈奉
國民政府核准發行
救國公債國幣五萬
萬元依照條例如期
還本付息合給本債
票為證

條例摘要

債額 五萬萬元
發行 民國二十六年九月一日照票面十足發行
利息 年息四厘每年八月底付給
還本 自民國三十年起每年抽籤還本一次分三十年還清
基金 還本付息基金由財政部於國庫項下按期如數撥付
債票種類 分萬元千元百元五十元十元五元六種

財政部長 孔祥熙
次長 鄒琳
次長 徐堪

中華民國二十六年九月

伍圓

3552053

▲一九三七年九月，財政部發行的伍圓救國公債。公債是指國家的中央政府所借的債。

救國公債的條例及在香港的收款機關。

救國公債條例

第一條　國民政府爲鼓勵人民集中財力充救國費用起見發行公債定名爲救國公債

第二條　凡個人或團體以現金或有價物品繳充救國之用者按照其所繳數額以本公債給予之

第三條　本公債總額五萬萬元於民國二十六年九月一日照票面十足發行

第四條　本公債年息四厘自民國二十七年起每年八月底一次付給

第五條　本公債自民國三十年起還本分三十年還清每年抽籤還本一次

第六條　本公債還本付息基金由財政部於國庫稅收項下指撥之

第七條　本公債債票分萬元千元百元五十元十元五元六種均爲無記名式

第八條　本公債由財政部委託機關經募並公告之

第九條　對於本公債如有僞造及毀損信用之行爲者由司法機關依法懲處

第十條　本條例自核准日施行

香港收欵機關

中國銀行　交通銀行　東亞銀行

華僑銀行　上海商業銀行　廣東銀行

中南銀行　鹽業銀行　金城銀行

廣東省銀行　廣西銀行　永安銀行

康年儲蓄銀行　汕頭商業銀行

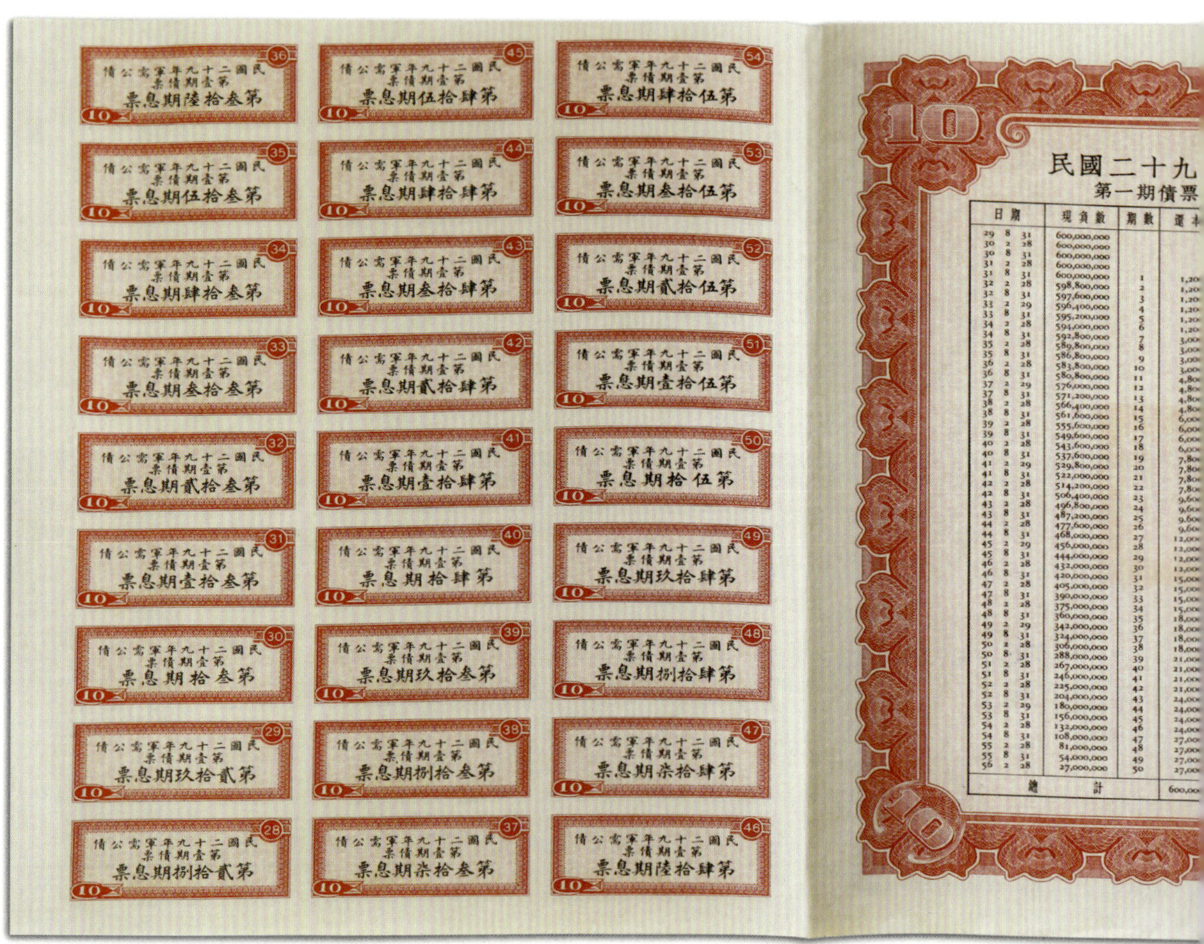

▲ 一九四〇年，財政部發行的十元軍需公債的正面及背面，說明每半年可收取利息三角。

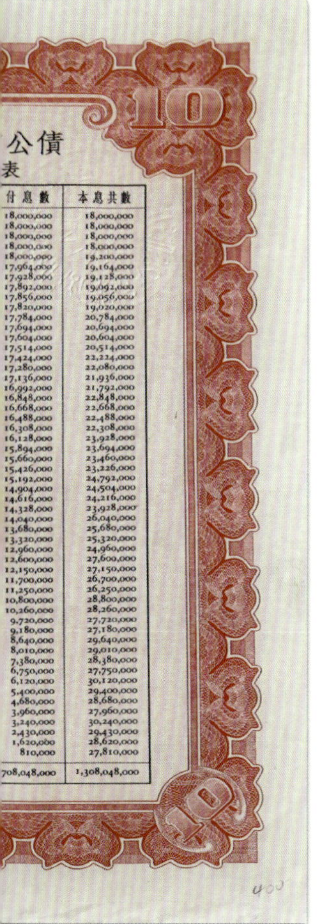

公債
表

付息數	本息共數
18,000,000	18,000,000
18,000,000	18,000,000
18,000,000	18,000,000
18,000,000	18,000,000
18,000,000	19,200,000
17,964,000	19,164,000
17,928,000	19,128,000
17,892,000	19,092,000
17,856,000	19,056,000
17,820,000	19,020,000
17,784,000	20,784,000
17,694,000	20,694,000
17,604,000	20,604,000
17,514,000	20,514,000
17,424,000	22,224,000
17,280,000	22,080,000
17,136,000	21,936,000
16,992,000	21,792,000
16,848,000	22,848,000
16,668,000	22,668,000
16,488,000	22,488,000
16,308,000	22,308,000
16,128,000	23,928,000
15,894,000	23,694,000
15,660,000	23,460,000
15,426,000	23,226,000
15,192,000	24,792,000
14,904,000	24,504,000
14,616,000	24,216,000
14,328,000	23,928,000
14,040,000	26,040,000
13,680,000	25,680,000
13,320,000	25,320,000
12,960,000	24,960,000
12,600,000	27,600,000
12,150,000	27,150,000
11,700,000	26,700,000
11,250,000	26,250,000
10,800,000	28,800,000
10,260,000	28,260,000
9,720,000	27,720,000
9,180,000	27,180,000
8,640,000	29,640,000
8,010,000	29,010,000
7,380,000	28,380,000
6,750,000	27,750,000
6,120,000	30,120,000
5,400,000	29,400,000
4,680,000	28,680,000
3,960,000	27,960,000
3,240,000	30,240,000
2,430,000	29,430,000
1,620,000	28,620,000
810,000	27,810,000
708,048,000	1,308,048,000

民國二十九年軍需公債第一期債票

拾圓

民國二十九年軍需公債

第一期債票

民國二十九年軍需公債第一期債票條例摘要

定額　國幣陸億元按票面九四發行

利息　年息六釐自民國二十九年三月一日起算每年八月底及二月底各付一次

還本　自民國三十一年八月底起開始還本分二十五年還清每年八月底及二月底各還本一次每次還數目依照還本付息表之規定

基金　還本付息基金由財政部在國庫收入項下依照還本付息表之規定數額按期撥交中央銀行備付

經理機關　指定中央銀行及其委託之銀行為經理還本付息機關

票面　分為萬元伍千元壹百元拾元五種

用途　本公債為無記名式得自由買賣抵押凡公務上須繳納保證金時得作為替代品並得為銀行之保證準備金

中華民國二十九年三月一日

財政部長　孔祥熙

次長　鄒琳

次長　徐堪

362277

拾圓

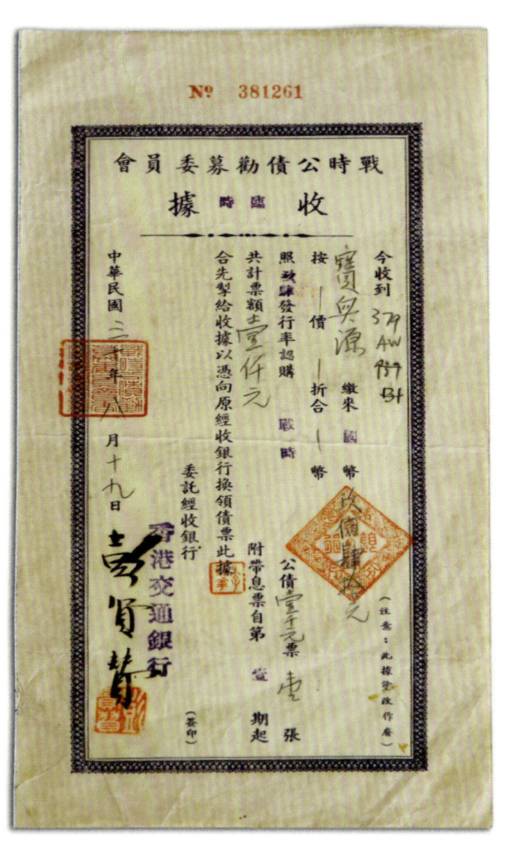

№ 381261

戰時公債勸募委員會

收 臨時 據

今收到 寶與源 繳來國幣

按 債 折合 幣

照 戰時 發行率認購 公債壹千元票 壹 張

共計票額壹仟元 附帶息票自第 壹 期起

合先製給收據以憑向原經收銀行換領債票此據 （蓋印）

委託經收銀行 香港交通銀行

中華民國三十年八月十九日

（注意：此據塗改作廢）

▲ 香港戰時公債勸募委員會的臨時募捐收據。

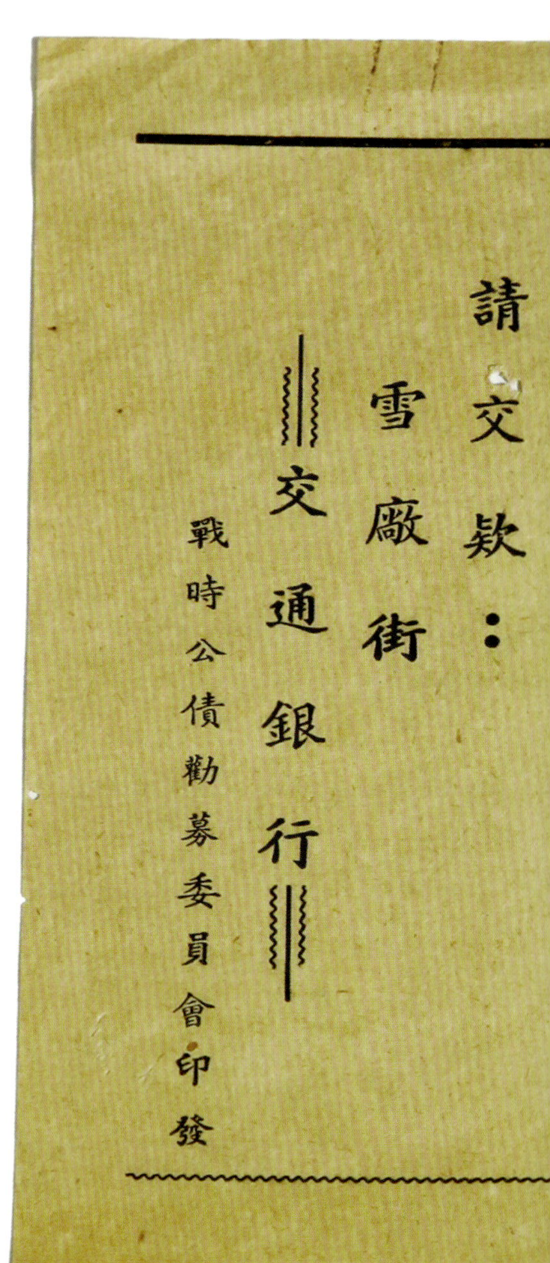

▶ 香港戰時公債勸募委員會印發的勸募傳單。

勸募戰時公債！

要求完成抗戰建國大業，必須人人購買戰時公債！
前線將士爲國拼命，愛國僑胞必須爲國借債！
購買戰時公債，功在國家，利在自己！
國家委托我們敬請　先生購買戰時公債，救國自救！
購買戰時公債，有以國幣九四繳款之利益！
購買戰時公債，請直接交款給各地國家銀行，勸募人不收錢！

民國二十九年軍需公債條例

二十九年三月一日公佈

第一條　國民政府爲充實軍需，發行公債。定名爲民國二十九年軍需公債。

第二條　本公債定額爲國幣十二億(一，二〇〇，〇〇〇，〇〇〇)元，分兩期發行，於民國二十九年三月一日及九月一日各發行六億(六〇〇，〇〇〇，〇〇〇)元，均按票面九四發行。

第三條　本公債利率定爲年息六厘，每六個月付息一次。

第四條　本公債自發行日起，前兩年祇付利息，自民國卅一年起開始還本，各分二十五年還清，每六個月各抽籤還本一次，每次償還數目依還本付息表之規定行之。

第五條　本公債之還本付息，由財政部依照還本付息表之規定，在國庫收入項下，按期如數撥交中央銀行備付。

第六條　本公債還本付息，指定中央銀行及其委託之銀行爲經理機關。

第七條　本公債分萬元，五千元，千元，百元，十元五種，均爲無記名式。

第八條　本公債債票得自由買賣抵押，凡公務上須繳納保証金時，得作爲替代品，並得爲銀行之保証準備金。

第九條　對於本公債有僞造或毀損信用之行爲者，由司法機關依法懲治。

第十條　本條例自公佈日施行。

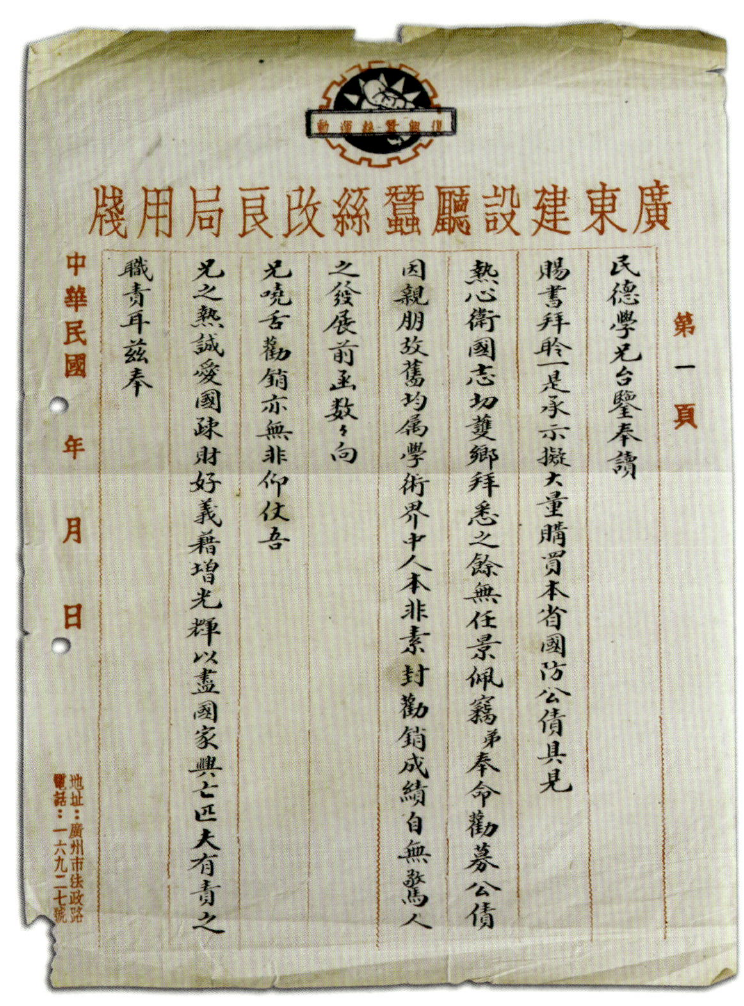

廣東建設廳蠶絲改良局用牋

第一頁

民德學兄台鑒奉讀
賜書拜聆一是承示擬大量購買本省國防公債具見
熱心衛國志切蔓鄉拜悉之餘無任景佩竊弟奉命勸募公債
因親朋故舊均屬學術界中人本非素封勸銷成績自無驚人
之發展前函數々向
兄曉舌勸銷亦無非仰仗吾
兄之熱誠愛國疎財好義藉增光輝以盡國家興亡匹夫有責之
職責耳茲奉

中華民國　年　月　日

地址：廣州市德政路
電話：一六九二七號

一封寫給當時居港的文化人士馮民德的信，內容提及勸捐廣東省國防公債事宜。

發行於一九三八年的五元廣東省國防公債。

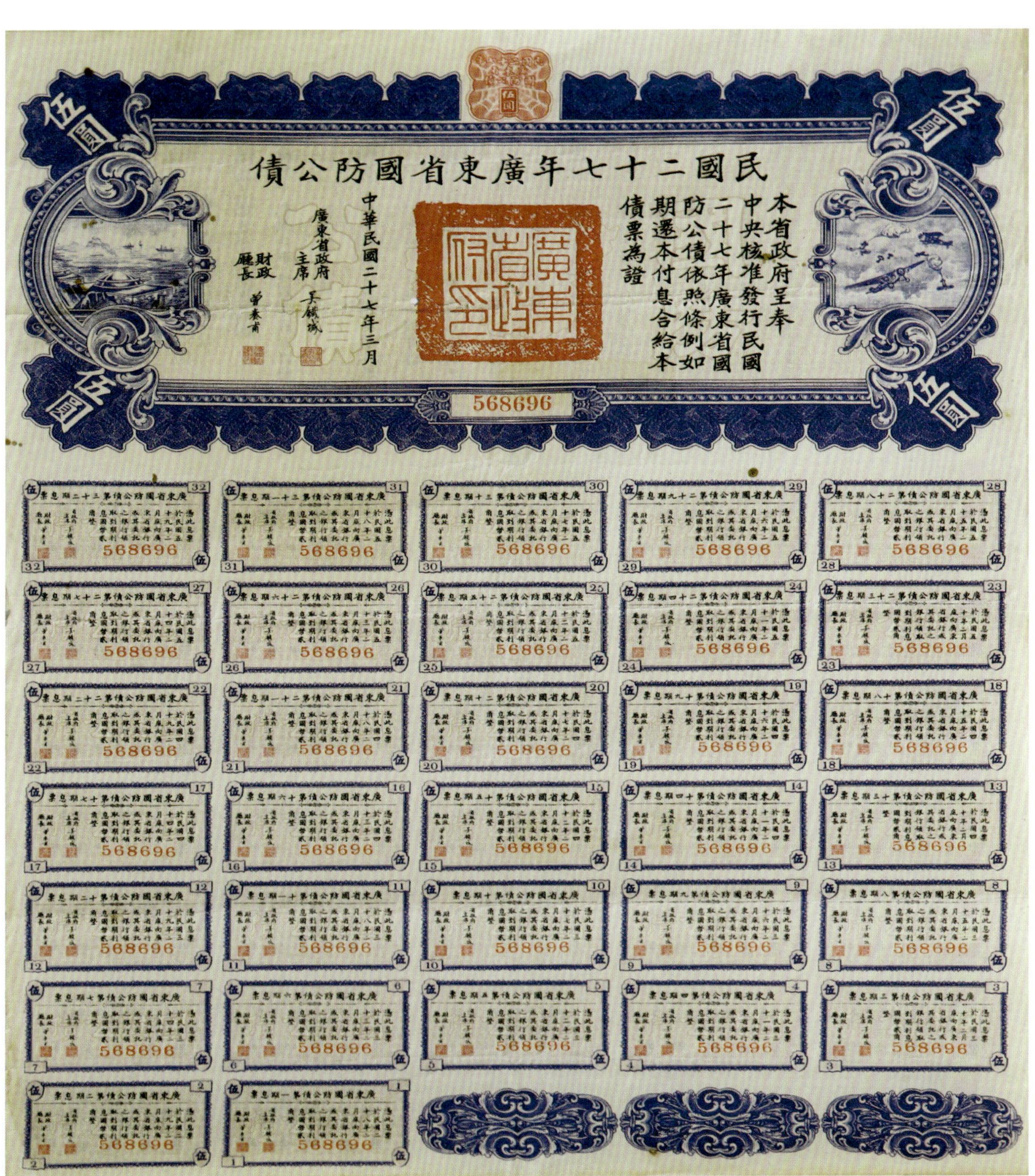

伍圓

民國二十七年廣東省國防公債

本省政府呈奉中央核准發行民國二十七年廣東省國防公債依照條例如期還本付息合給本債票為證

廣東省政府

中華民國二十七年三月

廣東省政府主席 吳鐵城

財政廳長 曾養甫

568696

戰前港英與中國內地的關係

由於香港是英國亞洲殖民管治地區的前哨，位處日本與東南亞之間，擁有重要的政治、經濟及戰略價值，所以港英政府軍非常渴望能永遠擁有這塊寶地。然而新界的租約在 1997 年便到期，必須交還中國，可是新界對香港非常重要，不能缺少。在七七事變前後，當時的港督羅富國便極力游說英國政府，提出兩個建議：一、英國出錢購買新界；二、跟中國政府商討，延長租約。在抗日期間，由於國民政府急需用錢，對於這個買賣，雙方開始時談得很順利，但不久之後大戰爆發，中英雙方都忙着應戰，這宗買賣結果不了了之，直到 1984 年的《中英聯合聲明》，簽訂九七香港回歸，才解決了這個問題。

1935 年，日本的侵略勢力滲透至華北，特別是伸向英國視為勢力範圍的上海、南京及長江中下游一帶，擁有在中國最大經濟利益的英國認為事態嚴重。與此同時，德國希特拉向歐洲發動戰爭，英國受到來自德、日兩方面的威脅。在權衡與決策之中，英國政府決定在東方繼續對日妥協，對中日之間的戰爭採取所謂中立的「不干涉」政策，以保住英國在華利益。暗中卻在不影響英日關係的前提下，支持中國抗戰，讓中國能有效地牽制日本，減輕英國的壓力。

到了 1938 年，日軍在距離香港不遠的大亞灣登陸，攻佔華南沿海地區，廣州、深圳相繼淪陷。這時，日軍已對香港的邊境虎視眈眈，但港英當局對日本還存有幻想，以為英國在中日戰爭中保持中立，香港就不會受日軍侵襲。此外，英國人還抱有傳統「大英帝國不可侵犯」的自大思想，對香港的防衛力量表示樂觀，沒有意識到戰爭將要來臨的危機。

當時英國一貫的政策，是以保證大英帝國包括香港的整體安全，避免捲入對日戰爭為前提，英國甚至以犧牲中國的利益來滿足日本侵略者的要求。1938 年 10 月，日方明確告知港督羅富國，他們佔領廣州的目的是：第一，切斷對華軍火供給；第二，打擊蔣介石政府的聲望。羅富國將這情況報告英國政府後，英國政府決定向日方的威脅讓步。於是從 1939 年 1 月起，香港政府禁止經香港陸路邊界對華出口武器和彈藥。這種蠻橫的做法，令當時港督和英國駐華大使甚為不滿。1941 年 5 月，羅富國致函英國政府，要求取消對華汽車、石油出口禁令，但不獲支持。

由日本印製，用以打擊蔣介石政府聲望的卡通明信片。

(31)

SECRET CYPHER

From: D.M. Chungking
To: B.E. Shanghai (191)
Rept'd to: Governor, Hong Kong (18)
Foreign Office (92)
Dated: 3rd March, 1939
Rec'd: 3rd March, 1939.

For some time I have been considering whether additional financial assistance to China might not be accorded in form of a cash payment in exchange for a long or even perpetual lease of New Territory and Kowloon. There are no papers here on the subject but presumably question has been considered in London. If however it has not been finally rejected I submit that present moment is specially suitable for reopening it. Value of cash down is far greater now than it will be after termination of hostilities when nationalist sentiments are likely to be more difficult to cope with; and if as I assume this territory is essential for safety of Hong Kong a special effort might well be made.

(GT)

▲▶ 港督羅富國在一九三八年四月十三日致英國殖民地大臣W.G.A Ormsby-Gore（右圖），以及一九三九年三月三日致英國駐重慶外交使團的密函（左圖），討論有關英國向國民政府購買或續租九龍新界的問題。

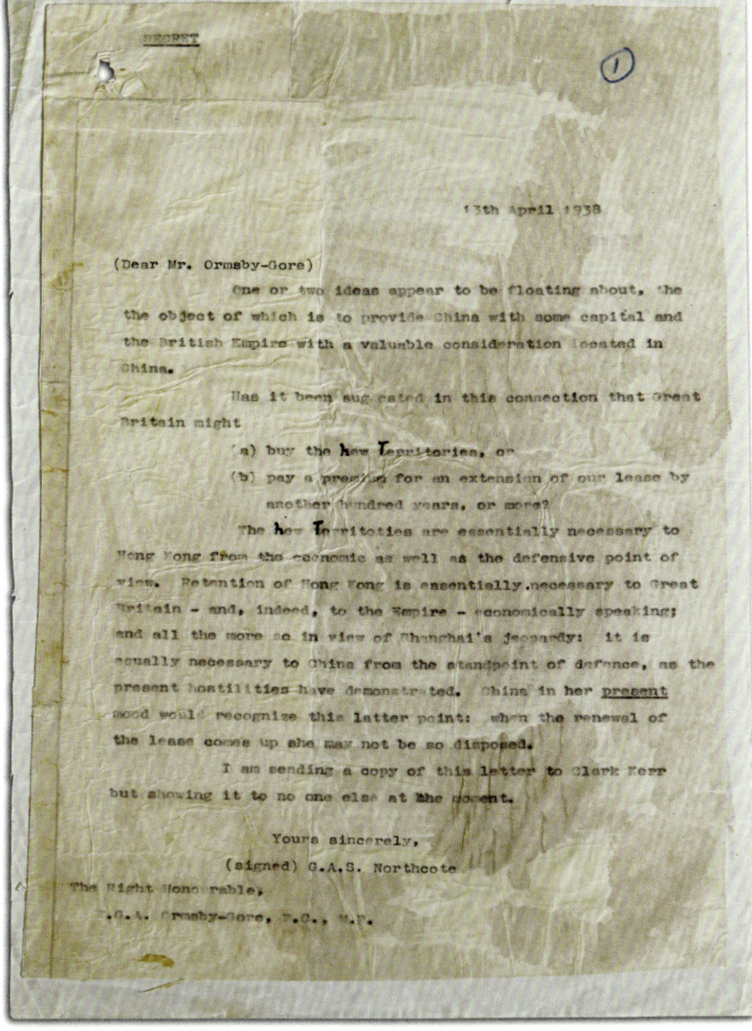

SECRET

(1)

13th April 1938

(Dear Mr. Ormsby-Gore)

One or two ideas appear to be floating about, the object of which is to provide China with some capital and the British Empire with a valuable consideration located in China.

Has it been suggested in this connection that Great Britain might

(a) buy the New Territories, or

(b) pay a premium for an extension of our lease by another hundred years, or more?

The New Territories are essentially necessary to Hong Kong from the economic as well as the defensive point of view. Retention of Hong Kong is essentially necessary to Great Britain - and, indeed, to the Empire - economically speaking; and all the more so in view of Shanghai's jeopardy: it is equally necessary to China from the standpoint of defence, as the present hostilities have demonstrated. China in her present mood would recognize this latter point: when the renewal of the lease comes up she may not be so disposed.

I am sending a copy of this letter to Clark Kerr but showing it to no one else at the moment.

Yours sincerely,

(signed) G.A.S. Northcote

The Right Honourable,
W.G.A. Ormsby-Gore, P.C., M.P.

一九三八年，香港海外流動宣傳團印發的《擁蔣抗戰運動》傳單。

本團負責海外宣傳。出發在即。辱承
最高領袖 蔣委員長。不忘在遠。於軍書旁午。親筆頒賜訓詞
。以昭激勵。最近(廿七年八月十四日)由漢口軍事委員會委員
長侍從室第二處。航空掛號賜到。同人益加奮勉。茲謹將原件
。製成電版。供諸僑胞。藉知
蔣委員長。最近對於神聖抗戰之表示與決心。而我海外華僑。
尤當加倍努力。參加「擁蔣抗戰運動」。所以自救救國也。

海外流動宣傳團謹識

航空 PAR AVION

香港德輔道中一二八號三樓
海外流動宣傳團
彭代團長 光亜 啓

國民政府軍事委員會緘

逕啓者案奉
委員長諭下
貴團八月一日函呈一件為出發海外請頒
訓詞由並題頒訓詞一件奉此相應檢附
原題詞隨函送請
查照為荷此致
海外流動宣傳團彭代團長光亜

附題詞一件　國民政府軍事委員會委員長侍從室第二處 啓　八，十四

國民政府軍事委員會委員長侍從室第二處用箋

中華民族：
為爭取自身之生存而戰；
為維護世界之和平而戰；
為伸張人類之正義而戰；
誓奮全力以求貫澈。
蔣中正題

國民政府軍事委員會蔣中正委員長（一九三二至一九四六年在任）及其夫人宋美齡。

由國民政府軍事委員會委員長廣州行營派駐香港聯絡專員辦事處寄給港督楊慕琦的信件。

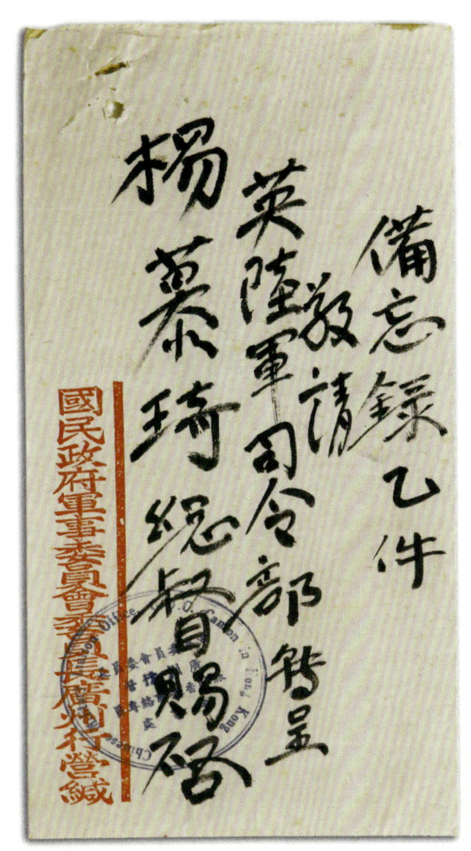

雙方的備戰措施

1939 年，第二次世界大戰在歐洲爆發，國際局勢急劇惡化，德、意、日三國組成軸心國，到處擴張軍事勢力。英日關係日趨緊張，至此港英當局才感到局勢嚴峻，不得不作保衞香港的準備。鑑於香港守軍兵力不足，正規軍只得四營，防衛重點只能放在港島，即使九龍及新界受襲，也不會作出重大的抵抗。防禦部署只在於破壞和拆除重要的設施，以及切斷新界的主要道路及鐵路。位於九龍北面及新界剛建成的「醉酒灣防線」，便因此而被迫放棄。雖然香港的守軍在開戰前獲得兩營加拿大士兵的增援，「醉酒灣防線」重新被使用起來，以防禦及拖延日軍的進攻，但自始至終，防禦港島仍是整個防衛計劃的重心。

港府和駐守香港的英國海、陸、空三軍不斷進行軍事、防空、防暴演習；又在山邊挖掘防空洞，在險要地區建築防禦工程，晚間實行燈火管制；控制米糧、燃料及其他重要民生、戰略物資的供應。與此同時，政府又動員居民參加各種輔助部隊，以協助正規軍人和警察抵禦敵人的進攻及維持市內的治安。早於 1939 年夏天，港府已隨英國通過義務兵役法案，規定所有 18 至 41 歲的英籍男子均須服兵役，同時徵召條件適合的男子加入義勇軍。1939 年中，港府實施郵電及新聞檢查，凡出入香港的電訊、郵件等，都要接受檢查。到了 1940 年 6 月，香港宣佈進入非常時期，居港的歐籍婦孺被安排撤離香港，前往澳洲。此外，政府先後頒佈了一連串的

《緊急防衛條例》及《緊急戰爭法例》，限制了市民的若干自由，並把一些重要的地點列作禁區或警衛區。

日軍進攻香港的計劃十分周詳，無論在戰略、情報、戰術、兵力、裝備、士氣、作戰經驗等方面，都比香港守軍優勝。日軍的侵略部隊，以酒井隆中將（Takashi Sakai）的第 23 軍第 38 師團為主力，協同攻擊的還有特別為這次作戰而調來的炮兵隊及航空部隊。戰爭爆發前，由於情報搜集工作做得十分詳盡，因此日軍已充分掌握了守軍的資料及香港防衛的情況。此外，在開戰前，日本的海軍及空軍在南太平洋一帶已取得絕對優勢，故戰爭爆發後，香港守軍已沒有獲得增援的希望。

一九三八年，英軍在羅湖火車橋上築上防衛工程，與內地深圳的日軍隔河對峙，氣氛緊張。

▶ 漫畫明信片，提醒市民小心日本人的間諜活動。

▲ 一九四一年十月十三日，由香港寄至非洲的信件，蓋上了三角形的印記《PASSED BY CENSOR 113》，代表接受了檢查。

▲◀ 由內地重慶寄至美國的信件，中途經過香港，也要接受檢查，可見於信封背面的檢查封條《OPENED BY CENSOR HONG KONG》。

THE ENEMY
HAS LONG
EARS

DON'T TALK

DONATED BY CHRISTY'S BRILLIANTINE IN THE INTERESTS OF NATIONAL SECURITY

一九四一年年初，港府發行的《緊急戰爭法例》，頒佈了很多在抗戰時期的臨時法例守則。例如以防間諜情報活動，很多地方都禁止攝影或寫生；並且由於時局日趨緊張，法例也因而不斷修改。

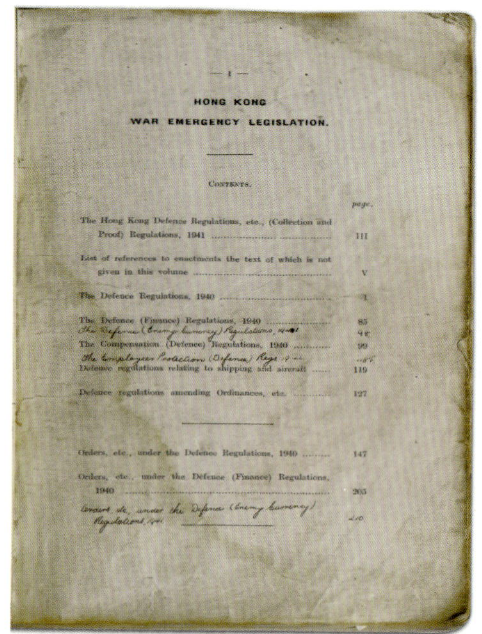

— i —

HONG KONG

WAR EMERGENCY LEGISLATION.

CONTENTS.

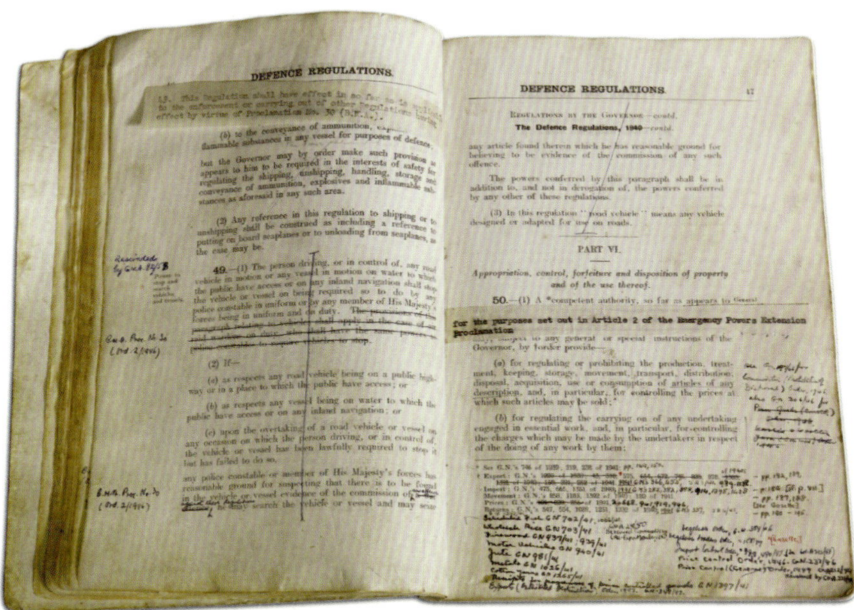

DEFENCE REGULATIONS.

(b) to the conveyance of ammunition, ex... flammable substances in any vessel for purposes of defence,

but the Governor may by order make such provision as appears to him to be required in the interests of safety for regulating the shipping, unshipping, handling, storage and conveyance of ammunition, explosives and inflammable substances as aforesaid in any such area.

(2) Any reference in this regulation to shipping or to unshipping shall be construed as including a reference to putting on board seaplanes or to unloading from seaplanes, as the case may be.

49.—(1) The person driving, or in control of, any road vehicle in motion or any vessel in motion on water to which the public have access or on any inland navigation shall stop the vehicle or vessel on being required so to do by any police constable in uniform or by any member of His Majesty's forces being in uniform and on duty.

(2) If—

(a) as respects any road vehicle being on a public highway or in a place to which the public have access; or

(b) as respects any vessel being on water to which the public have access or on any inland navigation; or

(c) upon the overtaking of a road vehicle or vessel on any occasion on which the person driving, or in control of, the vehicle or vessel has been lawfully required to stop it but has failed to do so,

any police constable or member of His Majesty's forces has reasonable ground for suspecting that there is to be found in the vehicle or vessel evidence of the commission of ... he may search the vehicle or vessel and may seize

DEFENCE REGULATIONS. 47

REGULATIONS BY THE GOVERNOR—contd.

The Defence Regulations, 1940—contd.

any article found therein which he has reasonable ground for believing to be evidence of the commission of any such offence.

The powers conferred by this paragraph shall be in addition to, and not in derogation of, the powers conferred by any other of these regulations.

(3) In this regulation "road vehicle" means any vehicle designed or adapted for use on roads.

PART VI.

Appropriation, control, forfeiture and disposition of property and of the use thereof.

50.—(1) A *competent authority, so far as appears to ...

for the purposes set out in Article 2 of the Emergency Powers Extension Proclamation

Governor, by order provide—

(a) for regulating or prohibiting the production, treatment, keeping, storage, movement, transport, distribution, disposal, acquisition, use or consumption of articles of any description, and, in particular, for controlling the prices at which such articles may be sold;

(b) for regulating the carrying on of any undertaking engaged in essential work, and, in particular, for controlling the charges which may be made by the undertakers in respect of the doing of any work by them;

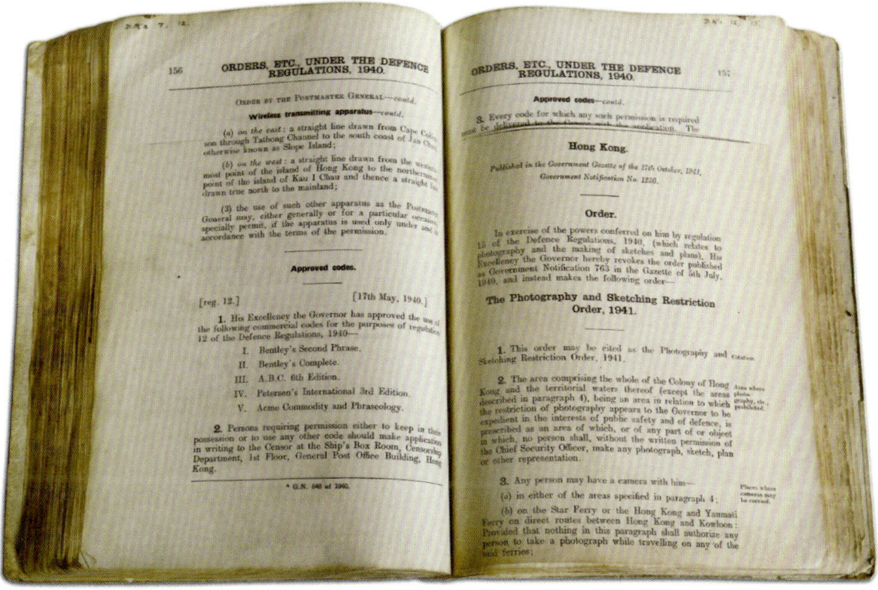

156 ORDERS, ETC., UNDER THE DEFENCE REGULATIONS, 1940.

ORDER BY THE POSTMASTER GENERAL—contd.

Wireless transmitting apparatus—contd.

(a) *on the east*: a straight line drawn from Cape Collinson through Tathong Channel to the south coast of ... otherwise known as Slope Island;

(b) *on the west*: a straight line drawn from the westernmost point of the island of Hong Kong to the northernmost point of the island of Kau I Chau and thence a straight line drawn true north to the mainland;

(3) the use of such other apparatus as the Postmaster General may, either generally or for a particular occasion, specially permit, if the apparatus is used only under and in accordance with the terms of the permission.

Approved codes.

[reg. 12.] [17th May, 1940.]

1. His Excellency the Governor has approved the use of the following commercial codes for the purposes of regulation 12 of the Defence Regulations, 1940—

I. Bentley's Second Phrase.
II. Bentley's Complete.
III. A.B.C. 6th Edition.
IV. Petersen's International 3rd Edition.
V. Acme Commodity and Phraseology.

2. Persons requiring permission either to keep in their possession or to use any other code should make application in writing to the Censor at the Ship's Box Room, Censorship Department, 1st Floor, General Post Office Building, Hong Kong.

ORDERS, ETC., UNDER THE DEFENCE REGULATIONS, 1940. 157

Approved codes—contd.

3. Every code for which any such permission is required must be delivered to the Censor with the application. The

Hong Kong.

Published in the Government Gazette of the 17th October, 1941, Government Notification No. 1236.

Order.

In exercise of the powers conferred on him by regulation 15 of the Defence Regulations, 1940, (which relates to photography and the making of sketches and plans), His Excellency the Governor hereby revokes the order published as Government Notification 763 in the Gazette of 5th July, 1940, and instead makes the following order—

The Photography and Sketching Restriction Order, 1941.

1. This order may be cited as the Photography and Sketching Restriction Order, 1941.

2. The area comprising the whole of the Colony of Hong Kong and the territorial waters thereof (except the areas described in paragraph 4), being an area in relation to which the restriction of photography appears to the Governor to be expedient in the interests of public safety and of defence, is prescribed as an area of which, or of any part of or object in which, no person shall, without the written permission of the Chief Security Officer, make any photograph, sketch, plan or other representation.

3. Any person may have a camera with him—

(a) in either of the areas specified in paragraph 4;

(b) on the Star Ferry or the Hong Kong and Yaumati Ferry on direct routes between Hong Kong and Kowloon: Provided that nothing in this paragraph shall authorize any person to take a photograph while travelling on any of the said ferries;

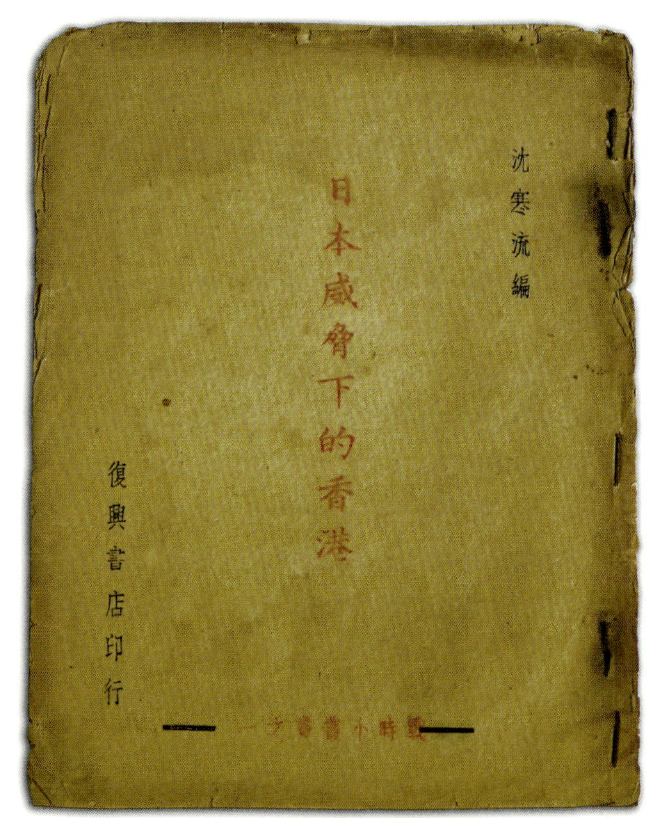

▶ 戰前沈寒流編寫的戰時小叢書《日本威脅下的香港》，記錄了有關港英政府的防衛措施，從中可見港英政府希望日軍知難而退，不敢攻擊香港。

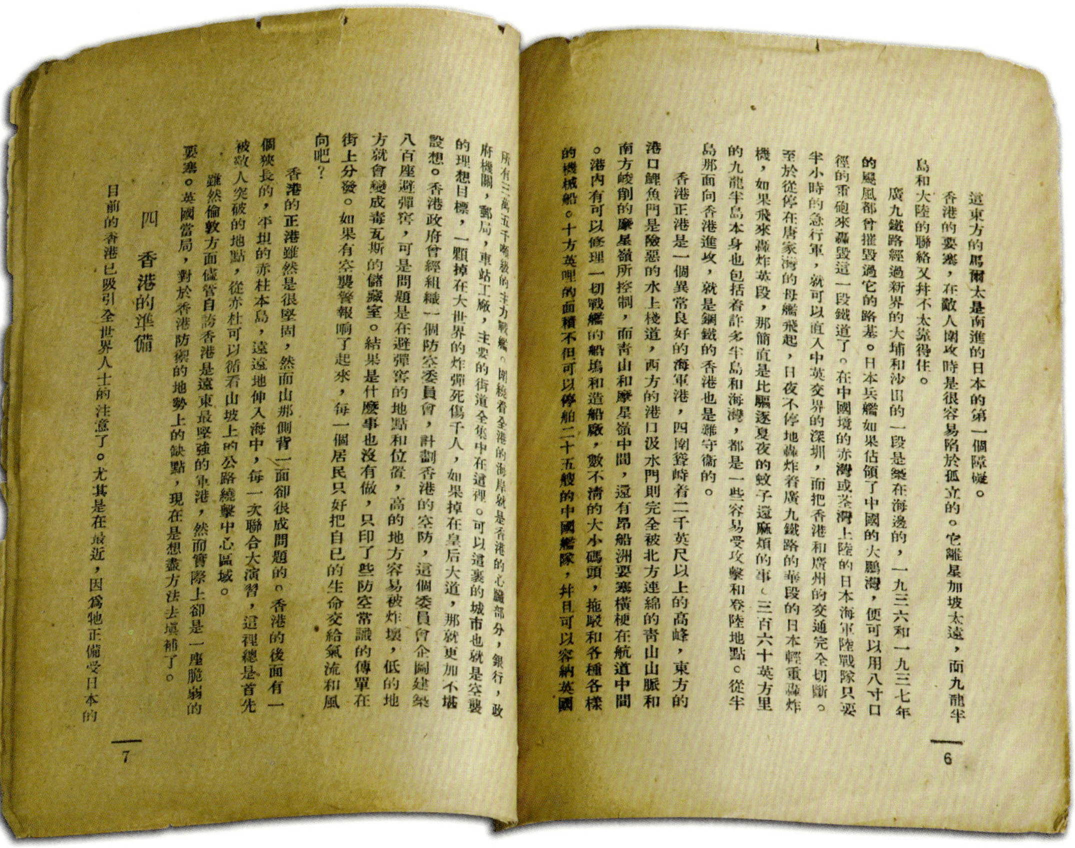

這東方的馬爾太是南進的日本的第一個障礙。

香港的要塞，在敵人圍攻時是很容易陷於孤立的。它離星加坡太遠，而九龍半島和大陸的聯絡又幷不太靠得住。

廣九鐵路經過新界的大埔和沙田的一段是緊在海邊的，一九三六和一九三七年的颶風都曾摧毀過它的路基。日本兵艦如果佔領了中國的大鵬灣，便可以用八寸口徑的重砲來轟毀這一段鐵道了。在中國境的赤灣或荃灣上陸的日本海軍陸戰隊只要半小時的急行軍，就可以直入中英交界的深圳，而把香港和廣州的交通完全切斷。至於從停在唐家灣的母艦飛起，日夜不停地轟炸着廣九鐵路的華段的日本輕重轟炸機，如果飛來轟炸英段，那簡直是比驅逐夏夜的蚊子還麻煩的事。三百六十英方里的九龍半島本身也包括着許多半島和海灣，都是一些容易受攻擊和登陸地點。從半島那面向香港進攻，就是鋼鐵的香港也是難守衛的。

香港正港是一個異常良好的海軍港，四圍聳峙着二千英尺以上的高峰，東方的港口鯉魚門是險惡的水上棧道，西方的港口汲水門則完全被北方連綿的青山山脈和南方峻削的摩星嶺所控制，而青山和摩星嶺中間，還有昂船洲要塞橫梗在航道中間。港內有可以修理一切戰艦的船塢和造船廠，數不清的大小碼頭，拖駁和各種各樣的機械船。十方英哩的面積不但可以停船二十五艘的中國艦隊，幷且可以容納英國

6

所有三萬五千噸級的主力戰艦。圍繞着全港的海岸就是香港的心臟部分，銀行，政府機關，郵局，車站工廠，主要的街道全集中在這裡。可以這裏的城市也就是空襲的理想目標，一顆掉在大世界的炸彈死傷千人，如果掉在皇后大道，那就更加不堪設想。香港政府曾經組織一個防空委員會，計劃香港的空防，這個委員會企圖建築八百座避彈窖，可是問題是在避彈窖的地點和位置，高的地方容易被炸壞，低的地方就會變成毒瓦斯的儲藏室。結果是什麼事也沒有做，只印了些防空常識的傳單在街上分發。如果有空襲警報响了起來，每一個居民只好把自已的生命交給氣流和風向吧？

香港的正港雖然是很堅固，然而山那側背一面卻很成問題的。香港的後面有一個狹長的，平坦的赤柱本島，遠遠地伸入海中，每一次聯合大演習，這裡總是首先被敵人突破的地點，從赤柱可以循着山坡上的公路繞擊中心區域。

雖然倫敦方面儘管自誇香港是遠東最堅強的軍港，然而實際上卻是一座脆弱的要塞。英國當局，對於香港防禦的地勢上的缺點，現在是想盡方法去填補了。

四　香港的準備

目前的香港已吸引全世界人士的注意了。尤其是在最近，因爲牠正備受日本的

7

▲一九三八年十月，日軍登陸廣東大亞灣，華南各縣市相繼淪陷，當時日軍未有即時挺進香港，但已派兵駐守深圳河北岸，對香港虎視眈眈。

▲ 一九四〇年十二月，日本政府發行的支那事變國庫債券，希望能舒緩龐大的軍費壓力。

香港的軍事防衛

1941 年 7 月，莫德庇少將出任駐港英軍司令；同年 9 月，楊慕琦爵士繼任港督。防守香港的正規兵力包括四營英國皇家步兵、印度軍、野戰炮隊、工程兵隊、皇家海軍及空軍；還有由一千多名包括華人及葡萄牙人組成的義勇軍；其後有兩營加拿大士兵增援，人數共萬餘人。協同正規軍隊和警察保衛香港的輔助部隊包括後備警察隊、聖約翰救傷隊、防空救護隊、醫療輔助隊等。

裝備方面，開戰前夕駐港海軍有驅逐艦三艘、淺水砲艦四艘，魚雷快艇四艘和武裝巡邏艇多艘。駐港空軍僅有三架魚雷轟炸機和兩架水陸兩用戰鬥機，組成一個空軍中隊，戰鬥力明顯薄弱。駐港英軍亦在維多利亞港及香港島，例如在昂船洲、鯉魚門、赤柱、舂坎角、香港仔等地設有多座海防砲及砲台，阻止日本海軍入侵香港水域。

防守部署方面，初期莫德庇的方案以守衛香港島為核心，把主力留駐港島，並派兵佈防港島海岸，防止日本派海軍登陸。其後莫德庇逐步調動各營軍隊，而蘇格蘭營、印度營及一支砲兵團在 11 月中旬陸續進駐醉酒灣防線陣地。不久，情報顯示日軍有意發動戰爭，襲擊香港。莫德庇遂於 12 月 5 日下令香港防衛軍集結備戰，而香港守軍則已在 12 月 7 日清晨就位。

另一方面，準備入侵香港的日軍部隊精鋭，人數接近三萬人，作戰經驗豐富，武器裝備更比香港優勝。而且在華南各地，鄰近香港的機場早已被日軍所控制，制空權全由日本掌握，日本的戰機可輕易地飛抵香港進行攻擊及轟炸。因此這次戰爭，在開戰前已經定了勝負。

▼一九三〇年代，上水新圍的駐軍營地。

▼戰前的維多利亞港及位於金鐘的海軍船塢，只見到寥寥數艘英國戰艦。

▲戰前香港防衛軍的救護部隊。

▶安裝在山頭上的一門防衛大砲。

▲▶隸屬英軍的印度砲兵團正在進行訓練。

▲戰前一群英國海軍在昂船洲忙碌地安裝一門野戰砲。

▲大戰前夕，英軍將領檢閱駐港的海軍及陸軍部隊。

▶▼ 戰事將近，駐港海軍陸戰隊加緊訓練。

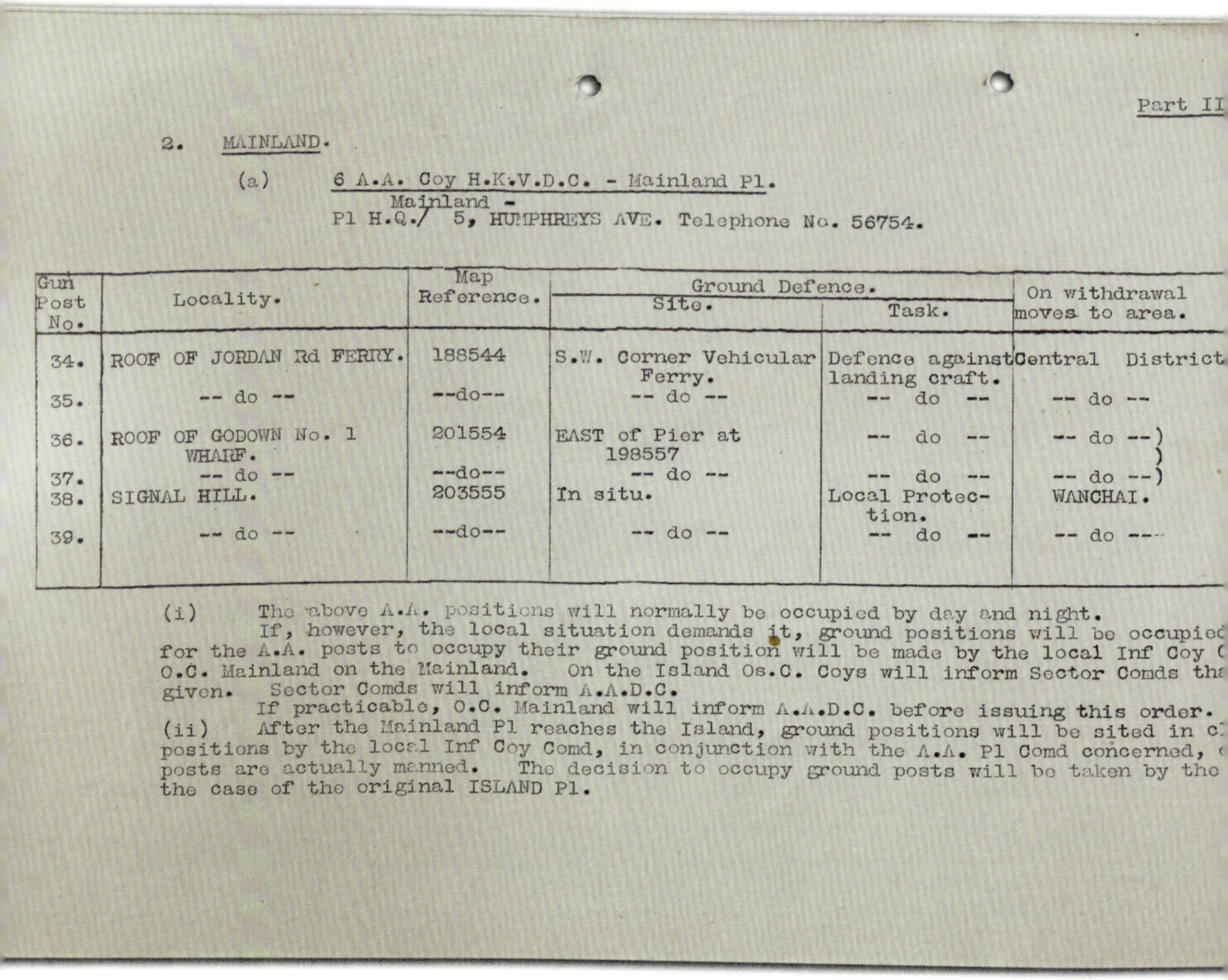

Part II

2. MAINLAND.

(a) 6 A.A. Coy H.K.V.D.C. - Mainland Pl.

Mainland - Pl H.Q./ 5, HUMPHREYS AVE. Telephone No. 56754.

Gun Post No.	Locality.	Map Reference.	Ground Defence. Site.	Ground Defence. Task.	On withdrawal moves to area.
34.	ROOF OF JORDAN Rd FERRY.	188544	S.W. Corner Vehicular Ferry.	Defence against landing craft.	Central District
35.	-- do --	--do--	-- do --	-- do --	-- do --
36.	ROOF OF GODOWN No. 1 WHARF.	201554	EAST of Pier at 198557	-- do --	-- do --)
37.	-- do --	--do--	-- do --	-- do --	-- do --)
38.	SIGNAL HILL.	203555	In situ.	Local Protection.	WANCHAI.
39.	-- do --	--do--	-- do --	-- do --	-- do --

(i) The above A.A. positions will normally be occupied by day and night.
If, however, the local situation demands it, ground positions will be occupied for the A.A. posts to occupy their ground position will be made by the local Inf Coy O.C. Mainland on the Mainland. On the Island Os.C. Coys will inform Sector Comds tha given. Sector Comds will inform A.A.D.C.
If practicable, O.C. Mainland will inform A.A.D.C. before issuing this order.
(ii) After the Mainland Pl reaches the Island, ground positions will be sited in c positions by the local Inf Coy Comd, in conjunction with the A.A. Pl Comd concerned, posts are actually manned. The decision to occupy ground posts will be taken by the the case of the original ISLAND Pl.

▲一九四一年開戰前英軍的機密文件，內容是香港守軍的詳細部署計劃。

SECRET.

- paragraph 2.

ested tions.	Map Reference.
cular Roof. SHAN TEL.	188543 181546
om Bldg.	187544
our Office iers and ors Home.	--do-- 202536
KWOK OTEL.	205537

own. The decision the Island, and by order has been

oximity to the A.A. ng on which A.A. Inf Coy Comd as in

).................

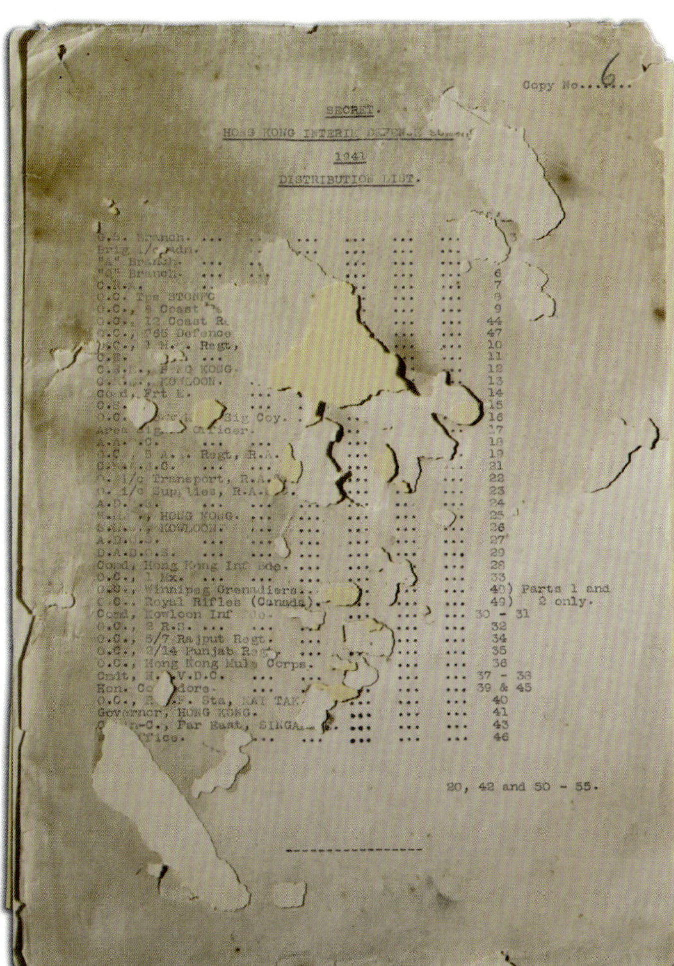

Copy No....6...

SECRET.

HONG KONG INTERIM DEFENCE [illegible]

1941

DISTRIBUTION LIST.

G.S. Branch.	
Brig i/c Adm.	
"A" Branch.	
"Q" Branch.	6
C.R.A.	7
O.C. Tps STONEC[illegible]	8
O.C., 8 Coast [illegible]	9
O.C., 12 Coast R[illegible]	44
O.C., 965 Defence [illegible]	47
O.C., 1 H.[illegible] Regt,	10
C.E.	11
C.S.[illegible], [illegible]NG KONG.	12
C.[illegible], KOWLOON.	13
Comd, Frt E.	14
C.S.[illegible]	15
O.C. [illegible] Sig Coy.	16
Area Sig[illegible] Officer.	17
A.A.[illegible]C.	18
O.C., 5 A.[illegible] Regt, R.A.	19
C.[illegible]C.	21
O. i/c Transport, R.A.[illegible]	22
O. i/c Supplies, R.A.[illegible]	23
A.D.[illegible]	24
[illegible], HONG KONG.	25
[illegible], KOWLOON.	26
A.D.[illegible]	27
D.A.D.[illegible]	29
Comd, Hong Kong Inf Bde.	28
O.C., 1 Mx.	33
O.C., Winnipeg Grenadiers.	48) Parts 1 and
O.C., Royal Rifles (Canada).	49) 2 only.
Comd, Kowloon Inf [illegible]	30 - 31
O.C., 2 R.S.	32
O.C., 5/7 Rajput Regt.	34
O.C., 2/14 Punjab Re[illegible]	35
O.C., Hong Kong Mule Corps.	36
Cmdt, H.[illegible]V.D.C.	37 - 38
Hon. Co[illegible]dore.	39 & 45
O.C., R.[illegible]F. Sta, KAI TAK.	40
Governor, HONG KONG.	41
C[illegible]-in-C., Far East, SINGA[illegible]	43
[illegible]ffice.	46

20, 42 and 50 - 55.

沙包後駐防的英國陸軍嚴陣以待，臉色凝重。

動盪的國際形勢

1940 年 6 月，法國向德國投降，國際局勢急劇惡化。在亞洲，日軍已在短時間內佔領了中國大片土地，北平、天津、上海、南京、武漢、廣州等重要大城市相繼淪陷。由於日軍訓練有素、裝備精良，又擁有海空優勢，中國軍隊節節敗退。中國政府隨着日軍的進逼而撤離南京，遷到武漢，然後又遷都重慶，稱作大後方。這段時期，國民政府繼續抗日戰鬥。

1940 年 9 月，日本佔領法屬中南半島北部，這些行動激怒了美國、英國以及流亡的荷蘭政府。為抑制日本擴張，美國凍結日本在美資產，並實施石油禁運與經濟制裁，英國與荷蘭同時跟隨。日本決定與英、美、荷等歐美國家開戰，進攻東南亞，爭奪該地區的資源，以維持自給自足的經濟，並可持續對中國的戰爭侵略。

1941 年 12 月 8 日，日本不宣而戰，偷襲珍珠港，成功地癱瘓了美國太平洋艦隊。日軍並於同日進攻香港、新加坡、馬來亞、菲律賓等地，太平洋戰爭終於爆發。不久之後，日本迅速進攻太平洋區內英、美、荷的殖民地，勢力範圍急速擴張。

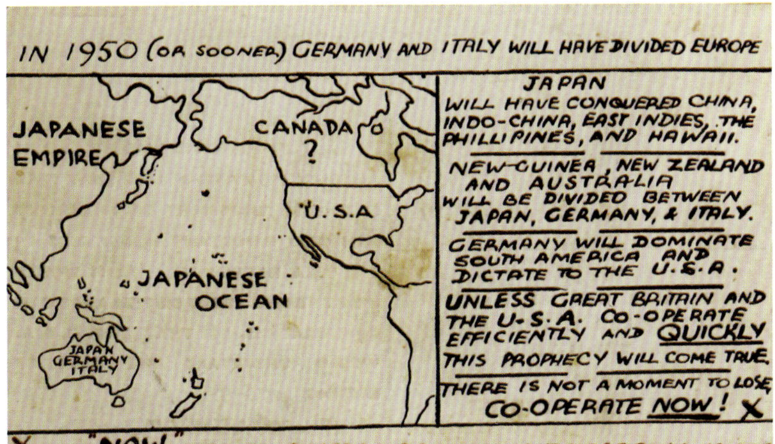

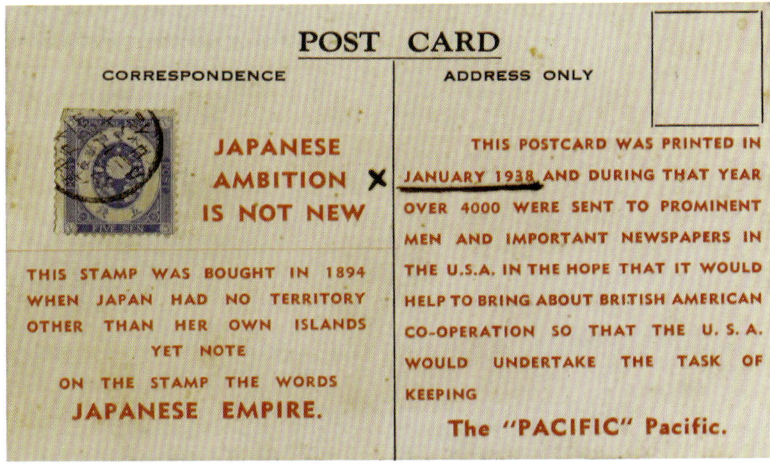

▲ 印製於一九三八年一月的諷刺明信片的正面及背面，警告英美兩國要趕快合作，共同對抗日本，以保持太平洋的「太平」，否則在一九五〇年前，日本會佔領全中國、太平洋及澳洲等地。

▶▼ 在大戰中橫掃歐洲大陸的德軍及其納粹領袖希特拉。

▶日本軍機轟炸珍珠港的明信片。

▼駐守馬來亞、新加坡的英軍向日軍投降。

香港的淪陷

侵港的第一階段

新界及九龍的淪陷

1941 年 10 月 18 日，東條英機出任日本首相，積極籌備發動太平洋戰爭，更於 11 月 6 日下令擬訂攻擊香港的計劃。日軍於 1941 年 12 月 7 日，星期日，不宣而戰，偷襲夏威夷珍珠港的美國海軍基地。數小時後，日軍同時攻擊包括香港在內的英、美、荷蘭等國在亞洲的殖民管治地區，全面發動太平洋戰爭。香港的戰事一開始（即 1941 年 12 月 8 日，香港時間早上約 8 時），日軍轟炸機在戰鬥機的保護下，先後襲擊深水埗兵營和啟德機場，將英軍的五架軍機及八架民航機全數摧毀，成功取得香港的制空權。此外，英軍的艦艇亦同時被日機炸沉，不少炮台裝置也被炸毀，失去作戰能力。

攻擊開始後，日軍三個步兵團迅速渡過深圳河，分別從打鼓嶺、羅湖及新田三方面進攻新界。日軍的侵略部隊，是以酒井隆中將統率的日軍華南派遣軍第 23 軍第 38 師團為主力。香港方面，負責防守的主要有七個步兵營，包括英國步兵兩營、加拿大兩營、印度兩營和香港義勇軍，加上皇家炮兵團及港星炮兵團，配合皇家海軍等共約 15,000 人。然而英軍在開戰初期即處於不利的情況，守軍由雜牌軍組成，訓練參差不齊；空中軍力亦非常薄弱，更重要的是兵種不同而引發的融合問題。相反，日軍方面，其陸軍有數量上的優勢，而且作戰經驗豐富及訓練充足，還有空軍機隊在香港上空轟炸支援。

開戰的第二天（12 月 9 日）下午，日軍已推進至大帽山及馬料水一帶，並逼近英軍最主要的防線「醉酒灣防線」。當天晚上，日軍向防線的重心——城門棱堡發動猛烈攻擊。守軍雖曾負隅頑抗，但在準備及資源不足的情況下節節失利，被迫退至金山一帶。當天午夜，日軍夜襲城門碉堡陣地成功，兩名蘇格蘭營指揮官亦告陣亡，日軍打開了防線的缺口，提前發動總攻擊。

12 月 11 日，日軍再次發動攻擊，西線的金山陣地失守，日軍推進至東面大老山。醉酒灣防線被突破，香港守軍司令莫德庇少將於當天中午下達撤出九龍的命令，英軍被迫放棄九龍半島。直至 12 月 12 日傍晚，除鯉魚門北岸的魔鬼山外，九龍和新界完全被日軍佔領。當天晚上 9 時，英軍下令炸沉停泊在維港中的添馬艦（HMS Tamar）及其他船隻。12 月 13 日，最後留守九龍的印度營自魔鬼山乘驅逐艦撤離到香港島，九龍淪陷。自此雙方隔着維多利亞港展開炮戰。

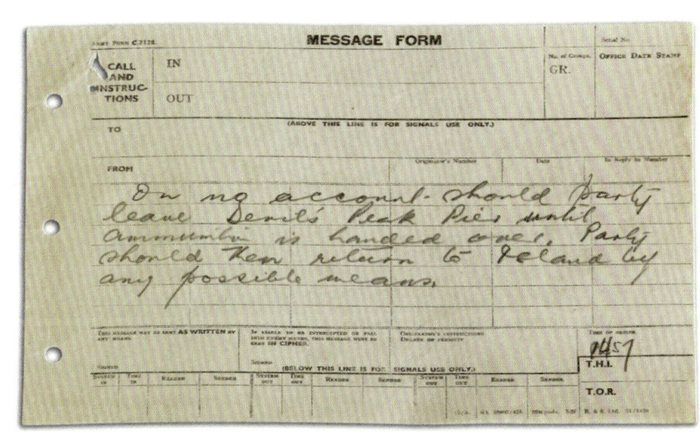

MESSAGE FORM

CALL AND INSTRUCTIONS — IN — OUT — GR.

(ABOVE THIS LINE IS FOR SIGNALS USE ONLY.)

TO

FROM

On no account should party leave Devil's Peak Pier until ammunition is handed over. Party should then return to Island by any possible means.

AS WRITTEN — IN CIPHER

(BELOW THIS LINE IS FOR SIGNALS USE ONLY.)

0457

T.H.I.

T.O.R.

英軍作戰時，指揮官發出的命令。內容是「部隊在軍火抵達前，不能離開魔鬼山碼頭（鯉魚門三家村碼頭），之後盡辦法回到香港島」。

▶▼第一張從香港戰地上發出的新聞照片（上圖），可見在啟德機場上被日本軍機炸毀的軍機及民航機。下圖為相關描述。

FOR33688..................NEW YORK BUREAU

JAP MISS AT HONG KONG
HONG KONG—THIS PHOTO, ONE OF THE FIRST TO BE RECEIVED FROM THE FAR EASTERN FIGHTING ZONE, SHOWS A JAP BOMB BURSTING WIDE OF ITS TARGET, HONG KONG'S KAI TAK AIRDROME (CENTER), DURING THE ATTACK ON HONG KONG DECEMBER 8TH, 1941. NOTE THE WRECKED PLANES IN FRONT OF THE BIG HANGAR IN THE UPPER RIGHT. THEY WERE PUT OUT OF COMMISSION BY THE ATTACKERS BEFORE THEY HAD A CHANCE TO TAKE OFF.
PHOTO BY HARRISON FORMAN, ACME STAFF CAMERAMAN IN FAR EAST, WAS FLOWN FROM HONG KONG BY COURTESY OF PAN-AMERICAN
FULL
CREDIT LINE (ACME) 1/10/42 (FK)

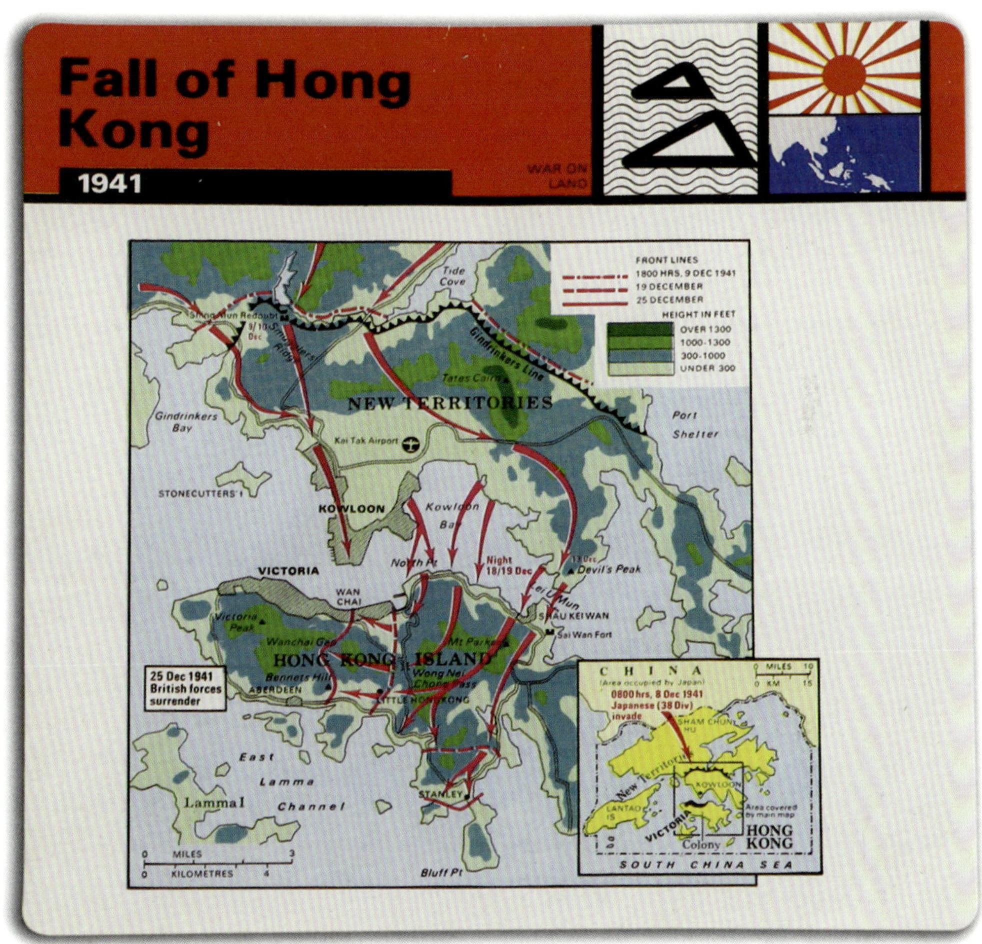

▲日軍進攻新界、九龍及港島的路線圖。

▶ 一九四一年十二月十二日，駐港英軍退守至香港島防衛，港英政府下令炸毀維多利亞港內所有船隻，包括添馬艦，以免被日軍利用渡海。原本停泊添馬艦的地方填海後，命名為添馬以作紀念。

▲ 添馬艦原是英國皇家海軍的補給軍艦，建於一八六三年，排水量約為四千六百五十噸。其後加裝鍋爐。於一八九七年第三次抵達香港後，即留守於維多利亞港內，成為駐港英軍艦隊成員之一。

▶ 日本陸軍印製的明信片，可見維港兩岸、港島及尖沙咀一帶，烽煙四起。

香港島最後の總攻擊圖
(陸軍省許可濟)　香港方面陸軍派遣　山口蓬春

佔領香港島

1941 年 12 月 13 日，新界及九龍半島已先後落入日軍手中，香港守軍退回港島抵抗。日軍從九龍以長程大炮轟擊港島北岸的設施及其他戰略性建築物，如油庫、貨倉等，又出動飛機轟炸島上炮台陣地，並散發招降傳單。

香港島的淪陷

由於香港守軍在之前與日軍交戰的損失並不太嚴重，莫德庇少將隨即重新部署港島的防禦策略，把從新界及九龍撤回的部隊與港島原來守軍混合編成東、西兩翼。同時，日軍亦為登陸港島作好準備，並於 13 日及 17 日兩次派軍使向英軍招降，但均被港督楊慕琦拒絕。

18 日晚上，日軍登陸港島北角、鰂魚涌及筲箕灣，遭到該處的守軍頑強抵抗，日軍仍然成功登陸，並迅速向高地進發，計劃攻擊港島北部的市區。19 日黎明前，日軍已佔據柏架山及畢拿山。守軍東旅被迫向赤柱方面後撤，西旅則於黃泥涌峽（今陽明山莊一帶）與日軍激戰，旅長羅遜准將陣亡。

由於在金馬倫山、灣仔峽、馬己仙峽等處都築有堅固的防禦工事，守軍一直頑強抵抗，日軍進擊一時受阻，傷亡頗重，未能一舉攻佔全島。守軍雖曾多次進行零星的反攻，但卻未能奪回失地。

12 月 20 日後，駐港英軍的防線逐步瓦解。日軍在當日淩晨沿紫羅蘭山南下淺水灣、深水灣及壽臣山。日軍步兵及野戰炮部隊等陸續登上港島助戰，加上天氣好轉，日本軍機亦得以頻頻出擊助戰。經過一輪苦戰，日軍於 22 日攻陷金馬倫山，而灣仔峽和摩利臣山也危在旦夕，南部的淺水灣一帶亦告陷落。至此，港島的大部分陣地除赤柱炮台外，已失去防禦能力。22 至 23 日，駐港英軍西旅在黃竹坑及灣仔一帶接連敗退。

守軍投降

到了 24 日，戰局已到了無可挽回的地步，楊慕琦仍沒有投降之意，然而駐港英軍已經傷亡嚴重，逐漸被日本軍隊分割為東西兩部，再加上多次反攻失敗，促使駐港英軍司令莫德庇少將考慮投降。當時英國首相邱吉爾多次發出電報，指香港不能懷有投降之意，守軍務必繼續抵抗到底。

12 月 25 日聖誕節早上，日軍再次勸降，楊慕琦仍置之不理。中午，日軍加強攻勢，灣仔一帶進入巷戰的階段。當日下午，莫德庇少將向楊慕琦報告戰局，説明港島北岸的陣線已告瓦解，彈盡糧絕，已無力繼續戰鬥。楊慕琦終於接受莫德庇的建議，決定向日軍提出無條件投降，在當天黃昏渡海至半島酒店的日軍戰鬥司令室，正式簽署降書。18 日的戰鬥，至此結束。至於死守赤柱半島的東旅英軍，因為通訊中斷之故，至 26 日淩晨才向日本軍隊投降。至此，日本成功佔領全香港，開始「三年零八個月」的日佔時期。

在這場香港史上最大規模的戰事中，雙方傷亡人數超過 6,000 人。香港守軍兵力、火力雖遠在日軍之下，但仍在強弱懸殊的劣勢之下奮勇抵抗。不過由於外援斷絕，終於未能扭轉敗局。守軍雖然戰敗，但事後一般人認為義勇軍及加拿大兵團的表現不錯。前者在港島東區，後者在黃泥涌峽的戰役中都表現得非常出色。可惜這兩支缺乏作戰經驗的部隊均傷亡慘重，加拿大軍指揮官更壯烈犧牲。

▼被日軍砲轟得體無完膚的英軍山頂兵房。

進攻香港的日軍，以第二十三軍第三十八師團為主力。

進攻港島前，日軍向英守軍勸降的軍使，連同港督秘書李夫人和她的兩隻愛犬。

被日軍俘虜的英軍。

▶滿目瘡痍的街道上，烽煙四起，有數輛被英軍遺棄的軍車。

▼活躍在香港水域上的日軍快艇。

沿金督馳馬徑向西推進的日軍。

明信片繪畫了日軍向黃泥涌高射砲陣地進攻（小磯良平繪）。

日本畫家繪畫的圖畫，描繪黃泥涌一役的激戰，雙方傷亡慘重。

C.S.O., H.K.
~~M.P.~~ 139A.

4330

TELEGRAMS SENT

En Clair

From : Governor, Hong Kong. (1493)
To : Secretary of State.
Rep't to : Maughan, Hong Kong Representative Sydney
Dated : 23rd. December, 1941.

Casun No. 4. Following killed : Mrs. N. Goldin and Mrs. Garton, wife of F.K.Garton, Wireless Engineer, Post Office Department. Following wounded: L.A.Calcraft, A.C.Taylor, F.J.Elarte. Following missing: A.J.Armstrong. Following were on duty at North Point Electric Station when Japanese effected landing there and have been missing since; they may be safe: V. Sorby, F.E. Duckworth, wife and son, R.P.Dunlop, R.W.Smith, G.Hailey, A.F.Paul, J.F.Lunny, H.S.McKay, J.F.Barron, C.E.Gahagan, R.A.Owens, J.Roscoe, R.M.Cherry, J.H.Maycock, J.K.Sloan, L.Gibson, J.Evans, H.H.Blyth, E.Thompson, G.G.S.Thomson, A.G.Everett, S.Longfield, L. de Rome, Mrs. G.W.K.Crawford, I.N.Murray, A.C.Tinso A.J.V.Smith, J. Shaw, G.White, G.I.Angus, J.Barker, J.W.Bertram, E.Joffe, L.Martland, C. Mackay and R.J.Master.

A.CROSS.

▲ 於十二月二十三日，由港督向英國大臣發出的電報，報告傷亡士兵及失蹤人士的名字。

MESSAGE FORM

Army Form C.2128

CALL AND INSTRUCTIONS: IN / OUT

No. of Groups. GR.

Serial No. / Office Date Stamp: 2719

(ABOVE THIS LINE IS FOR SIGNALS USE ONLY.)

TO

FROM: G(I) A Q. C.R.A. A.A.D.C. C.E. C.S.O. C.R.A.S.C. M. O. Typed XDO. FORTRESS.

Originator's Number: Q 206 — 16

Branches and departments will be responsible that waste paper from offices is destroyed under proper supervision in rear of Garrison Serjeants' Mess.

Mr Fryer to detail. Detailed in ROs

Signed: G. V. Bird, Captain

Time of origin: 1000 hours.

▲ 英軍指揮官發出的內部命令，指令凡是軍部使用過、想棄置的紙張均要在監察下燒毀。（估計英軍在撤退前，為了避免把文件留給日軍，故下令銷毀。）

▶ 十二月二十日英國的報章頭條，報道香港守軍的英勇表現，抵抗到底。

No. 12,971 Saturday, December 20, 1941 One Penny

THE JAPS GO FORWARD ● BRITISH GARRISON ON INVADED HONGKONG ISLAND REPORTED TO BE MAKING LAST STAND AT VICTORIA PEAK, FORTIFIED PICNIC RESORT. PENANG ISLAND, MALAYA, EVACUATED; JAPS ADVANCE ON MAINLAND.

● RUSSIANS TAKE THREE MORE TOWNS ON MOSCOW FRONT, THREATEN GERMAN FLANK AT MOJAISK. BRITISH IN LIBYA TAKE DERNA AIRFIELD, CUT OFF AXIS FORCES IN PORT OF DERNA. ● THE GERMANS GO BACK

HONGKONG GARRISON FIGHT TO THE LAST

'Final stand' at picnic mountain turned into a Gibraltar

HONGKONG, FIGHTING TO THE DEATH WITH SWARMS OF JAPANESE WHO LANDED YESTERDAY AT MANY POINTS ON THE ISLAND, REJECTED WITH SCORN A THIRD OFFER OF SURRENDER TERMS, AND THEN CAME SILENCE.

Late last night it was officially announced in London:—

"The report from Japanese sources that Hongkong has been in Japanese hands since this morning cannot be confirmed or denied, as no communication has been received from the colony since early this morning."

Berlin, quoting Tokyo reports, said the Japanese flag had been hoisted in the port of Hongkong, and that points of final British resistance were being broken.

Tokyo announced last night that the remaining defenders of the colony had withdrawn to Victoria Peak, the 1,800 ft. "picnic mountain" at the western end of the island, where they were putting up a last stand.

PENANG EVACUATED

From Malaya came news that Penang, the island oil and rubber port on the west coast, had been completely evacuated.

British forces battling on the mainland south of Penang have withdrawn to a new defence line south of the River Krian.

The main battle of the peninsula is now in Perak State, where a bold stand is possible from Bagan Serai (10 miles from the border of Wellesley Province) to Taiping, 20 miles southward. Taiping is about 320 miles north of Singapore.

JAPS CLAIM A CAPITAL CITY

In messages from Kowloon, the Japanese claim to have "occupied Victoria, the capital of Hongkong, intact" . . . The city extends along the coast for about 5 miles . . . The harbour of Hongkong (Hongkong Roads) covers an area of 10 square miles.

JAPS MAKE 3 LANDINGS. CLAIM JARDINE'S HILL

KOWLOON — HARBOUR — VICTORIA — VICTORIA PEAK — BARRACKS — JARDINE'S HILL — HONG KONG — Aberdeen — Sai Wan — LAMMA I. — Big Tarres — BLUFF

7,000,000 U.S. MEN TO MARCH

Express Staff Reporter

NEW YORK, Friday.

SEVEN million Americans will march to war during the next year.

That was the expectation in Washington tonight as Congress adopted a compromise Conscription Bill. The Senate and House of Representatives agreed to call men aged 20 to 44 inclusive into military service.

5,000 Italians drowned

NAZIS SENT TO BIZERTA

ONE BURST—Two Junkers

Germans in Derna are cut off

Express Staff Reporter ALAN MOOREHEAD

OUTSIDE DERNA, Friday.

THE Germans are still on the run in Libya. By last night they had retreated over 70 miles in three days and were still falling back, pursued by the British in every sector.

Rommel's forces are split. The remains of his once powerful panzers—those he was able to extricate from the three-day battle at Alem Hamza—are retreating from Mekili westwards towards Apollonia and Benghazi.

Fifty miles north, on the coastal road, are the remnants of his defeated infantry divisions. Some of them are locked in Derna, where in last year's great Italian retreat from Libya the enemy made a ten-day stand.

Hurricane bombers

We are already in possession of the airfield on the escarpment 8½ miles from the town.

As they withdraw, the Germans and Italians, whether riding in tanks, armoured cars or trucks or trudging afoot, are taking a terrific beating from the R.A.F.

ROMMEL ESCAPES IN BOAT

Express Military Reporter

RUSSIANS THREATEN MOJAISK

WORLD WAR NEWS 3 A.M. LATEST

GERMANS LOSE 22,000 MEN IN SIX DAYS

Hand-to-hand fights on Hongkong shore

UNDER a pall of smoke, which the Japanese said came from blazing oil tanks, Hongkong Colony began an heroic fight to a finish for its 100-year-old British status yesterday under its "No surrender" Governor, Sir Mark Young.

Swarms of Japanese troops landed during Thursday night and yesterday. Streams of Japanese planes dive-bombed the defences.

Although Tokyo claimed that the island was in Japanese hands by 11 a.m., later messages poured in by cable and radio mentioning furious British resistance.

Last night, Domei, the Official Japanese Agency, said the invading forces were "keeping up a smashing offensive against the British defence forces under cover of artillery and air bombardment."

CANADIANS' FIRST

In a detailed account of the landings last night, a Japanese reporter cabled to Tokyo that the remaining British forces still in the fight had retired to the highest point in the island—Victoria Peak.

Hongkong's garrison consists of Canadians, who arrived in November, and the normal garrison of Indians, with technical and engineering units from Britain.

It is the first time the Canadians have been in battle in this war.

KEDAH — MALAYA — SIAM — PENANG — PENANG GARRISON EVACUATED — NEW BRITISH LINE — STRAITS OF MALAYA — AIRFIELD ATTACKED BY JAPS

Penang's women escape

SINGAPORE, Friday.

Stronger line

'Malay airfield blitzed'

Chinese 10 miles from Kowloon

The news is grave, says Duff Cooper

SINGAPORE, Friday.

12-HOUR SHELLING

U.S. fighters break up Manila raiders

Jap bombers kill children

Dutch town raided

NO TRAINS

Eire warned

Roosevelt promotes Philippines general

Office milk cut

Lt-Com. resigns Navy job—'Call me mister'

Express Naval Reporter

Woman kills two German soldiers

Spanish 'war goods' ship held in Cuba

Misty

BACK PAGE, COL. FIVE

BACK PAGE, COL. SEVEN

▶ 日本陸軍的內部作戰要領圖（秘　禁發表），繪畫出日軍在十二月十五日至二十五日期間攻佔各地的進展，在十八日攻上香港島，並在二十五日全面佔領。

▼ 十二月二十八日下午，日軍舉行「入城式」，由酒井隆（騎馬者右一）及日海陸軍司令新見政一（騎馬者左一）領隊，途經灣仔軒尼詩道。

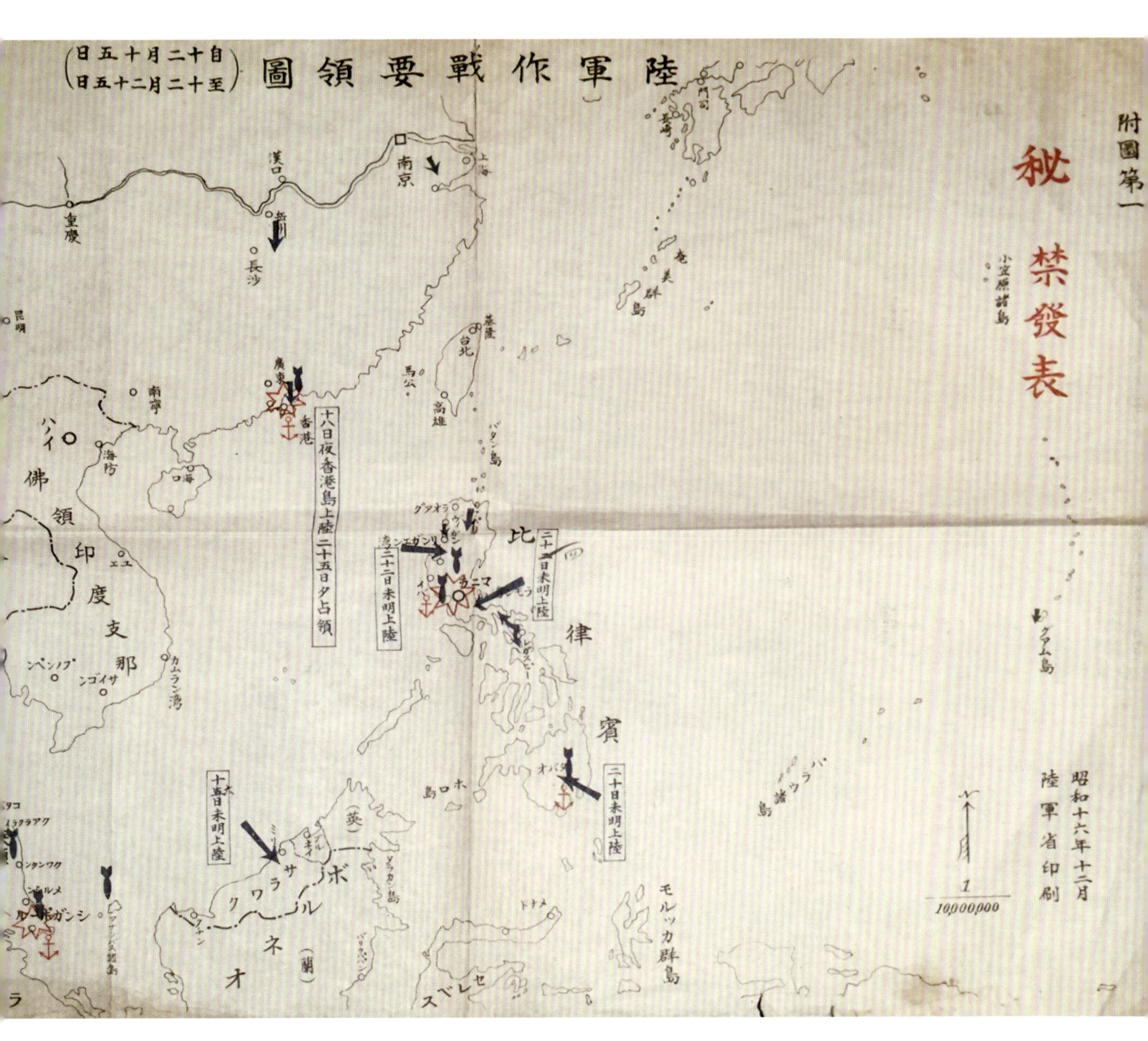

陸軍作戰要領圖
自十二月十五日
至十二月二十五日
附圖第一
秘
禁發表
十八日夜香港島上陸二十五日夕占領
二十二日未明上陸
二十日未明上陸
南京
上海
漢口
重慶
長沙
廣東
香港
南寧
海防
海口
台北
基隆
馬公
高雄
長崎
門司
奄美群島
小笠原諸島
グアム島
佛領印度支那
比律賓
ボルネオ
モルッカ群島
セレベス
昭和十六年十二月
陸軍省印刷
1
10,000,000

「占領地總督部」的成立

港府的投降

1941 年 12 月 25 日，是香港歷史上的「黑色聖誕日」，當天港督楊慕琦持着白旗渡海到九龍，前往設於半島酒店內的日軍指揮部，向日軍司令酒井隆中將投降。日本曾高估香港守軍的戰鬥力，準備以六個月時間攻佔香港，沒想到香港的守軍不堪一擊，僅花了 18 天便成功佔領香港。

1941 年 12 月 28 日，攻佔香港的日軍舉行入城儀式。在指揮官領導下，日軍耀武揚威地列隊遊行。與此同時，天空出現列隊飛行的戰機，散發了不少告示和傳單，內容大約如下：

> 我大日本帝國皇軍，高舉聖戰的旗幟，出於攻略香港之舉，是為了推翻白色人種侵略者的勢力，通過有色人種的大團結，建設大東亞共榮圈。
>
> 尤其是我們日本人和中國人有着幾千年的友好關係，現在正要停止兄弟鬩牆的愚蠢舉動，必須緊緊地攜起手來，建設東亞新秩序。

這個時候，香港已經不是英國人高高在上的世界了，白人已差不多銷聲匿跡，英國和加拿大軍隊成為了戰俘，歐美西方國家的官員和僑民亦被拘禁於集中營內。香港市民人心惶惶，等候命運的安排。

軍政府時期

日軍佔領香港翌日，隨即着手成立以酒井隆為首的「軍政廳」政府，於九龍半島酒店頒佈行政指令。軍政府下轄總務、民政、經濟、司法和海事五個部門，制定嚴厲的法例。為了加強軍政統治，日軍可以隨時宣佈戒嚴、查封房屋、拘留前香港軍政官員，甚至發行軍票。這段時期歷時不到兩個月便結束。至於被日軍拘留的七千多名戰俘，包括英軍及市民，則被囚禁於深水埗和赤柱的戰俘營，飽受飢餓、病患之苦。同時，軍政府又封鎖維多利亞港，並控制海旁的貨倉。1942 年初，香港警察被徵召成為憲兵。日本憲兵將警區分為五區，包括東香港、西香港、九龍、新界及水警。總部設於中環前法國外方傳道會大樓（今中環炮台里一號）。

民政時期

1942 年 2 月 20 日，日本宣佈香港為日本佔領地，磯谷廉介中將（Rensuke Isogai）出任首位香港佔領地總督，設立總督府以代替「軍政廳」，軍政府時期結束，「民政」時期開始。這一段時期直至日本投降為止，長達三年半。1942 年 3 月中，皇后像廣場中的女王銅像被拆卸運往日本，計劃熔掉成為製造武器的原料。而亭座則被刻有佔領香港《告諭》的石碑所封，告諭港人要和日方協力合作，完成大東亞建設。

政府總部設於中環的滙豐銀行總行大廈，半島酒店則改為皇軍總部。「香港占領地總督部」成為了當時香港最高的行政機關，亦是日本戰時內閣的直轄機構之一。香港成為日本的領地，地位相等於當時的台灣和朝鮮，這有別於其他在中國及東南亞的佔領區，日本並沒有在香港籌組傀儡的「自治政府」。

總督部最高的行政長官是總督，其下是總務長官，負責協調和監督轄下的七個政府部門：民治、財政、交通、經濟、報道、管理和外事部。此外，與總務長官同級的還有負責治安、操生殺大權的憲兵隊隊長及負責防務的防衛隊隊長。

▲香港淪陷時期，中環的香港滙豐總行被徵用為政府總部，頂樓改掛日本國旗。

The Hongkong News

VOL. XXX No. 135 MONDAY, JANUARY 12, 1942. PRICE: M.Y. 0.05. H.K. 10 Cents

GENERAL SAKAI FETES H.K. CHINESE LEADERS

Expresses Keen Desire For Common Prosperity

New portrait of Lieut-General Takashi Sakai, Commander-in-Chief of the Japanese Forces in South China.

A general outline of the steps taken for the reconstruction of Hongkong and Kowloon was given by Lieut-General Takashi Sakai, Supreme Commander-in-Chief of the Imperial Japanese Forces in South China, at a luncheon given to 133 former Chinese Justices of the Peace and other distinguished leaders representing all sections of Chinese society in the Rose Room of the Peninsula Hotel on Saturday.

General Sakai spoke of the currency problem and the tasks of restoring order, the cleansing of the city and the reopening of business. He said he would make every effort for the reconstruction of Hongkong and Kowloon, and expressed the hope that the Chinese guests present would do their best to co-operate in this direction.

Cruiser Galatea Torpedoed

▲一九四二年一月十二日的英文版《香港日報》（*The Hong Kong News*）頭版，報道酒井隆會盡力保持香港治安太平和重建香港，希望港人合作。

新聞常識

香港占領地總督

大家都知道，新生後嘅香港，第一位總督係磯谷廉介中將，現任呢位田中總督係第二任，日本嘅總督制度，係同英美總督制度完全唔同，全日本只得三個總督，第一個係台灣總督，第二個係朝鮮總督，第三個就係香港占領地總督。

日本頒佈總督制度，係由明治二十八年五月，頒佈台灣總督府暫行條例起首嘅，到明治三十年，依據勅令，製定台灣總督府官制，明治四十三年，又頒佈朝鮮總督府制，故此從來只有台灣朝鮮兩個總督，一直到大東亞戰爭爆發後嘅第二年，即係昭和十七年一月十九日，頒佈設立香港占領地總督部，第一任總督磯谷廉介中將，於是全日本官制上，有總督名稱嘅，一共有三個了。

占領地總督，係以防衛佔領地，施行適當嘅軍政來做目的，係純軍令嘅機關，同日本其他一般官制，完全唔相同。（乘風）

一九四五年五月二十五日的香港《廣東人報》，解釋何謂「香港占領地總督」。

一九四二年二月份的水費通知書，留意「軍政廳民政部水道班」被改為「香港占領地總督部水道事務所」。

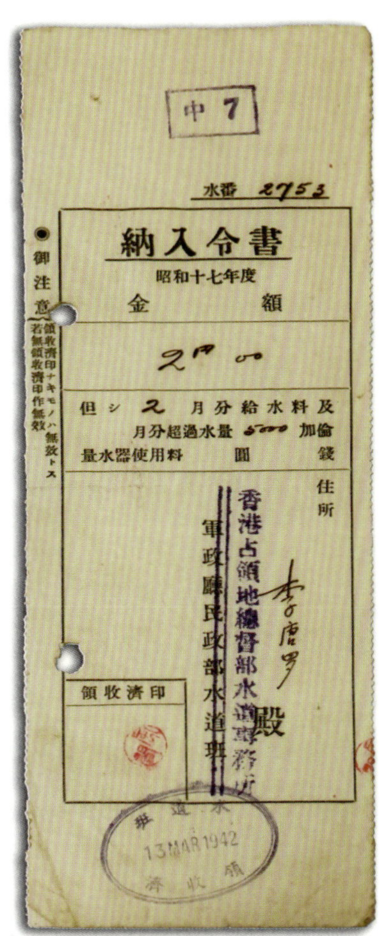

日佔時期第一任「香港占領地總督」磯谷廉介。

▼淪陷初期至一九四二年二月二十日，半島酒店曾被日軍徵用，作為戰爭司令部及軍政廳行政總部。第一任總督磯谷廉介亦曾在半島酒店短暫居住兩個月才遷往港督府。

▶一九四二年四月二十三日，半島酒店的名稱被日方改為「東亞酒店」，至香港重光為止。

香港
東亞ホテル
九龍
電話代表・五八〇八一
香港
東昭和通
東亞中華料理部
電話代表
二八一八三
香港
東昭和通
東亞喫茶部
電話代表
二八一八三
香港
綠ヶ濱
東亞海水浴場
電話代表
二八五八六

磯谷廉介上任後在一九四二年二月二十日發表的《告諭》，警告港人要和皇軍合作，共同建設大東亞。

告諭

照得香港乃英國强佔我東洋之土地以物質文明。蠶食我東亞。已經百年。現一朝爲我忠勇義烈之皇軍佔領。成爲大日本之皇土。人類公敵之英國。使用無饜野心不逞企圖之本源地。經已挫折消滅。堪爲東亞萬衆慶祝無量者也。夫大東亞戰爭終局最大之目的。乃確保東亞之安定。進而貢献世界和平。以謀萬邦之榮樂。

故在軍政下之香港。今後之統治建設。應共同協力。完成大東亞戰爭。一洗香港從前舊態。方能發揚東洋本來之精神文化。庶幾萬民同沐聖澤。而完成皇道昭垂之東亞永遠福利之基礎。

本督拜受香港占領地總督之大任。

今日親臨此土。當遵守 聖旨。竭盡心力。以期無負使命。顧萬民永遠之福利。必在大東亞戰爭全勝之後。現爾各居民應忍耐堅苦。善體聖戰之意義。切戒淫放怠。在皇軍治下、奮發努力。對於時局多所貢獻。凡爾民衆。如能革除故態陋習。挺身自勵。一秉東洋精神。完成大東亞興隆偉業者。本督當以知己待之。其有違反道義。不守圍範者。乃東亞萬衆之公敵。非我皇土之民。無論國籍。無論人種。本督當以軍律處治。決不容恕。茲當蒞任之始。特此通諭知之。其各凜遵。勿違

切切此諭

昭和十七年二月二十日

香港占領地總督　磯谷廉介

一九四二年二月二十二日，刊登在英文版《香港日報》（*The Hong Kong News*）的《告諭》英文版。

The Hongkong News

VOL. XXXI No. 165 SUNDAY, FEBRUARY 22, 1942. PRICE: M.Y. 0.05. H.K. 10 Cents

ORDER OF THE DAY BY GEN. RENSUKE ISOGAI

Governor's Wise Counsel To People Of Hongkong

On assuming office as Governor of Hongkong, His Excellency Lieutenant-General Rensuke Isogai has issued an Order of the Day to the people of Hongkong in which he explains the background of this territory under the defeated British, its present position in East Asia and its function in the war, and wisely counsels all resident here to eschew vices and sever themselves from easy practices and, in the light of the Kingly Way, devote all their energies to the service of the community.

The following is the full text of the Order issued by General Isogai:—

"Order of the Day issued by Imperial Japan's Governor of the Captured Territory of Hongkong:

"Whereas Hongkong is Eastern territory seized by Britain, who in an enlightened age has for the past hundred years been nibbling at our East Asia, so now one morning the place was captured by our faithful, loyal and brave Imperial Army to become the territory of Japan's Emperor. The base from which Britain, public enemy of mankind, plotted to fulfil her unlimited ferocity of heart, has now been extinguished, which is a cause for the heartiest rejoicings among the millions in East Asia.

"The great objective of the war in East Asia is certainly to guarantee the peace of East Asia, through which peace may extend to the whole world for the glorious happiness of all countries. Therefore Hongkong, under military rule, should hereafter co-operate, with the full effort of all sections of the people, to reconstruct its position and to help in the attainment of victory in the Greater East Asia War. The previous condition of Hongkong must be swept clean before it can take its place in the East. The present strength and culture of the place must be elevated to the same spiritual stream in order to attain the Kingly Way, which will shine upon the eternal basic prosperity of East Asia.

"I have humbly received the great responsibility of being Governor of the Captured Territory of Hongkong, and today I have arrived in person to the place. I must observe and obey higher commands to devote all my strength punctiliously to protect the continued prosperity of all the people. And when complete victory shall have been obtained in the Greater East Asia War, all the residents here will admit that they have suffered to give reality to the ideal of this sacred war. So let them eschew vices and sever themselves from easy practices in the light of the Kingly Way and give all their energies to the service of the community.

"All you people, if you can root out the bad old habits and brace yourselves up to your strength, you will accomplish much towards creating a flourishing Greater East Asia. I will know how to treat those who do so.

"As for those who transgress the path of right and do not keep within their right places, these are the enemies of East Asia's millions and are not members of our Kingly Way. Irrespective of their nationality or race, I will deal with these according to military law, without mercy.

"On assuming my office, this Order is specially issued. Do not transgress its implications."

RENSUKE ISOGAI.

Showa, 17th Year, February 20.

Ships Send Signals Of Distress

Lisbon, Feb. 20 (Domei) —A message from Santiago says the Chilean Government authorities have announced that the Valparaiso wireless station received an S.O.S. signal from the 3,285-ton American steamer, Admiral Cole, of the California Steamship Company, stating that the crew are abandoning the vessel.

Meanwhile, it is reported that the Antofagasta wireless station, in northern Chile, this morning picked up four S.O.S. messages from a ship which was attacked by a submarine of undisclosed nationality.

Japan And Shake-Up In London

New War Cabinet Lacks Confidence

Tokyo, Feb. 20 (Domei)—Commenting on the latest reshuffle of the British War Cabinet, political observers here declared that "truculent Churchill" has been obliged to effect another shake-up in an effort to allay mounting public criticisms over the successive reverses in the war in the East and West, particularly the fall of Singapore.

Declaring that the present British War Cabinet lack the confidence to tide over the war debate scheduled for next week, observers assert that Churchill has taken a big decision in listing Sir Stafford Cripps, former Ambassador to Russia and erstwhile veteran Labour leader, as well as retaining Mr Clement Attlee as Deputy Premier.

The appointment of Sir Stafford Cripps is intended to entrust him with Russian relations and marks the final effort of the British Government for the prosecution of the war, political observers said.

The first result of the latest reshuffle, according to observers, will be all-out aid to the Soviet, since it is expected that the German offensive in the spring will prsumably be the decisive factor in the European war.

These circumstances, coupled with Chiang Kai-shek's visit to India, indicate that Britain's future war policy will be to expend the maximum

(Continued on Page 8.)

LANDING ON ISLAND OF BALI

Saigon, Feb. 21 (Domei)—A message from Batavia says the Dutch authorities admit that the Japanese forces made a successful landing on the island of Bali yesterday. Bali is only one mile east of the island of Java, situated in the centre of the Netherlands East Indies archipelago.

News that the Japanese are pressing westward on Bali after effecting their landing is contained in a message to Buenos Aires by the Aneta news agency's correspondent in Batavia.

The correspondent said that more Japanese troops have disembarked on the island.

(Continued on Page 7.)

Mopping Up Operations In China

Nanking, Feb. 20 (Domei)—The Japanese China Expeditionary Force Headquarters has issued a communique on the operations carried out from February 3 to 19.

The second stage of mopping up operations against the Communist forces in Shansi has led to wider action against their main forces.

In Shantung the forces of Yu Hok-chung are being successfully mopped up.

The Japanese forces that crossed the Kuo River and occupied Mengcheng in Anhwei are now operating on the higher reaches of the Kuo River and have entered Kwoyang, completely collapsing Ho Chue-kuo's defence positions.

In Central China the second stage of the cleaning up operations has been completed and a third stage is commencing. Operations are proceeding to clean up the triangle south of the Yangtse river. The Chungking 192nd Division has been completely destroyed on the south bank of the river, in the Chientang area.

混亂的淪陷初期

日軍攻佔新界及九龍時，香港人心惶惶，社會秩序日趨混亂。不少黑社會分子及流氓趁着守軍和警察撤退，在新界和九龍大肆搶劫及勒索，市面頓成無法無天的世界。

港島守軍投降前後，市區的盜賊更形猖獗，流氓到處打家劫舍、勒收保護費、傷人，甚至強姦婦女，社會秩序蕩然無存。一些坊眾因此組織街坊自衞隊、自警團等避免受到暴徒的侵擾。再者，日軍部分部隊軍紀不良，加上軍官縱容士兵胡作非為，導致戰爭期間及英軍投降後，大量戰俘、婦女及平民遭到虐待；更甚的是姦淫擄掠，殺人放火，無所不用其極，構成嚴重戰爭罪行。無數居民特別是婦女，人人自危。此外，日軍到處搜捕抗日分子及「搗亂分子」，不少市民因而被拘捕，不幸的更被即時殺害。至於所謂的「搗亂分子」，其實不少只是飢民及兒童而已。

日軍佔領香港時期，常常在街道製造恐怖氣氛，時而叱喝開槍，時而拘捕路人毒打。日軍在主要街頭設立盤查哨崗，由手持刺刀長槍的士兵把守。來往行人經過哨崗時，必須學習日本人那樣深深地彎腰向日軍鞠躬，然後任由日軍在全身徹底搜查，認為沒有問題才能平安無事地通過。為了不願向那些作威作福、擺着戰勝者架子的日本兵鞠躬，和不願意接受搜身的屈辱，不少路人從遠處看到哨崗便繞道而行，寧願多走一段路程才達到目的地。

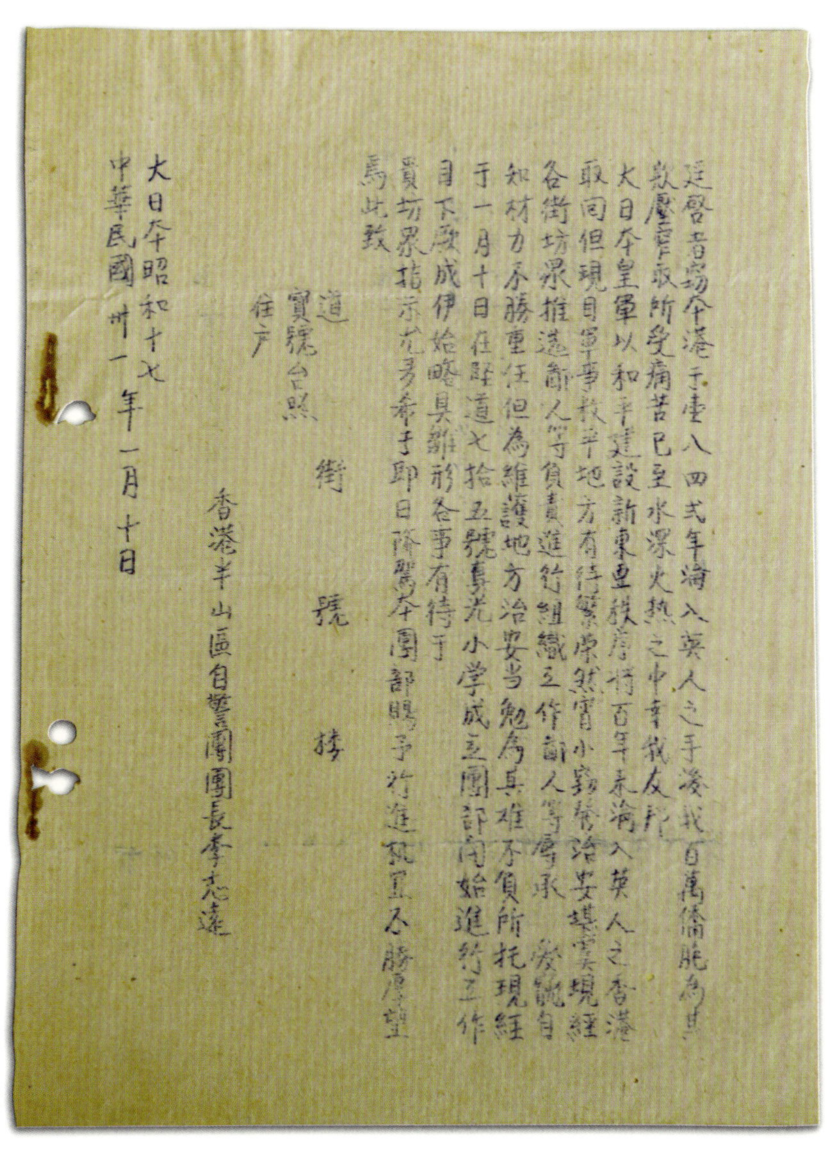
逕啟者竊本港于壹八四弍年淪入英人之手後我百萬僑胞為其欺壓實飽受痛苦已至水深火熱之中幸我友邦大日本皇軍以和平建設新東亞秩序將百年來淪入英人之香港取回但現因軍事敉平地方有待整頓然宵小竊發治安堪虞現經各街坊眾推選鄙人等負責進行組織工作鄙人等辱承 愛戴自知材力不勝重任但為維護地方治安當勉為其難不負所托現經于一月十日在堅道七拾五號育光小學成立團部開始進行工作目下厥成伊始略具雛形各事有待于貴坊眾指示尤多希于即日降駕本團部賜予指導執宜不勝厚望焉此致

道　街　號
寶號台照
住戶

香港半山區自警團團長李志遠

大日本昭和十七
中華民國卅一年一月十日

▲香港淪陷初期，治安混亂，一些較富裕的地區便自行組織自衛團。圖示為一九四二年一月十日成立的「香港半山區自警團」通告。

一九四二年二月十九日的「香港半山區自警團」經費收據。當時每家每月為五元，像是保護費一樣。日本政府初期未有反對這些組織，但自一九四二年四月底起，所有自警團均被勒令解散。

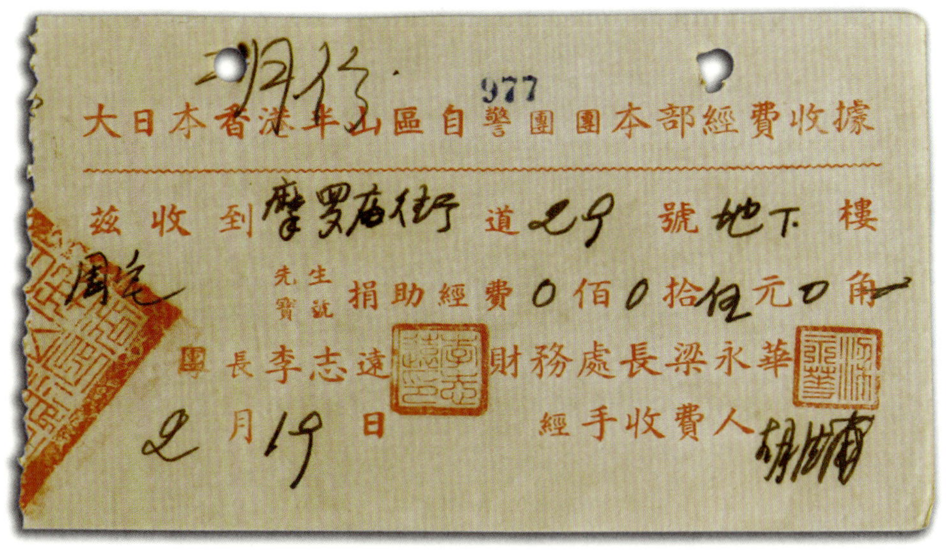

977

大日本香港半山區自警團團本部經費收據

茲收到摩羅廟街道29號地下樓

先生/寶號 捐助經費0佰0拾伍元0角

團長李志遠 財務處長梁永華

2月19日 經手收費人

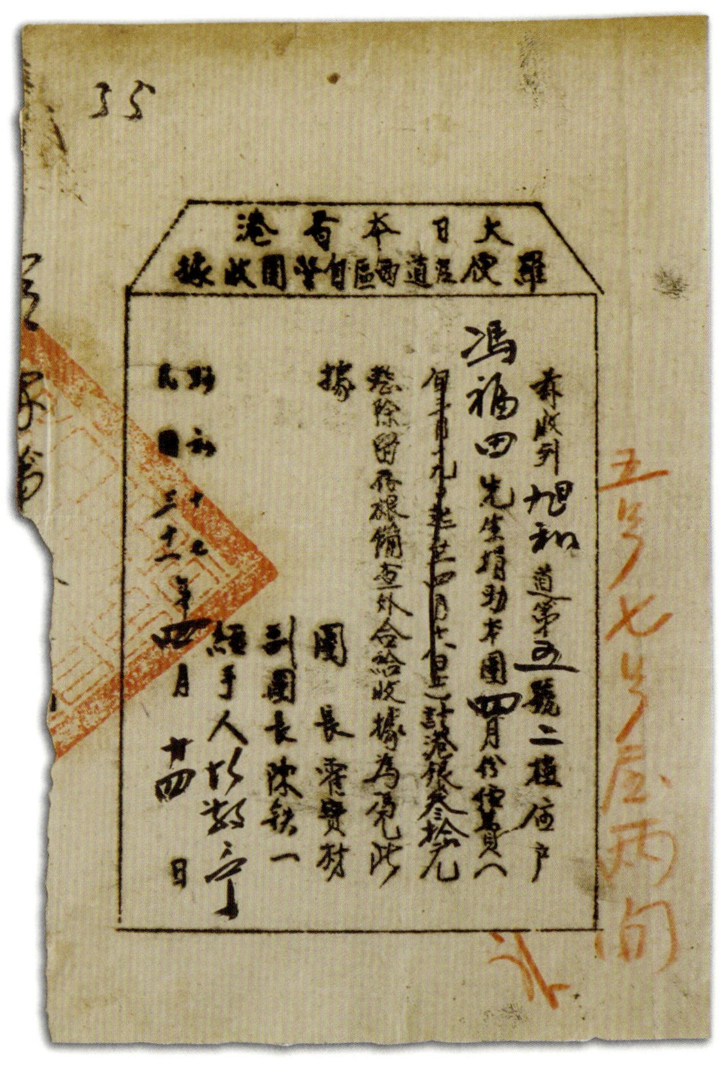

大日本香港
羅便臣道西區自警團收據

茲收到旭和道第五號二樓住戶
馮福田先生捐助本團四月份經費(由三月廿九至四月廿八日)計港銀叁拾元
正除留存根備查外合給收據為憑此
據
團長 霍賚財
副團長 陳鉄一
經手人
昭和十七年
民國三十一年 四月 廿四日

▲ 一九四二年四月二十四日「羅便臣道西區自警團」四月份經費收據，計港銀三十元，所費不菲。

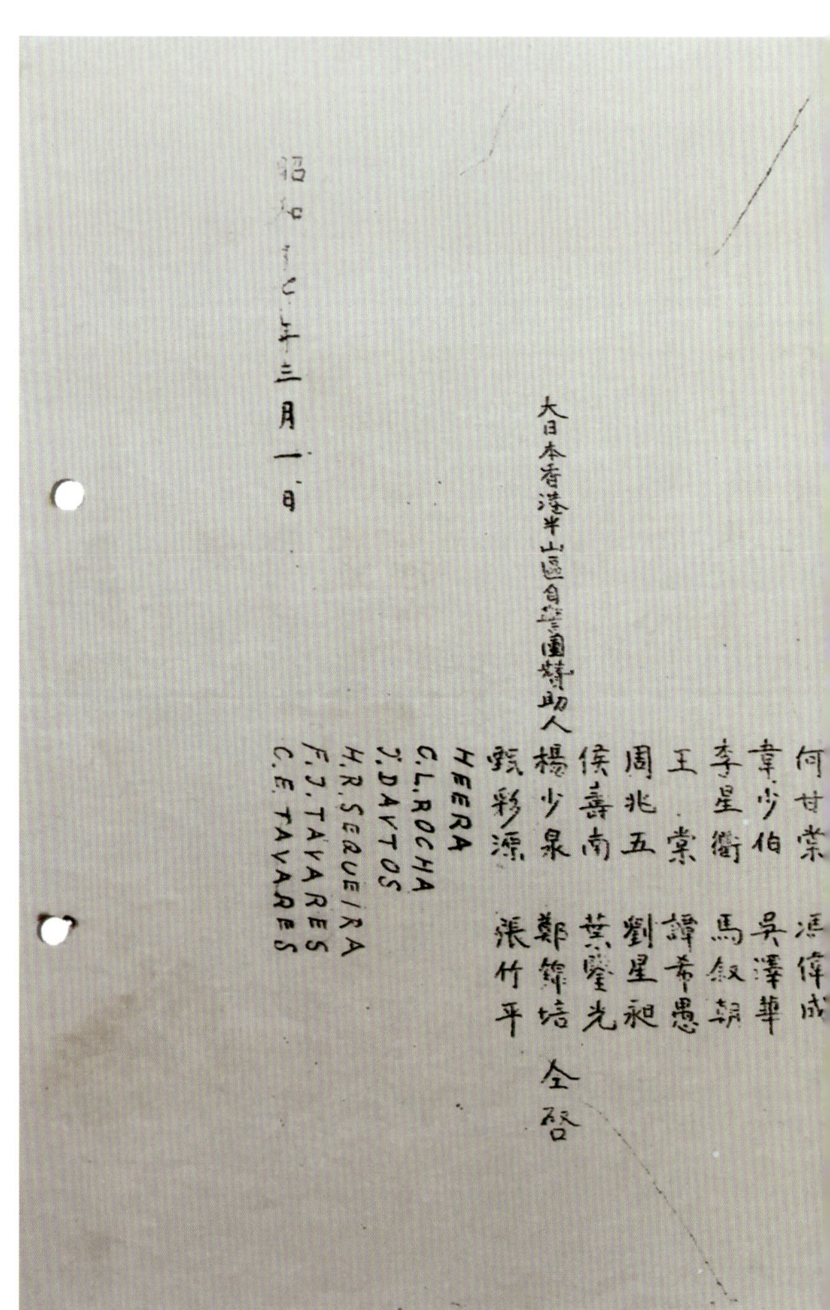

何甘棠　馮偉成
韋少伯　吳澤華
李星衢　馬叙朝
王　棠　譚希愚
周兆五　劉星昶
侯壽南　葉鑒光
楊少泉　鄭錦培
甄彩源　張竹平
HEERA
C.L.ROCHA
J.DAVTOS
H.R.SEQUEIRA
F.J.TAVARES
C.E.TAVARES

大日本香港半山區自警團贊助人　仝啓

昭和十七年三月一日

▶ 一九四二年三月一日「香港半山區自警團」的加價通告，經費每月每層樓加至十元。

逕啓者半山區堅道一帶自李園長志遠等組織自警團以來閭里安宵小匪跡此為我坊眾所共知無庸贅述然團務消費不資端賴段內坊眾捐納藉以維持惟段內各戶能按月繳納者固多而至今仍未將二月份經費繳納者亦屬不少查該團本月份薪餉亟待清發而經費實感不敷現在團員維持治安固稱努力自不應任其枵腹從公若不即為設法維持不難有中輟之虞我等為大眾治安計為切身安危計自應將二月份之團費趁日清繳以利進行案照本月廿六日贊助人在團部召集會議僉認我坊眾應當設法維持以保公安即席議決每層樓應繳港幣拾元如確無力繳納十元者最低限度亦須繳五元用特通函公告務請從速繳交事關公共治安幸勿延遲觀望至盼至禱茲並附上該團一二月份收支表一份統希

詧照為荷

此致

日本的
治港政策

對港人的監管

身份及居住證明

淪陷期間，日佔政府對香港居民作出了嚴密的監視和控制，包括人口流動、居住、遷徙等，又勒令全港市民均須領取身份證。這個身份證制度，工程浩大，日佔政府動用了不少人力物力為每一位居民發放「住民證」，以證明其身份。單單是證件上的照片已是花費龐大，因為根據當時的生活水平，拍照是十分高昂的消費，普通市民根本沒有能力支付，所以，這也許是他們一輩子中唯一的照片。市民外出時一定要帶同這證件，以備憲兵隨時檢查。此外，還有多種證明文件，例如「居住證明」、「身上調書」等等。市民要領取由政府配給的米糧時，就必須出示身份證，連同軍票及糧油證等才可以買取。日佔時期的住民證制度，開啟了香港簽發身份證的先河，這措施於戰後被香港政府沿襲下來。

控制報刊、言論及文化活動

日本為了統制通訊和言論，對文化活動、廣播、報刊等都作了極嚴格的管制。日佔初期，軍政廳設立了報道部，以監察各新聞機構、電影、戲劇等。戰前由日本人擁有的日文報紙《香港日報》及英文版 *Hong Kong News*，在 1942 年 1 月復刊，同時增設中文版《香港日報》，成為港日政府的喉舌。被日本管治前的十份中文報紙，由於反日的關係，很多都被勒令停業；到了 1942 年 5 月，由於紙張短缺，日政府指令幾家報社合併，結果只剩下五份報紙，並受到官方新聞審查。當時《星島日報》曾易名為《香島日報》，維持出版。

▲一九四二年十一月十一日，由報道部長西川正行主持的記者座談會。

香警登第801號（昭和二十年四月一日）

住民證

本籍地 廣东省江門縣深頭鄉

現住所 九龍地區 鹿島區

身分職業 世帶主

姓名（生年月日） 趙麗婦 大正拾叁年 月 日生

右相違ナキコトヲ証明ス

香港占領地總督部警察總局長

香港占領地總督部警察總局長之印

指紋

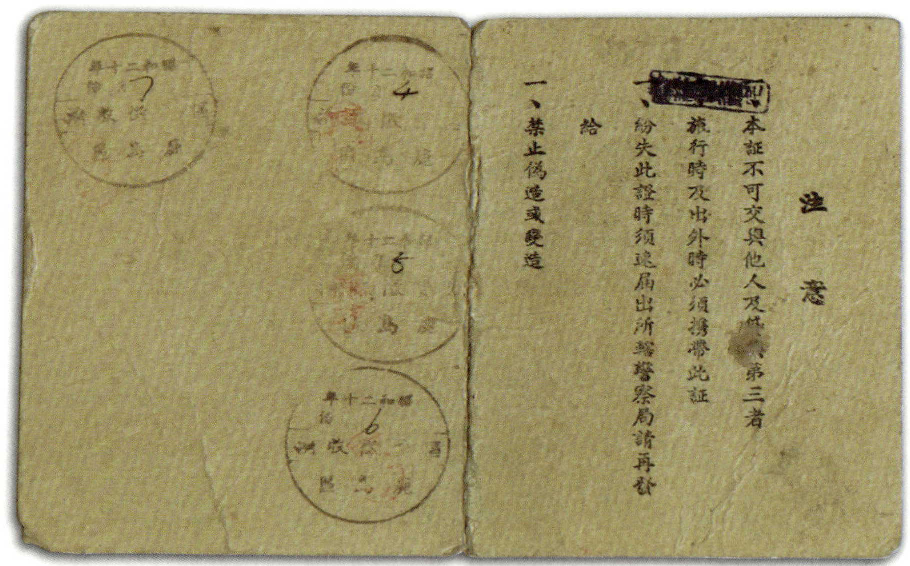

注意

一、本証不可交與他人及第三者

旅行時及出外時必須携帶此証

紛失此證時須速届出所轄警察局請再發給

一、禁止偽造或變造

▲日佔時期，香港市民使用的住民證之外面及裏面。

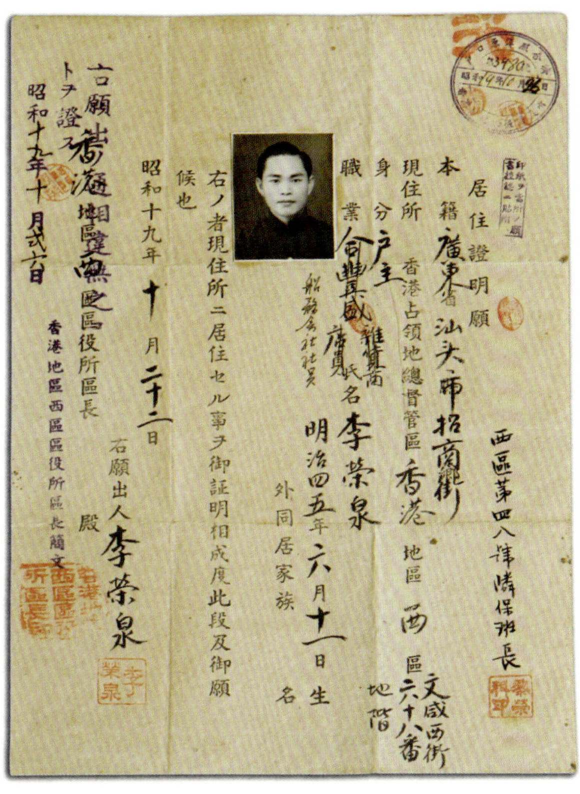

居住證明願

西區第四八鋪保班長

本籍 廣東省汕頭市招商街

現住所 香港占領地總督管區 香港 地區 西 區 文咸西街六十八番地 階

身分 戶主

職業 雜貨商 氏名 李榮泉

明治四五年六月十一日生

外同居家族 名

右ノ者現住所ニ居住セル事ヲ御証明相成度此段及御願候也

昭和十九年十月二十二日

右願出人 李榮泉

香港地區西區區役所區長 殿

右願出ノ通相違無之コトヲ證ス

昭和十九年十月廿六日

香港地區西區區役所區長簡文

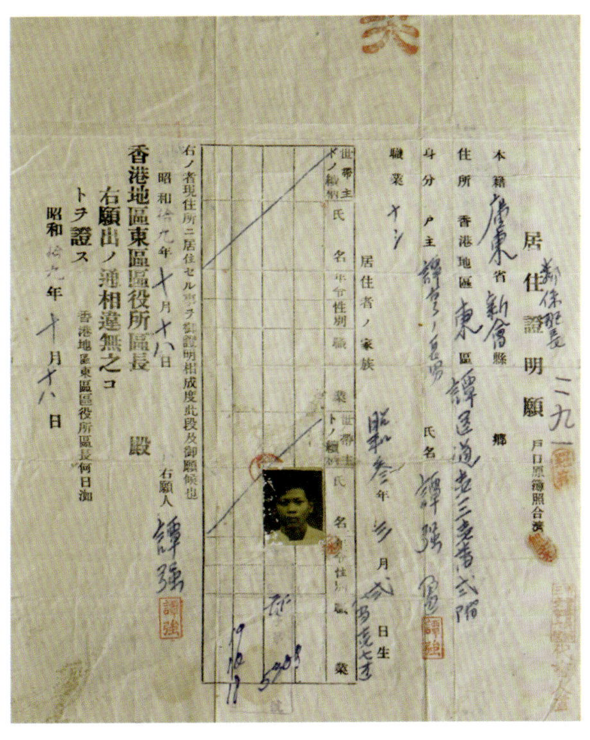

居住證明願 二九一

戶口原簿照合濟

本籍 廣東省新會縣 鄉

住所 香港地區 東 區 譚臣道 [illegible] 式階

身分 戶主 氏名 譚強

職業 ナシ [illegible] 年 月 日生

居住者ノ家族

世帶主トノ續柄	氏名	年令	性別	職業

右ノ者現住所ニ居住セル事ヲ御證明相成度此段及御願候也

昭和拾九年十月十八日

右願人 譚強

香港地區東區區役所區長 殿

右願出ノ通相違無之コトヲ證ス

昭和拾九年十月十八日

香港地區東區區役所區長 [illegible]

一九四四年發出的兩種居住證明書，可見日佔時期嚴格的人口管治制度。

「身上調書」，詳盡地記錄了戶主的職業、家庭狀況、交友、工作、居住歷史等。

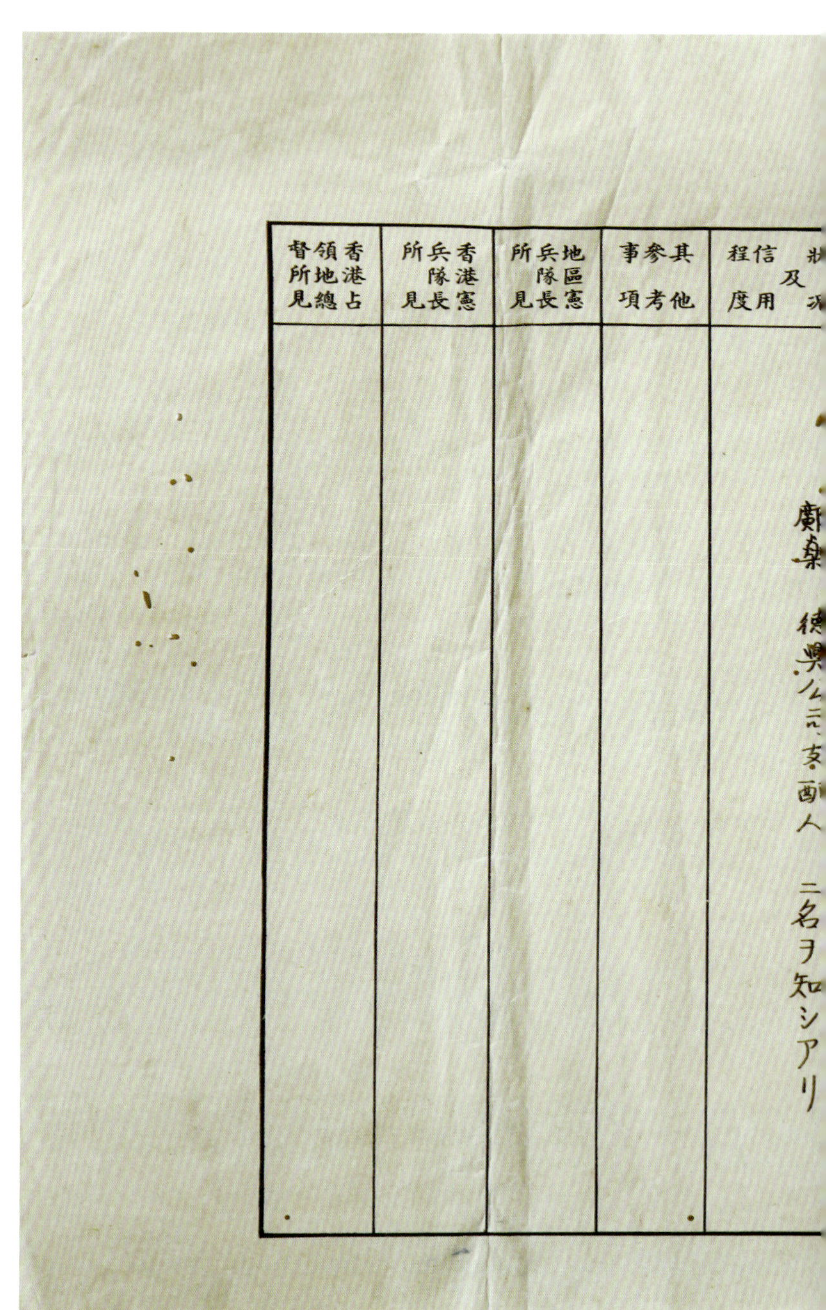

信用程度	其他參考事項	地區憲兵隊長所見	香港憲兵隊長所見	香港占領地總督所見
德興公司支配人 ニ名ヲ知シアリ				

身上調書

本籍	廣東省台山縣新屋里
前住所	九龍旺角上海街六六九ト六七一號三階
現住所	香港青葉峡景光街十六ト十八號四階
兵役	ナシ
職業	建築業
續柄	戸主
氏名	余若夔
生年月日	明治十八年七月二十三日（當五十八才）
經歴ノ概要	明治三十五年廣州市養芸學校卒業 明治三十六年香港來リ明治四十二年香港皇仁書院ヲ卒業ス 明治四十三年中昭和通五九號二階生利建造公司職員トナリ 昭和九年九如坊劇場ヲ經營ス 昭和十一年新世界ノ劇場ヲ經營ス 昭和五年湾仔天樂里三號生利建造公司ニ於テ建築業ニ從事シ現在ニ至ル
性質素行	
思想傾向	
家庭ノ状況	母 鄧蓮好（六十四才） 妻 陳瑞琼（五十八才） 次妻 李勵群（三十七才） 次女 余群就（二十三才） 長孫 余紹莊（十四才） 次孫 余乃全（九才）
資産ノ生計	不動産ハ本籍地田家屋一軒又田地十畝約軍票一萬一千円アリ 有價証券約一萬九千四百円 現金約一千円ノ貯蓄アリ

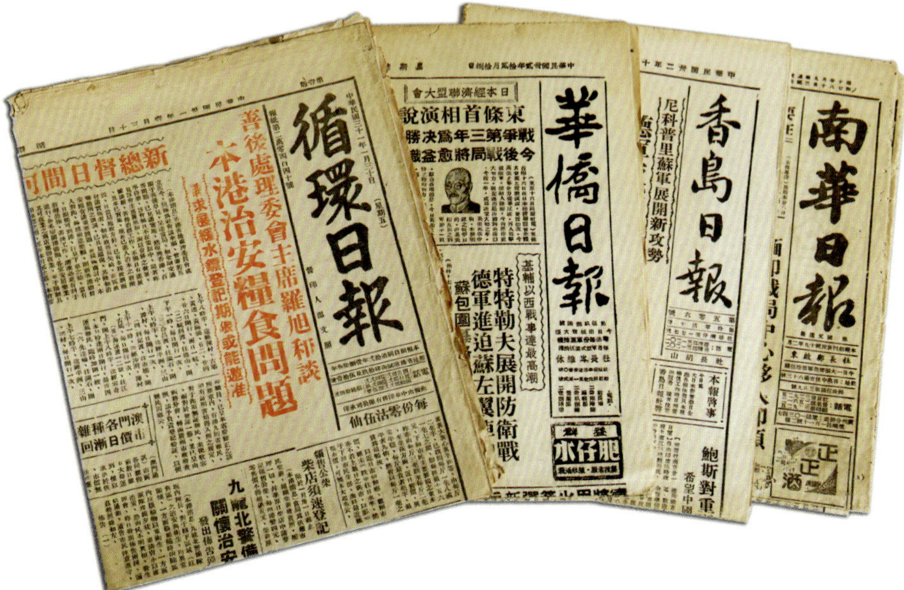

循環日報

善後處理委員會主席羅旭龢談

本港治安糧食問題

新總督日間可到

華僑日報

東條首相演說

戰爭第三年為決勝

今後戰局將愈益艱

特特勒大展開防衛戰

德軍進迫蘇左翼

香島日報

尼科普里蘇軍展開新攻勢

南華日報

The Hongkong News

SUNDAY, SEPTEMBER 17, 1944.

European Warfronts

AMERICAN TROOPS MEETING WITH TOUGHEST GERMAN RESISTANCE

ANOTHER GERMAN SECRET WEAPON

MANCHOUKUO'S PHE... LAUDED BY GENE...

FINNISH PREMIER SERIOUSLY ILL

大眾週報

第八十二期

金飾店中異軍突起

泰興金鋪

經已開張正價買賣十足赤金

店址文咸東街七十五號

・電話三一九九三號・

永安臘味家

・巧手掛爐鴨・化皮靚乳豬・

・合時臘味・大幫上市・

淪陷時期發行的多份報章。

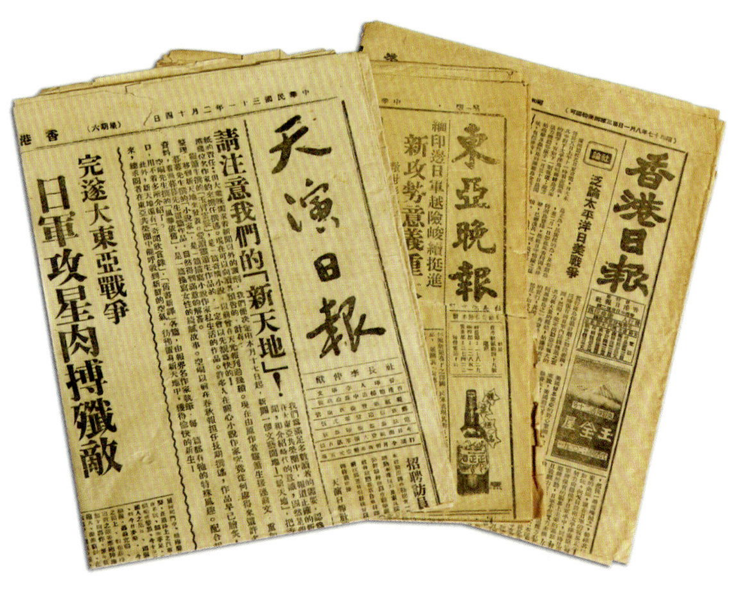

天演日報

請注意我們的「新天地」!

完遂大東亞戰爭
日軍攻星肉搏殲敵

東亞晚報

香港日報

泛論太平洋日美戰爭

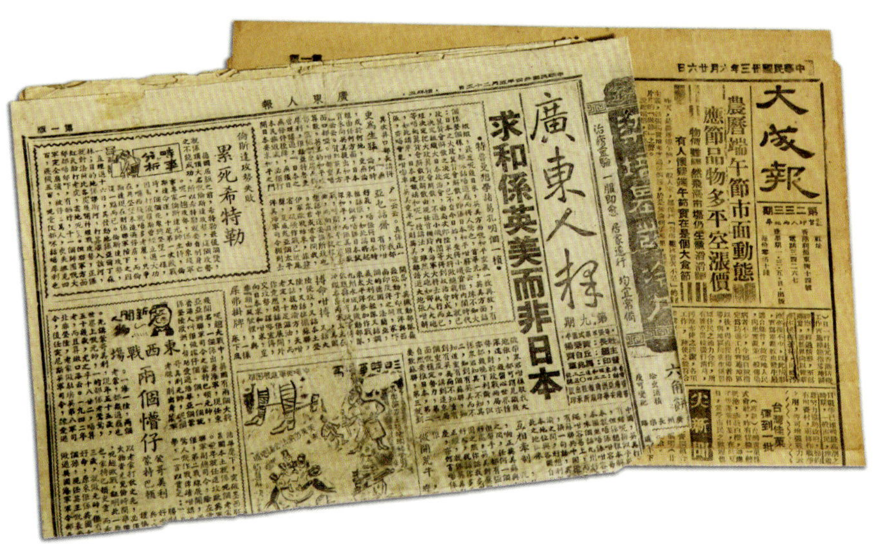

廣東人報

求和係英美而非日本

累死希特勒

東西戰場 兩個懵仔

大成報

農曆端午節市面動態

應節品物多平空漲價

日化措施

自日軍佔領香港後，當局隨即把香港「日本化」，致力消弭香港人的中國觀念，灌輸大日本臣民思想。為了推動皇民化運動，軍政府通過各種思想宣傳與精神動員，推行了一系列強制同化的政策，以進一步鞏固日本在港的管治。在香港淪陷初期，軍政廳已下令取締在公共場所展示的英文標記、告示，甚至是店舖的名稱。政府廢用公元，改以日本使用的「昭和」年號（將昭和年份加上 1925 年，就可換算為公元年份）。當時政府又沒收所有歐美公司的物業，鼓勵日本公司取而代之，並更改原有的名字。一些主要機構和地點，亦被冠上日式名稱，例如香港動植物公園改為「大正公園」，半島酒店改為「東亞酒店」，告羅士打酒店改為「松原酒店」，英資連卡佛百貨公司改為「松坂屋」等等。此外，還把西方的教堂改成日本神社，又在香港動植物公園內修建「香港神社」，供奉戰死者。日佔政府更計劃在港島寶雲山興建「忠靈塔」紀念戰爭死難者，但至日本投降時仍未完工，其後該塔被英軍炸毀。

為了使港人為日本帝國盡忠，港日政府不斷向香港市民灌輸日本文化及價值觀，並將日化運動推向社會的最基層，如在香港大事慶祝日本的節日、天皇的壽辰等，強迫港人參加。官方語言則以日語代替英語。在學校內，仍有機會上學的學童，除了必須學習日語外，日本的道德禮法以至國情，也在學習之列。日政府又將香港標準時間撥快一小時，讓香港和日本兩地時間一致，進一步將香港同化。

重新命名街道及地方

日佔時期，香港的正式名稱是「香港占領地」，為了推行日化措施，「占領地總督部」於 1942 年（昭和十七年）4 月 20 日，公佈將港九主要街道、地區及地點改為日本名稱。很多名稱改動後都富有日本色彩，「道」改為「通」，如皇后大道改名為「明治通」，彌敦道變成「香取通」；西環改稱「山王區」，「香港仔」改名為「元香港」，跑馬地馬場改名為「青葉峽競馬場」等。

街道改名列表

現今名稱	更改名稱
干諾道西	西住吉通
干諾道中	中住吉通
告士打道	東住吉通
皇后大道西	西明治通
皇后大道中	中明治通
皇后大道東，金鐘道	東明治通
德輔道西	西昭和通
德輔道中	東昭和通
般咸道（又稱般含道）	西大正通
堅道	中大正通（西段）
上亞厘畢道	中大正通（東段）
堅尼地道	東大正通
軒尼詩道（舊稱東海旁）	八幡通
怡和街	春日通
高士威道	冰川通
英皇道	豐國通
干德道（舊稱干讀道）	出雲通
寶雲道	霧島通
彌敦道	香取通
太子道	鹿島通

地方改名列表

現今名稱	更改名稱
太平山	香之峰
京士柏（舊稱皇囿）	九龍競技場
皇后像廣場	昭和廣場
跑馬地 / 快活谷	青葉峽
香港動植物公園（舊稱兵頭花園）	大正公園
淺水灣	綠之濱
堅尼地城	山王台
香港仔	元香港

▶「香港占領地總督」磯谷廉介於昭和十七年（一九四二年）四月二十日作有關街道及地方重新命名的公告，《公示（第十二號）》。

◀日佔時期明信片，當時中明治通（皇后大道中）的街景狀況。

日佔時期明信片，港島南區綠之濱（淺水灣）的風景。

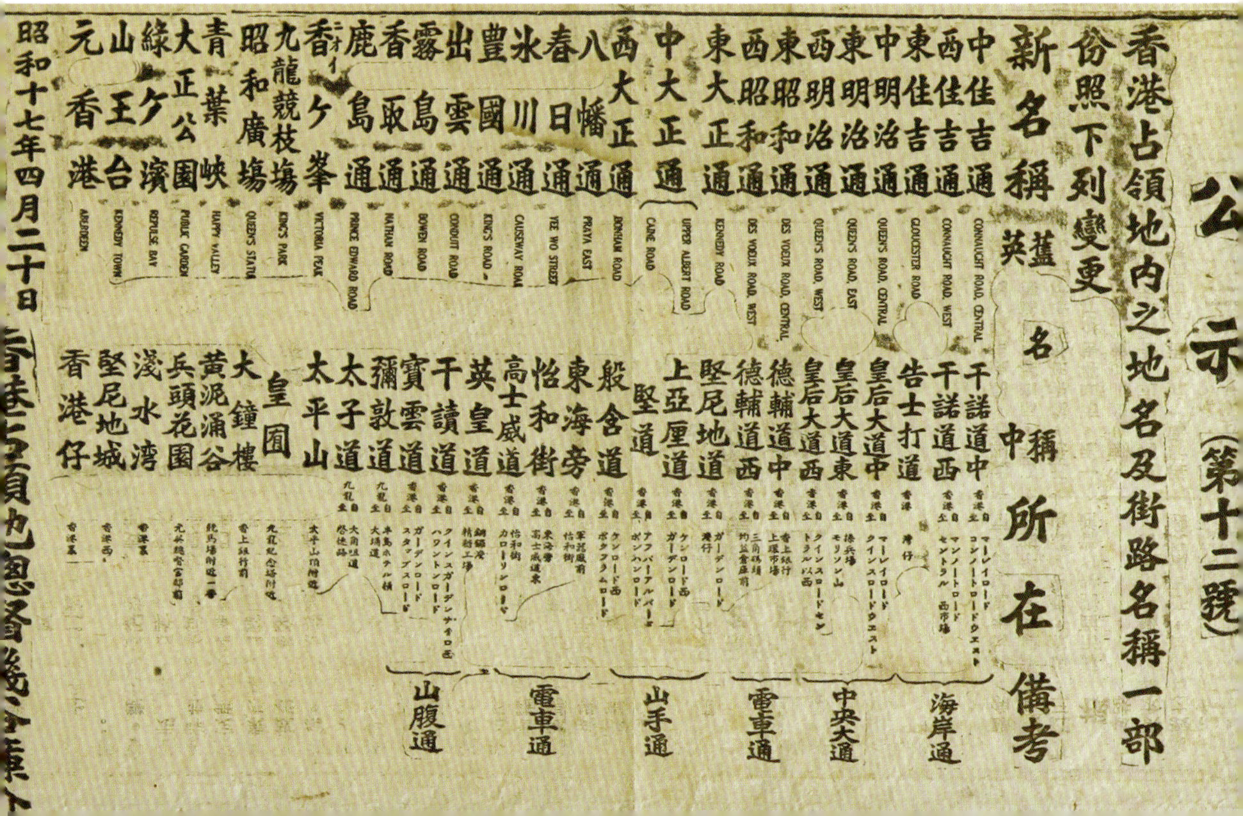

公示（第十二號）

香港占領地內之地名及街路名稱一部份照下列變更

新名稱	舊名稱 英	舊名稱 中	所在	備考
中住吉通	CONNAUGHT ROAD, CENTRAL	干諾道中	香港 自マーレイロード 至コンノートロードウエスト	海岸通
西住吉通	CONNAUGHT ROAD, WEST	干諾道西	香港 自コンノートロードセントラル 至西市場	
東住吉通	GLOUCESTER ROAD	告士打道	香港 灣仔	
中明治通	QUEEN'S ROAD, CENTRAL	皇后大道中	香港 自マーレイロード 至クインスロードウエスト	中央大通
東明治通	QUEEN'S ROAD, EAST	皇后大道東	香港 自操兵場 至モリソン山	
西明治通	QUEEN'S ROAD, WEST	皇后大道西	香港 自クインスロードセントラル以西	
東昭和通	DES VOEUX ROAD, CENTRAL	德輔道中	香港 自香上銀行 至上環市場	電車通
西昭和通	DES VOEUX ROAD, WEST	德輔道西	香港 自三角碼頭 至均益貨倉前	
東大正通	KENNEDY ROAD	堅尼地道	香港 自ガーデンロード 至灣仔	山手通
中大正通	UPPER ALBERT ROAD	上亞厘道	香港 自ガーデンロード 至ケンロード西	
	CAINE ROAD	堅道	香港 自アフバーアルバート 至ボンハンロード	
西大正通	BONHAM ROAD	般含道	香港 自ケンロード西 至ボタフラムロード	
八幡通	PRAYA EAST	東海旁	香港 自軍器廠前 至怡和街	電車通
春日通	YEE WO STREET	怡和街	香港 自東海旁 至高士威道東	
冰川通	CAUSEWAY ROAD	高士威道	香港 自怡和街 至カローリンロード	
豐國通	KING'S ROAD	英皇道	香港 自銅鑼灣 至精糖工場	
出雲通	CONDUIT ROAD	干讀道	香港 自クインスガーデンサイクロ西 至ハワントンロード	山腹通
霧島通	BOWEN ROAD	寶雲道	香港 自ガーデンロード 至スタッブスロード	
香取通	NATHAN ROAD	彌敦道	九龍 自半島ホテル横 至大埔道	
鹿島通	PRINCE EDWARD ROAD	太子道	九龍 自大角咀道 至啓德路	
香（ニオイ）ヶ峯	VICTORIA PEAK	太平山	太平山頂附近	
九龍競技場	KING'S PARK	皇囿	九龍紀念碑附近	
昭和廣場	QUEEN'S STATUE	大鐘樓	香上銀行前	
青葉峽	HAPPY VALLEY	黃泥涌谷	跑馬場附近一帶	
大正公園	PUBLIC GARDEN	兵頭花園	元英總督官邸前	
綠ヶ濱	REPULSE BAY	淺水湾	香港東	
山王台	KENNEDY TOWN	堅尼地城	香港西	
元香港	ABERDEEN	香港仔	香港南	

昭和十七年四月二十日

香港占領地總督

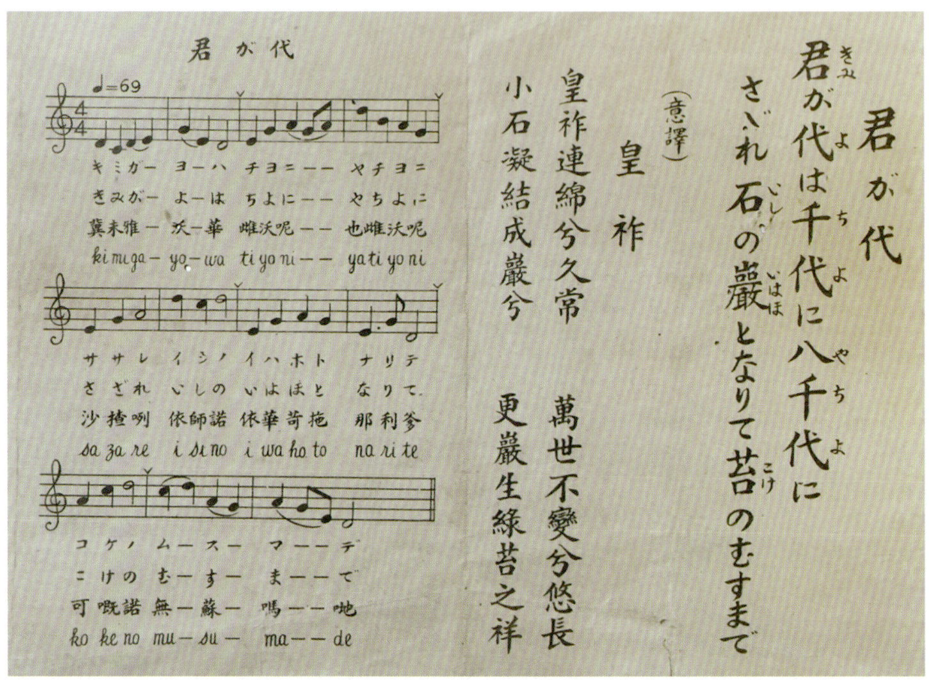

▲◀ 日本國歌《君之代》成為了香港日佔時期的歌曲，歌譜上加了意譯和音譯，以方便港人唱誦。

▶ 教授日語的書本。

▼ 一些日本的節日，如每年十一月三日的明治節，香港亦舉行了隆重的慶祝活動，放假一天。

明治節今日來臨 各方面隆重紀念

商店住戶懸旗・機關學校放假

（特訊）今（三）日爲大日本帝國明治節・總督部暨所屬機關各地區事務所・與及各區區役所學校團體等・均休假一天・兩華會並通告港九區內商店住戶一律揭揚日章旗・以示敬意・

明治節爲日本三大節日之一・意義重大・蓋明治節乃追維明治天皇之豐功偉業・景仰遺德・並振起明治中興之精神・以祈寶祚無疆・國運昌隆之一大祝典・

明治天皇即位當時之日本・亦正如大東亞戰爭前之中泰兩國・不斷在英美俄暨其他列強虎視眈眈之下・而天資英邁武勇之天皇泰然自若・躬親政務・嘗英勇果斷・舉國運而從事於數次之戰爭・卒能摧挫強敵・建立現正指導建設大東亞共榮圈之現代日本之基礎・故謂無明治天皇即無今日之日本・無今日之日本即無大東亞共榮圈內各民族之解放・亦決非過言・則明治節於日本國固不待言・即於大東亞共榮圈內全體民族・亦不失爲同申慶祝之大祝祭日・

（特訊）九龍地區事務所今日紀念明治節・放假一天・以申慶祝・該所全體中日職員・爲仰慕此次大東亞聖戰・克觀新界戰跡・並參拜清掃皇軍將兵墓地・定今晨八時四十分・齊集地區・會同出發・旅行新界云・

是日各報社亦休息一天・除香港日報日華英三版明日照常出版外・華僑・香島・南華三家明日無報・東亞晚報則今日無報云・

分區統治

日佔時期的行政區劃

香港日佔初期，總督部為確保政策能下達地方基層切實執行，即加緊擴大軍政時期已成立的地區事務所。基本的行政區域架構於 1942 年 3 月成立，其形式是民治部在港九及新界各設一個地區事務所。所長一職，由日人出任，統轄一切。地區事務所之下，再分置多區，每個區都設立一個區政所，後改名為區役所，由當地華人出任正副區長，負責管理該區的大小事務，表達該區市民的所需，以及物資管理、米糧分配、戶口調查、街道衞生、人口往來及其他與華人有關的行政事務。到了 1942 年中，全港共分為二十八區：香港島十二區，九龍九區，新界七區。這種由磯谷廉介統治下所設計的地方行政架構，在香港重光後雖然沒有直接沿用，但奠定了香港日後發展分區管治的基礎。

香港島十二區

地區	日佔地區名稱
中環	中區
上環	西區
西營盤	水城區
石塘咀	藏前區

堅尼地城	山王區
灣仔	東區
鵝頸	春日區
跑馬地	青葉區
銅鑼灣	銅鑼灣區
筲箕灣、北角	筲箕灣區
香港仔、薄扶林	元港區
赤柱、石澳	赤柱區

九龍九區

地區	日佔地區名稱
尖沙咀	湊區
紅磡、土瓜灣	山下區
油麻地	香取區
旺角、大角咀	大角區
深水埗	青山區
九龍塘	鹿島區
九龍城	元區
九龍東	啓德區
荃灣	荃灣區

新界七區

地區	日佔地區名稱
沙田	沙田區
大埔	大埔區
上水、粉嶺	上水區
新界北	新田區
沙頭角	沙角區
元朗、屯門	元朗區
西貢	西貢區

一九四二年初，由華民代表會編印的《管區法令填報須知》，指導市民如何填寫及辦理各種新頒佈法令下所要求的申報書，包括出入境、居住、物資及企業營商有關事項。居民如有不懂的，可託該區政府代為填寫。《須知》內附有各區政所的聯絡資料。

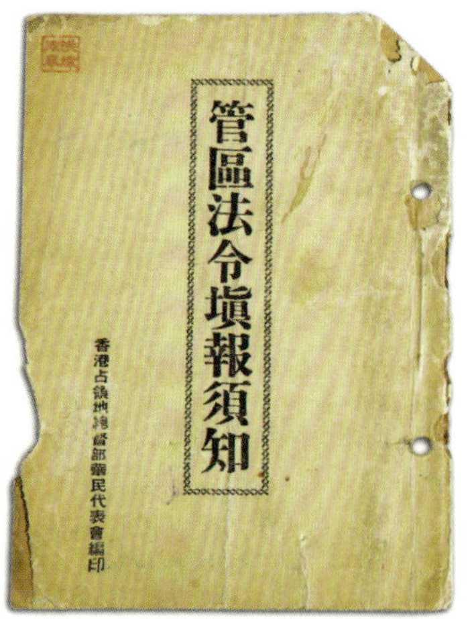

1

港九居民辦理各項申請須知

香港占領地總督部・爲求合法管理香港居民起見・於本年三月廿八日・發出第九號令・頒佈『香港占領地管理法令』・自即日起・切實施行・査此項法令之制定・係爲對於管理香港占領地總督管區內居民之入境・出境・居住・物資之運入運出・及企業・營業・商行爲等事宜而設・此法令計分九章・四十一條・幷附各項申請書格式十六種・自此項法令頒布後・此後居留本港人民・如有上述各項行爲・必須依照法令申請許可・幷規定所有第三國籍居民・須在本年四月底以前申請・中國籍民・限至本年六月底以前申請・又査此項法令與各項申請書格式・雖經各報登刊・唯一般居港中國籍人民・尚多未充分明瞭其性質・與申請書之塡寫手續者・本會有見及此・爲使我居港華人解決上述困難起見・特派員到香港憲兵隊本部・査明該法令所頒布之申請書塡寫手續・玆特分別闡述如下・以告我居港僑胞・

査總督部所頒布之『香港占領地管理法令』・從表面上觀之・其限制似頗嚴格・實則不然・蓋此爲保護香港居民合法行動便利・與合法商業上權益之一種應有合法之措施・亦爲政治已上軌道之表現・此法令所規定之「渡航許可願」（即旅行來港申請書）・「呼寄許可願」（即被招喚人入境申請書）・「渡航（旅行）許可願」（即離港旅行申請書）・「居住屆」・（即居住許可申請書）・「賃貸借契約確認證明願」・（即租賃契約證明申請書）・「土地（家屋）借入許可願」（即租賃土地或房屋之許可申請書）・「移轉（借間）屆」（即搬遷（租房）許可申請書）・「物資搬出許可願」・（即物資運出許可申請書）・「物資搬入屆」・（即物資運入許可申請書）・「營業許可願」（即營業許可申請書）・「營業所變更（移轉新築改築增築）許可願」・（即商店變更（遷移・新建・改建・增建）之許可申請書）・「廢業屆」（即停業許可申請書）・「管理人（代表者）選任許可願」（即選任管理人或代表人之許可申請書）・「組合設立許可願」（即設立組合之許可申請書）「□□商行爲許可願」（即某一種貿易之許可申請書）・各種申報手續・甚爲簡單・不如前英治時代之繁瑣苛刻・居民不必驚疑・應深認此法令與居民之權益・至有關係・除軍人軍屬外・一切市民・均須受此法令之管理・全港居民・倘有上述各項行爲・應即依照法令規定・前赴所在地該管憲兵隊或派遣隊辦理申報手續・各地區憲兵隊或派遣隊據報後・即將申請書轉呈總督部察核批准・經總督部在申請書上加蓋印信・發回原申請人・即爲有效・又査凡前已獲民治部批准之居住・出入・

至關於港九各區區政所所在地茲幷表列於後以供查閱

香港九龍新界各區區政所一覽表

地區	區政所名稱	區長姓名	區政所地址	電話號數
香港	中央區政所	冼秉熹	必打街渣甸行二樓	三〇三一一
	上環區政所	邵蔚明	文咸西街二十六號	二〇二六〇
	西營盤區政所	李啓新	西昭和通（即德輔道西）一三三號	二四五〇三
	石塘咀區政所	孫廣權	西昭和通四百二十四號	二三二六三
	山王台區政所	簡文	卑路乍街舊衞生分局	二四〇二三
	灣仔區政所	何日洳	莊士敦道貝夫人健康院	二四〇八二
	鵝頸區政所	何德光	禮敦山道三十七號	三三二二二
	競馬場區政所	吳文澤	景光街東華義學	二四二二〇 二〇六七三
	銅鑼灣區政所	郭顯宏	電器道四十四號	二六〇一七
	筲箕灣區政所	曾壽超	東大街一六三號	
	元香港區政所	溫少甫	香島道一五五號	
	赤柱區政所	李頌清	赤柱大街一一八號	

一九四五年年中，每月的區費收據。位於東昭和通（德輔道中）的廣生行，每月區費高達軍票一千元。

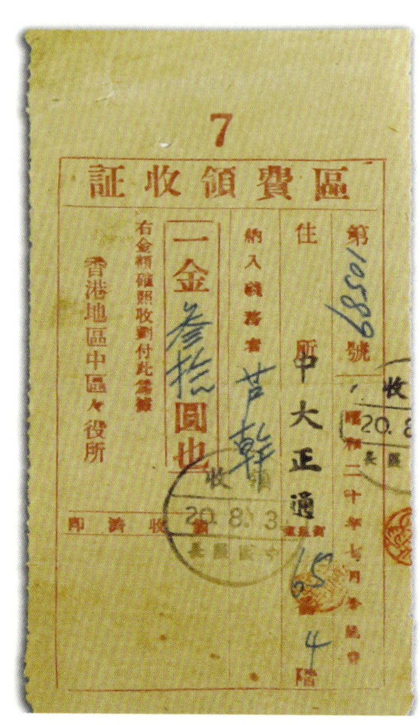

7

區費領收証

第10589號

住所 中大正通 65番 4階

納入義務者 芦乾

金 參拾 圓也

右金額確照收到付此為據

香港地區中區々役所

昭和二十年七月分區費

印済 收領

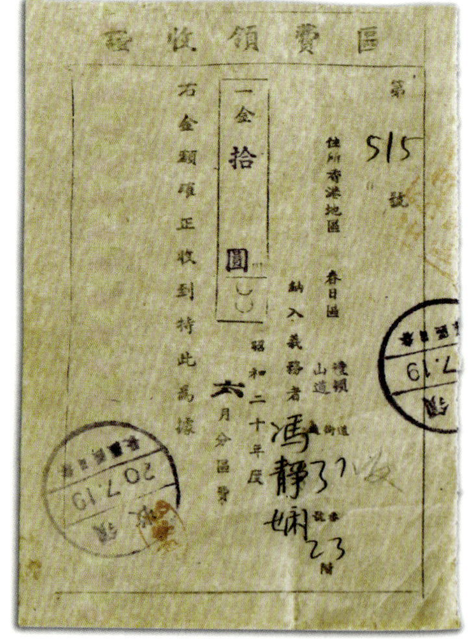

區費領收證

第515號

住所 香港地區 春日區 禮頓山道

納入義務者 馮靜嫻

金 拾 圓

右金額確正收到特此爲據

昭和二十年度 六月分區費

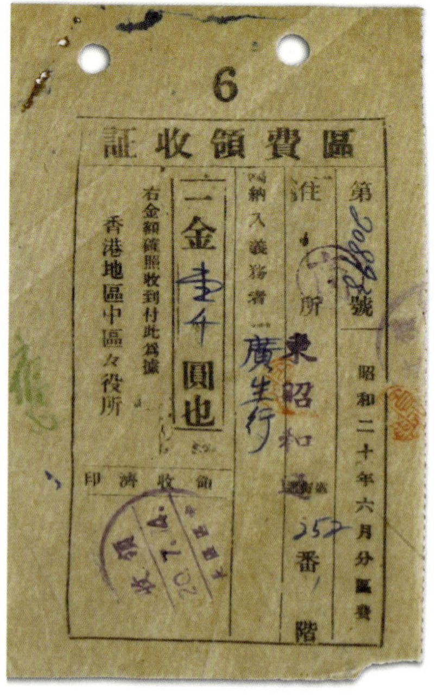

6

區費領收証

第[illegible]號

住所 東昭和通 257番 階

納入義務者 廣生行

金 壹仟 圓也

右金額確照收到付此為據

香港地區中區々役所

昭和二十年六月分區費

印済 收領

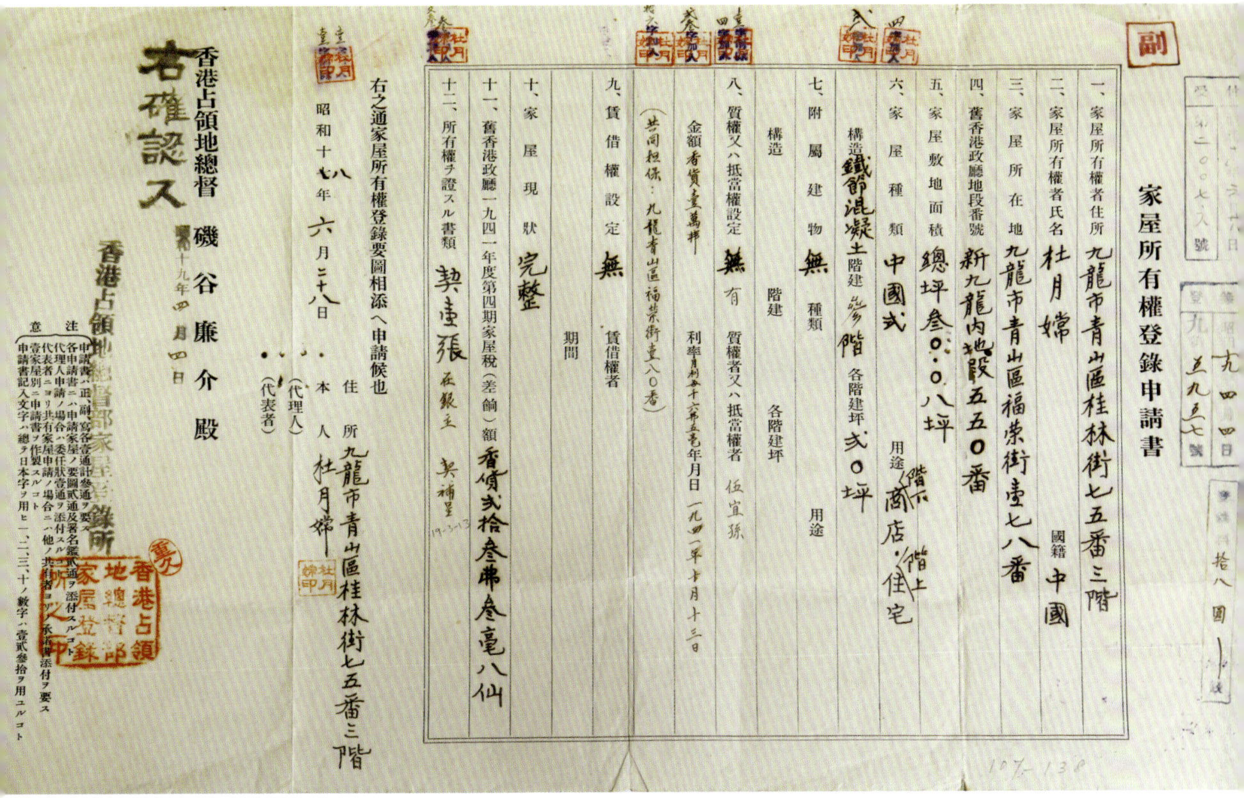

副

家屋所有權登錄申請書

一、家屋所有權者住所 九龍市青山區桂林街七五番三階
二、家屋所有權者氏名 杜月嫦 國籍 中國
三、家屋所在地 九龍市青山區福榮街壹七八番
四、舊香港政廳地段番號 新九龍内地段五五〇番
五、家屋敷地面積 總坪叁〇·〇八坪
六、家屋種類 中國式 構造 鐵筋混凝土 階建 參階 各階建坪 式〇坪 用途 (地下)商店 (樓上)住宅
七、附屬建物 無 種類 構造 階建 各階建坪 用途
八、質權又ハ抵當權設定 無 有 質權者又ハ抵當權者 伍宜孫 金額 香貨壹萬弗 利率 年月日 一九四一年十月十三日 （共同担保：九龍青山區福榮街壹八〇番）
九、賃借權設定 無 賃借權者 期間
十、家屋現狀 完整
十一、舊香港政廳一九四一年度第四期家屋稅（差餉）額 香貨式拾叁弗叁毫八仙
十二、所有權ヲ證スル書類 契壹張 在銀主 契補呈

右之通家屋所有權登錄要圖相添ヘ申請候也

昭和十八年六月二十八日

住所 九龍市青山區桂林街七五番三階
本人 杜月嫦
(代理人)
(代表者)

香港占領地總督 磯谷廉介 殿

右確認ス 昭和十九年四月四日
香港占領地總督部家屋登錄所

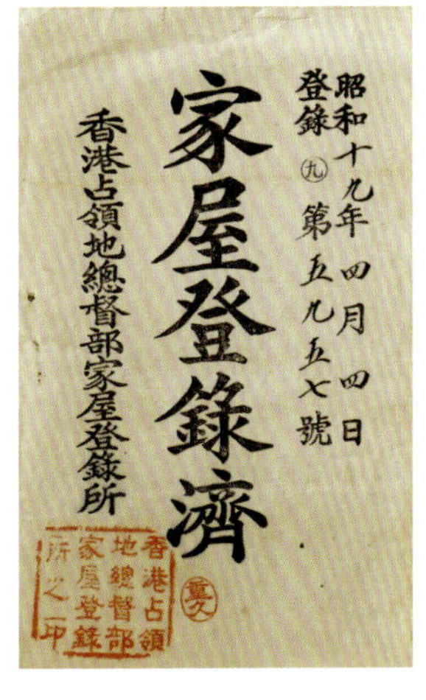
昭和十九年四月四日
登錄㊈第五九五七號
家屋登錄濟
香港占領地總督部家屋登錄所

▲▶ 一九四四年四月，位於九龍青山區（深水埗）的物業持有人，向總督部申請的家居登錄書（物業登記）。

殘暴政策

歷時三年零八個月的淪陷時期，無論是華人或是外籍人士，都受盡日軍的蹂躪逼害。雖然在宣傳中，日本一直美化攻陷香港是為「華人從英國殖民統治下解放出來」，建立「大東亞共榮圈」，事實上，日本在香港的整個統治系統比戰前的殖民管治政府更獨裁、官僚及腐敗。自始至終，日人所使用的手段更是殘酷和野蠻。

從軍政廳成立起，日人先後制定大量前所未有的大小規例，如《香督令》，這些規例可怕之處包括日軍可隨時隨地以市民犯例為藉口，打罵、囚禁甚至屠殺。如市民不向日軍鞠躬行禮，輕則遭受掌摑，重則招來殺身之禍。憲兵隊亦常常以檢查或搜捕抗日分子為藉口，隨意闖入民居，為所欲為。此外，為了控制和封鎖言論消息，所有新聞通訊及文化活動莫不受到極嚴格的審查。

日本人在香港的暴政，隨着戰爭的發展而變本加厲。為了加強防衛事務，日軍拆毀了許多民居及歷史遺蹟，以擴建九龍啟德機場及其他軍事設施。為了提高日軍的士氣，日人在灣仔及其他地點建立慰安所區，讓日軍發泄作樂，數百戶香港居民因此而被迫遷出他們的住所和店舖。為了支付龐大的軍費，日政府加緊經濟掠奪，濫發軍票威迫港人使用。為了減輕香港人口對物資供應的負擔，日人用盡種種方法疏散人口，包括欺騙大批青年前往海南島做苦工和強迫居民出境，不顧他們死活。大批港人因受不了日人欺侮和迫害，以及淪陷區生活的煎熬而逃離香港。

支那事變紀念銅章，正面（左圖）可見日軍踐踏在一個戰死的中國士兵身上。背面（右圖）為日本戰機飛越長城及其他中國重要城市之上，逼真地反映了日本軍國主義的征服野心。

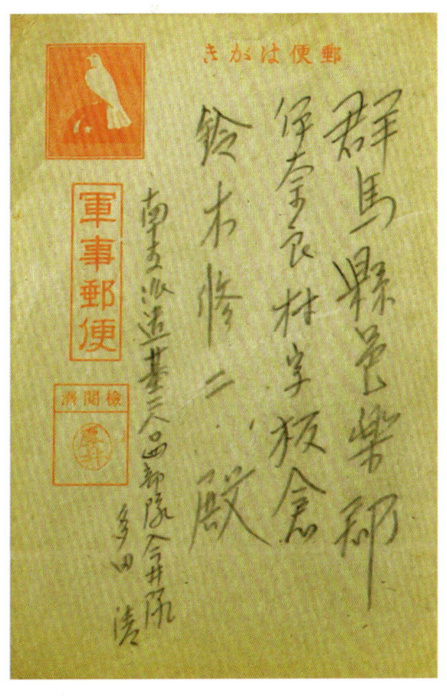

日本軍事郵便明信片，圖案為一隻代表和平的鴿子站在軍人頭盔上，甚為諷刺。

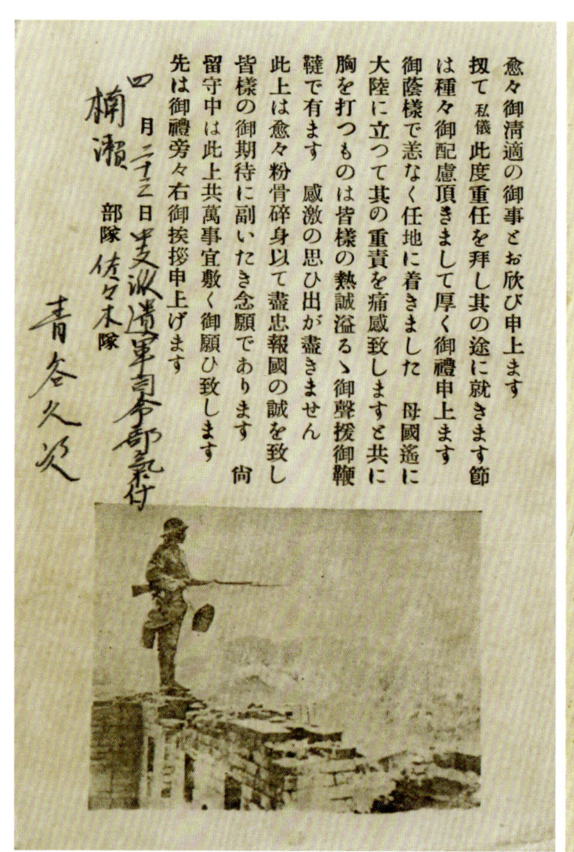

愈々御清適の御事とお欣び申上ます
扨て 私儀 此度重任を拜し其の途に就きます節
は種々御配慮頂きまして厚く御禮申上ます
御蔭様で恙なく任地に着きました　母國遙に
大陸に立つて其の重責を痛感致しますと共に
胸を打つものは皆様の熱誠溢るゝ御聲援御鞭
韃で有ます　感激の思ひ出が盡きません
此上は愈々粉骨碎身以て盡忠報國の誠を致し
皆様の御期待に副いたき念願であります　尚
留守中は此上共萬事宜敷く御願ひ致します
先は御禮旁々右御挨拶申上げます

四月二三日 支派遣軍司令部氣付
楠瀬 部隊 佐々木 隊
青谷久次

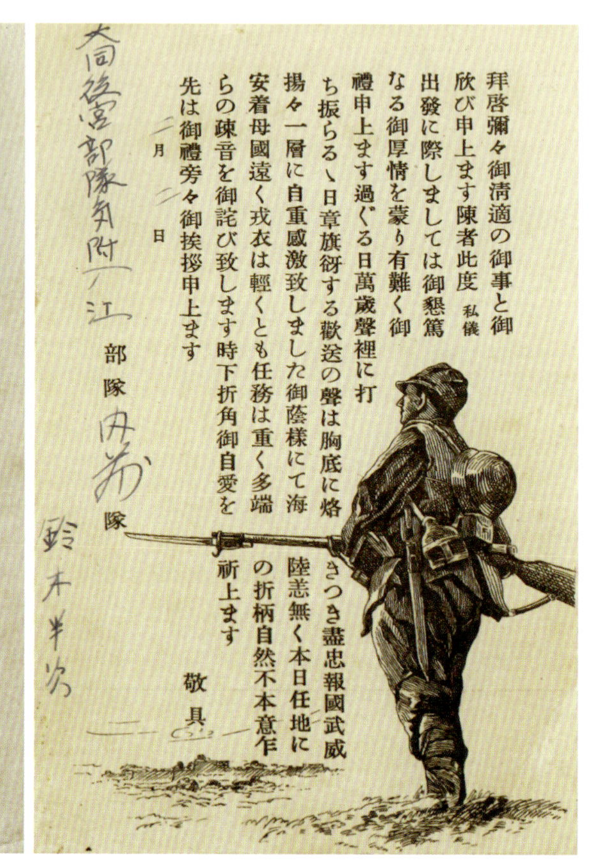

拜啓彌々御清適の御事と御
欣び申上ます陳者此度 私儀
出發に際しましては御懇篤
なる御厚情を蒙り有難く御
禮申上ます過ぐる日萬歳聲裡に打
ち振らるゝ日章旗翻する歡送の聲は胸底に烙きつき盡忠報國武威
揚々一層に自重感激致しました御蔭様にて海陸恙無く本日任地に
安着母國遠く戎衣は輕くとも任務は重く多端の折柄自然不本意乍
らの疎音を御詫び致します時下折角御自愛を祈上ます
先は御禮旁々御挨拶申上ます　敬具

二月二日

大同後當部隊気附ノ江 部隊 内野 隊
鈴木半次

▲▶ 實寄的軍人明信片，圖案為全副武裝的日軍、戰機及坦克車，顯示出日本侵略者耀武揚威的形象。

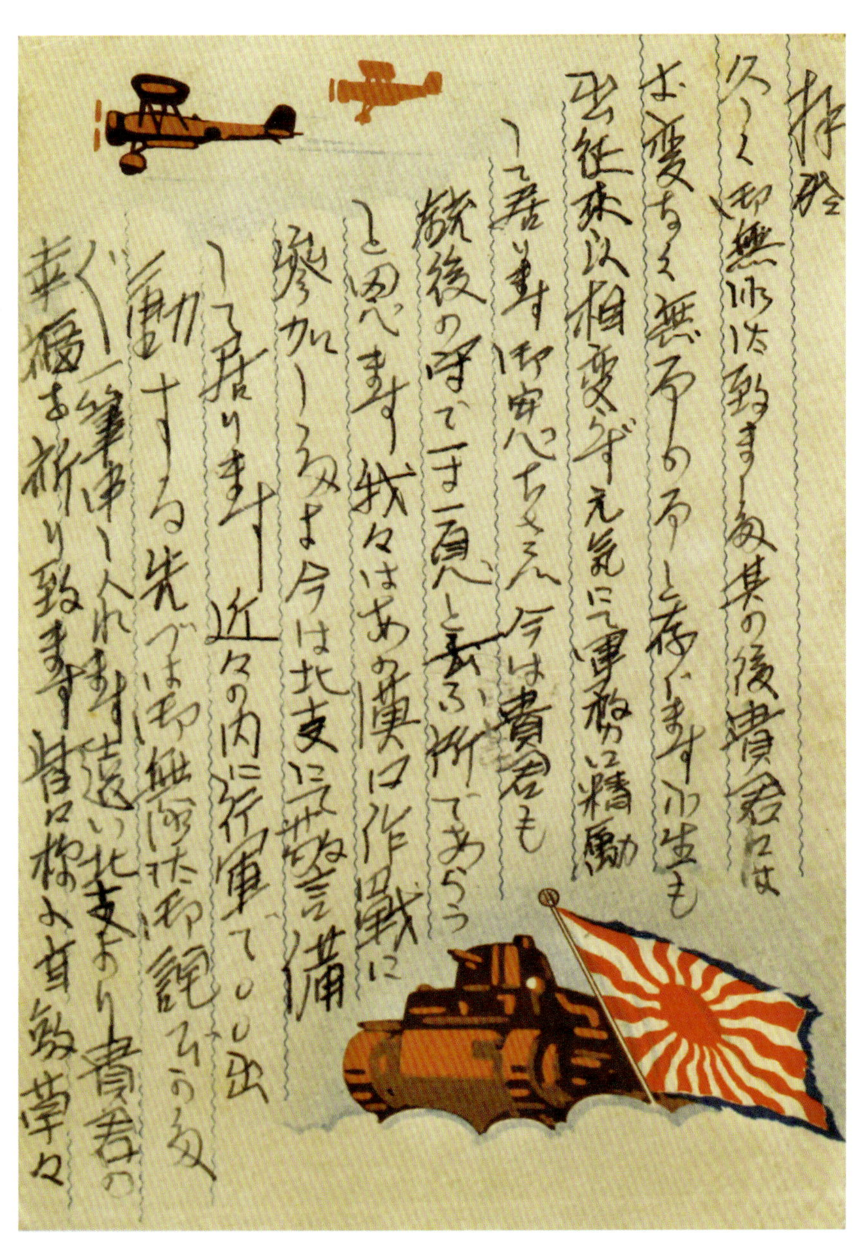

拝啓
久しく御無沙汰致しました其の後貴君には
お変りなく無事のことと存じます小生も
出征以来相変らず元気にて軍務に精励
して居ります御安心下さい今は貴君も
銃後の守りで一層と忙しい所であらう
と思ひます我々はあの漢口作戦に
参加しましたが今は北支にて警備
して居ります近々の内に行軍で〇〇出
動する先づは御無沙汰御詫びの文
へ一筆申し入れます遠い北支より貴君の
幸福お祈り致します皆々様によろしく草々

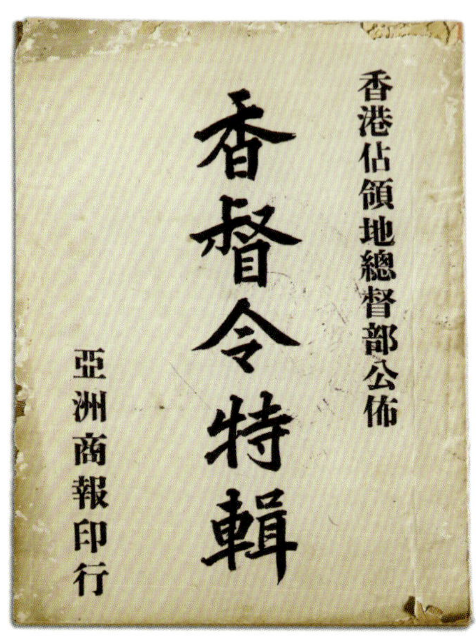

《香督令特輯》的封面、緒言和序文，內容羅列了新發佈的法例，要求港人遵從，並奉此為「玉律金科，而時加誦讀不忘者也」。

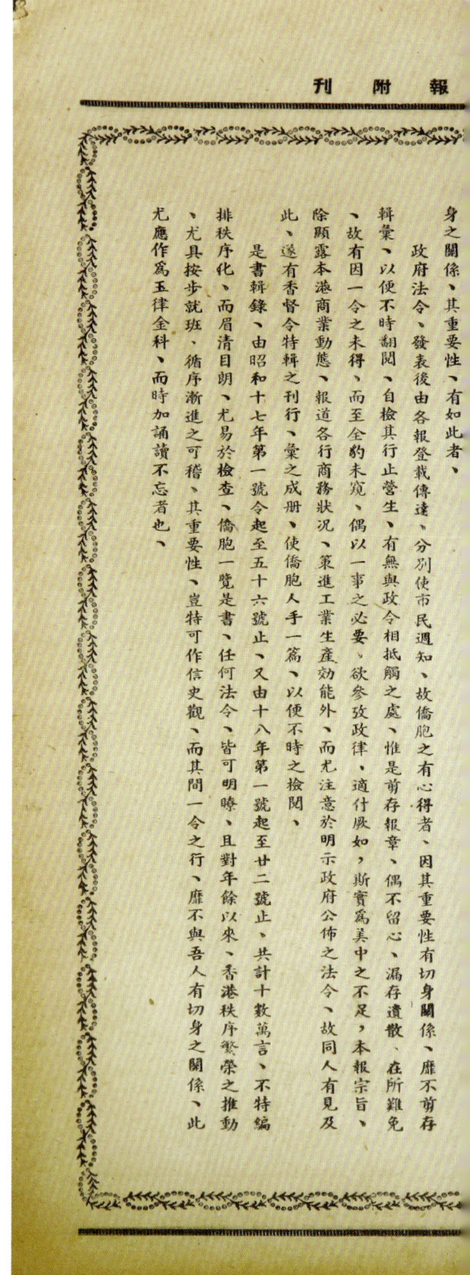

報附刊

身之關係、其重要性、有如此者、

政府法令、發表後由各報登載傳達、分別使市民週知、故僑胞之有心得者、因其重要性有切身關係、靡不剪存輯彙、以便不時翻閱、自檢其行止營生、有無與政令相抵觸之處、惟是剪存報章、偶不留心、漏存遺散、在所難免、故有因一令之未得、而至全豹未窺、偶以一事之必要、欲參攷政律，適付厥如，斯實爲美中之不足，本報宗旨、除顯露本港商業動態、報道各行商務狀況、策進工業生產効能外、而尤注意於明示政府公佈之法令、故同人有見及此、遂有香督令特輯之刊行、彙之成册、使僑胞人手一篇、以便不時之檢閱、

是書輯錄、由昭和十七年第一號令起至五十六號止、又由十八年第一號起至廿二號止、共計十數萬言、不特編排秩序化、而眉清目朗、尤易於檢查、僑胞一覽是書、任何法令、皆可明瞭、且對年餘以來、香港秩序繁榮之推動、尤具按步就班、循序漸進之可稽、其重要性、豈特可作信史觀、而其間一令之行、靡不與吾人有切身之關係、此尤應作爲玉律金科、而時加誦讀不忘者也、

《香督令特輯》的英文版封面。

亞洲商報附刊

香督令特輯序文

香港更生，年餘於茲矣，在賢明之磯谷總督閣下勵精圖治之下，具見新香港之繁榮，蒸蒸日上，再人所可指出而言者，則爲人民均趨向新生之途，一切浮囂舉動，奢華習慣，與醉生夢死頹唐生活，都由炮火之洗禮而滌除，而爲政者，胥能廉明奉公，營私舞弊之風，一掃而空，其政績彰彰可攷者，如糧食之配給，治安之維持，户籍之確立，教育之改善，金融之劃一，交通之發展，衛生之注意，商業之繁榮，工廠之恢復，農業之提倡，漁業之推進，慈善之扶助，難民之疏散，市容之整頓，靡不按步就班，循序漸進，凡此種種，固由於總督閣下碩運宏籌，佈施仁政，有以致之，吾人翻閱總督閣下年餘以來所發之命令，無一令而非愛民之措施，無一條而非具改進社會整頓民生之規劃，故凡屬香港居民，對於香督命令，均宜一致遵守，乃可稱爲劃時代新香港之市民，人民既能守法，於是政治日見澄明，故吾人之視香督令，應如玉律金科，理宜時刻諷誦不忘者也。

迺者，亞洲商報，以市民對於香督令，應常稔識，因有香督令特輯之印行，將　磯谷總督閣下蒞任以來所布之命令法規，彙輯成册，其間一切政府重要命令，靡不登載無遺，以使市民作必要之檢閱，以利商賈對條例之翻尋，其所以利便於各界人士，實非尠淺，書成，黄榮揚君以序爲索，同人等以此書足爲市民之圭臬，凡居香港市民，均宜人手一册，以備不時檢閱，庶有所遵，因爲之序，并以介紹於各界僑胞。

昭和十八年七月六日

劉鐵誠　周壽臣
羅旭龢　陳廉伯　同序
李子芳　李冠春

亞洲

緒言

香港是大東亞聖戰勃發以來、日本首先佔領之土地、故軍政措施、與東京中樞、可扣息息相關、然而香港住居之人口、則又以中國人占大多數、佔人口總額百分九十五以上、是故磯谷總督閣下、於蒞任伊始、即發表談話、指出香港地位之重要、願致其最大之努力、從事中日間之協力、一致提携合作、共謀新香港之發展、

是故年餘以來、凡百施政、無不本此方針施行、一方面先謀地方治安之確立、一方面則充實物資之來源、謀工商業之開發與經營、安定人民生活、使香港逐漸臻於繁榮發展之途、又以僑胞習染歐美思想、根深蒂固、其中有不

美化侵略

自 1931 年九一八事變日本啓動侵華，至 1945 年太平洋戰爭結束期間，日本政府派遣了數以百萬計的軍人參與邪惡的侵略戰爭。在這段時期，日本政府和軍方曾經發行了不少印有宣傳圖畫的軍郵明信片，供給侵略日軍作通信用途。另一方面，日本各大報社亦派出大批記者前往戰地前線採訪，報道戰況。在日本軍國政府的支持下，報社及出版商印製大量刺激民心的圖畫、相片、報刊、雜誌、畫冊及書籍。在戰爭當時，由於電視與收音機等傳播媒體並不普及且被限制監管，所以上述的印刷刊物迅速成為日本及佔領地國民取得資訊的主要渠道。這些印刷刊物內容雖名為報道新聞事實，但實質上卻是為軍方搖旗吶喊。主要內容是鼓勵「聖戰」，炫耀日軍的神威勇武和赫赫戰功，以配合法西斯軍國主義的宣傳，內容明顯扭曲，甚至抹煞事實，例如把侵略佔領某地說成是發生了什麼「事變」，不承認是侵略，如「上海事變」、「南京事變」等等。當時日本的各大小報社及出版商幾乎淪為軍方的喉舌。此外，日本政府為了掩飾日軍的殘暴，常常反過來宣傳他們的仁愛厚德，把侵略戰爭行為美化為正義合理的舉動，甚至說是被迫自衛，為淪為殖民地的鄰國驅逐西方國家的統治，以達成大東亞共榮的夢想。

首份報道香港淪陷的《朝日新聞》雜誌，出版於一九四二年一月十四日，即香港宣告投降的第十九日。雜誌中報道了日軍與香港守軍的交戰過程，登載了不少香港滿目瘡痍的圖片。

卡通明信片，炫耀日軍威猛、所向披靡的形象。

◀ 卡通明信片，宣揚日軍受到中國和其他佔領地人民的愛戴。

▶ 卡通明信片，描繪日軍和中國平民同樂，友善可愛，與其禽獸侵略行為形成鮮明對比。

卡通明信片，描畫出日軍對待中國平民的虛擬慈愛形象。

奴化教育

日佔時期，香港教育事業受到嚴重摧殘，幾乎陷於停頓。據統計，1941 年香港的學生人數大約有 12 萬人，但至 1945 年卻銳減至 3000 人左右，幾乎所有適齡學童都飽嘗失學之苦。戰前香港有學校六百多所，由於受戰火波及，大量的校舍均遭受嚴重破壞。其後，大部分學校的設備和器材等，不是被日軍奪去，便是被市民取去作燃料之用。由於生活困苦、師資流失，導致大部分學校相繼停辦。至 1942 年 5 月，能復課的學校只有 20 所。同年 12 月，經認可開辦的中小學，也只剩下 34 所。這些僅餘學校的運作，均受《香督令》的《私立學校規則》所限制，並由民治部屬下的文教課管理。日語成為了主要的教育課程，當時中小學規定每星期須教授四小時日語，並禁止使用英語。日語成績欠佳的學生會遭受嚴厲的處分。除此之外，美化日本，認同日本文化、禮節、國情等都成為了學校的主要教授內容，這種教育制度推行的目的，是希望加強日本對香港人的影響，使他們認同「大東亞共榮圈」的建立。

相對嚴重不足的基礎中小學教育，日政府則十分用力推行香港的日語教育，如設立多所日語講習所，又鼓勵一些私營日語學校成立，專門教授日語會話。而日語教師的培訓則由「日本語教員養成所」和教員研習班提供。熟悉日語已成為政府部門及日資商業機構招聘員工的重要條件之一，日語程度較佳者不但可獲任用，且能得到額外的糧食配給。政府又強迫教師參加日語考試，未能合格的需要接受三個月的日語培訓。為了培養認同日本統治的華人政府人員，政府曾於 1943 年成立「香港東亞學院」，這是日佔時期唯一的專上學院，但只維持了很短的時間，學生人數甚少。至於戰前的兩所專上學府羅富國師範學院及香港大學，則因香港的高等文化教育界人士被關在戰俘營，或已逃亡離港，在教職員及資源嚴重缺乏下而相繼停辦。

身分證明書

氏名 余福昌

性別 男

年齡 十四

右為本校初中一甲學生

特此證明

昭和十八年八月廿四日

第八〇號

港僑中學校長林熙甫

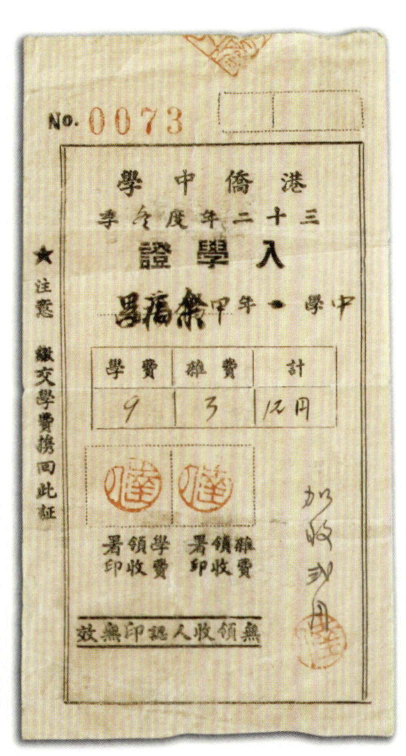

No. 0073

港僑中學

三十二年度冬季

入學證

中學一年甲 余福昌

學費	雜費	計
9	3	12円

學費領收署印　雜費領收署印

無領收人認印無效

★注意 繳交學費攜回此証

▲ 一九四三年港島港僑中學的學生證（左圖）及入學證（右圖）。

一九四二年二月十四日香港《天演日報》，內容報道有關日本政府確立大東亞教育的方針。

確立大東亞 教育建設基礎

日衆院會議已有重要決定

【同盟社東京十二日電】十二日之衆議院本會議、對于確立大東亞教育態勢建議案之內容如左、關于確立大東亞教育態勢建議、

政府根基左列要綱、以圖刷新內外教育機構、及確立教育方針計、期望從速予以實現、

一、內外地教育行政機構之一元化、一、樹立對國民教育普遍化之方策、一、創設興亞育英金庫制度、一、在外邦人子弟教育、一、共榮圈住民教育、一、指導共榮圈留學生、一、內地學生興亞教育、一、錬成共榮圈進出者、一、內外地教育者及研究員交流、一、樹立以上諸計劃、一、成立興亞大學、一、設立共榮圈學術研究所、一、擴大強化民族研究所、一、樹立共榮圈宗教政策、

【同盟社東京十二日電】十二日衆議院本會議下午一時八分開會、將議員提出之青年禁酒法案、交委員附記、並通過對中小工業對策建議案後、提出各派共同提出關于確立大東亞教育態勢建議案、永井柳太郎說明提案理由稱、一、爲圖確立大東亞共榮之完成途中、政府宜奉持明治新議之大精神傾注全力於興亞國民教育之普遍化、全國民應皆覺悟于此大建設大東亞共榮之大業、指導大東亞民族、實現肇國之大理想、則應確立得以發揮日本國民大多數天賦良智良能的教習制度、既有優秀資質、對於學資缺乏者、應創設所謂興亞育英金庫、由國家貸與學資、繼續教育、同時此後大東亞民族之文部大臣負此責任、全會一致通過、對此、橋田文相答辯、爲即應國運之進展、適應汎大東亞新秩序建設上之教育全般事、認爲實有改善之必要、現正考究樹立方策中、就本建議、政府對其趣旨之所在、亦有同感、當充分努力以達成之、下午二時五分散會、

……長將廣播

……運動與東亞解放 局鎸紀念新運郵戳

……使用、該項紀念郵戳、除地名及日期外、並刊有「厲行新國民運動」、「實現大東亞解放」字樣、同時印製五種明信片、分爲四分兩分彩版明信片兩種、此項明信片、背面與普通郵片相同、正面恭印總理陵墓風景、及國府門景、暨主席於國新國民運動標語、定本月十五日起、在京滬各郵局、同時發售、如各界人士、購買此項明信片時、一律可請郵局加蓋紀念郵戳、以垂紀念、

華維爾蔣介石 在印會……

華氏忽……

【同盟社里斯本十一日電】紐德里與蔣介石會談完畢之荷印某地之總司令部、……

第十一號 官立香港東亞學院規程

第一章 目的

第一條 官立香港東亞學院以對於居住香港占領地總督部管區內之中國中堅青年本於東洋精神並根據日本道德而施行師範教育暨實務教育爲目的

第二章 編成科目

第二條 官立香港東亞學院設普通科及高等科高等科分第一部及第二部但高等科第一部並設女子學級

第三條 官立香港東亞學院修業年限普通科爲一年高等科爲二年

第四條 官立香港東亞學院之教科普通科及高等科均設國語科、修身公民科、體鍊科及音樂科、普通科、加簿記、及珠算、高等科第一部加教育科及法規第二部加簿記珠算商事要項、及法規、女子加家事科

國語科分爲講讀、說話法、會話、作文、及文法、高等科加中文日譯及日文中譯修身公民科分爲東洋精神日本事情日本道德及禮法高等科加以東亞爲主體之地理、歷史概要

、體鍊科分爲體操、教練、遊戲、競技、武道及衛生

音樂科由平易之唱歌起漸次加輪流唱歌及重音唱歌

教育科分爲教育學、教授法、教育史及經營暨管理

家事科爲一般家事

關於實務之學科目、爲簿記、珠算、商事要項及法規

一九四三年，《香督令第十一號》頒佈〈官立香港東亞學院規程〉的截錄，學院分為普通科（課程一年，入學要求為十八歲以下具有小學或以上程度）和高等科（課程兩年，招收二十二歲以下具有高中程度），學費一概全免。

日佔時期「海員養成所」的兩款扣章。海員養成所為職業訓練學校，成立於一九四三年，分設航海科和機關科，專門培養航海及海上運輸人員。

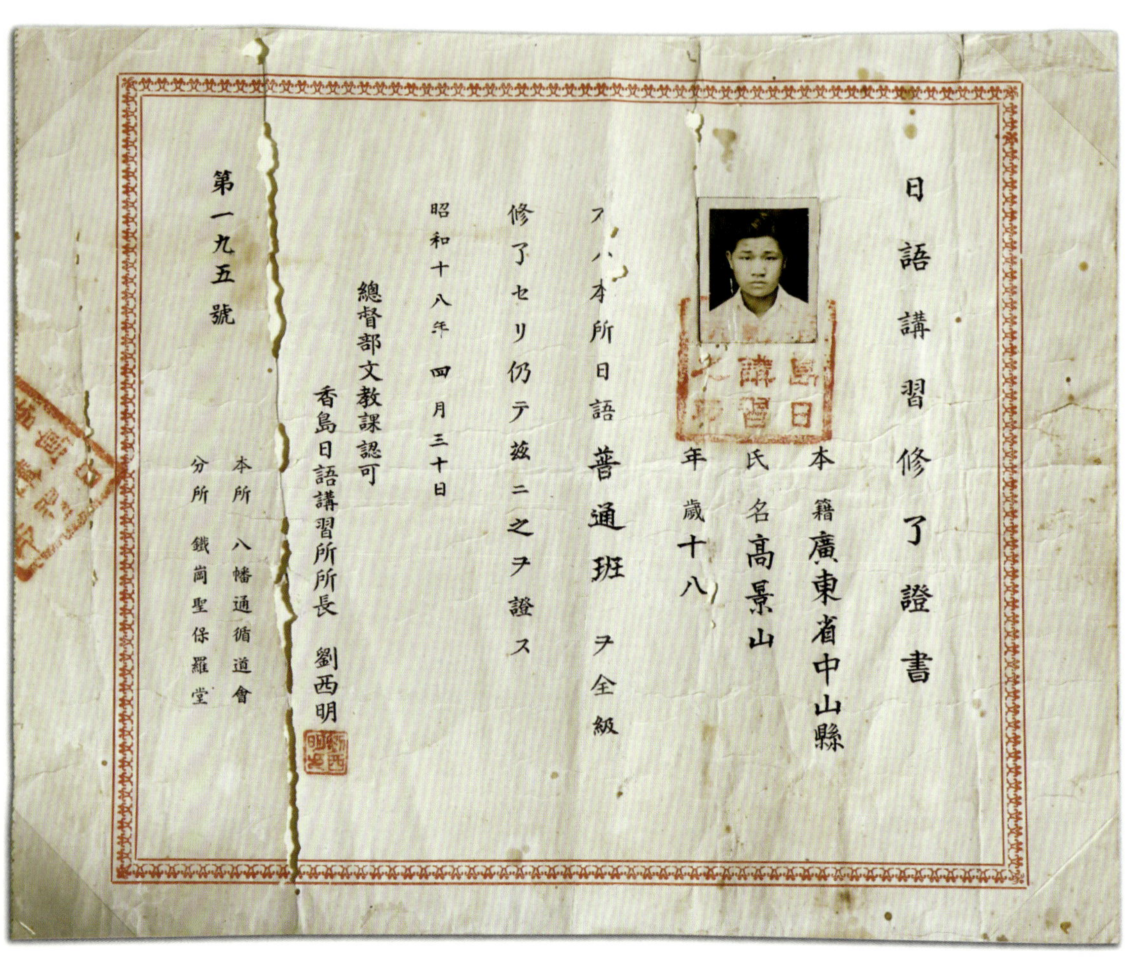

日語講習修了證書

本籍 廣東省中山縣
氏名 高景山
年歲 十八
ハ本所日語普通班ヲ全級
修了セリ仍テ玆ニ之ヲ證ス

昭和十八年四月三十日

總督部文教課認可
香島日語講習所所長 劉西明

本所 八幡通循道會
分所 鐵崗聖保羅堂

第一九五號

▲ 一九四三年市民學習日語的畢業證書。

貴家長先生台鑒：敬啓者，此次變更從業員配給，及停止
家族配米辦法，我教育界自當不能獨異，然而巧婦難爲無
米之炊，同人雖欲努力任事，其如枵腹從公何，是故深感
當局諸公及文教課長之關懷，而
各方明達，更爲同情之諒解也，雖然生活困苦，比比皆
然，無如我私立學校經費來源，純賴學費所收入，苟與支
出絕對懸殊，實屬無從將事，此又不得不向唯一與有密切
關係之
貴家長呼籲，爲本學期增費之實施，第學校各方之環境不
同，所增學費，不免有所出入，然無非維持教職員目前之
生活起見，區區苦衷，無可如何，用敢奉達
左右，而爲將伯之呼，素仰
先生，熱心作育英才，更能施大願力，而解此倒懸也。耑
函奉瀆，順頌
公祺

香港私立學校校長會會長張資模暨全體校長公啟

葉中凱 二十円
葉中健 二十円
葉中絢 四十円
共八十円 收

家長先生鈞鑒敬啓者此次因變更配給及停止家族配米事影
響於教職員生活彌甚校長會爲解救當前危急起見疊經開會
討論有案明知增費適足以重
家長負擔然爲解倒懸亦屬無可如何之事乃蒙
總督部民治部文教課當局之特許用敢專函奉瀆
執事敝校等由本年十二月至三十四年一月學期結束增收學
費小學每名二十元初中四十元高中八十元爲額（該費由即
日起收）然而
家長先生熱心教育夙具關懷教職員之清貧則額外捐輸使義
粟仁漿化作春風時雨尤拜
大德不置也耑此肅泐順請
義安伏維
荃照不備

知行中學校　光華中學校　西南中學校　港僑中學校
聖類斯中學校　培貞中學校　湘父學校　覺民學校　青葉學校
淑志學校　聖嬰學校　麗澤中學校　鑰智中學校　民生學校
同啟

中華民國三十三年十一月二十日

▲學校向學生增收學費通告。日佔後期，政府停止家族配米，市民生活更趨困苦，迫於無奈下，私立學校遂向學生增收學費。

日佔時期，開放給公眾的「香港市民圖書館」藏有不少日文書籍。

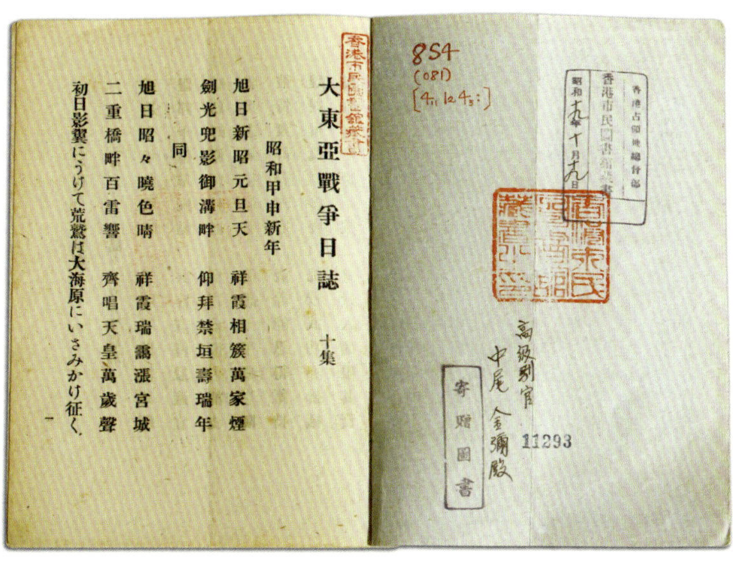

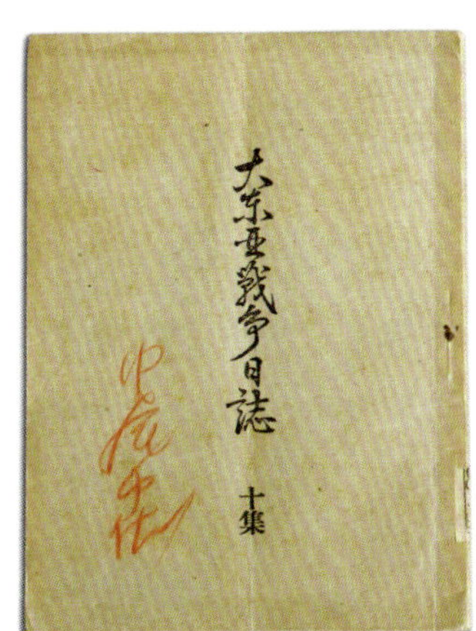

▲圖書館內歌頌大東亞戰爭的書籍《大東亞戰爭日誌》。

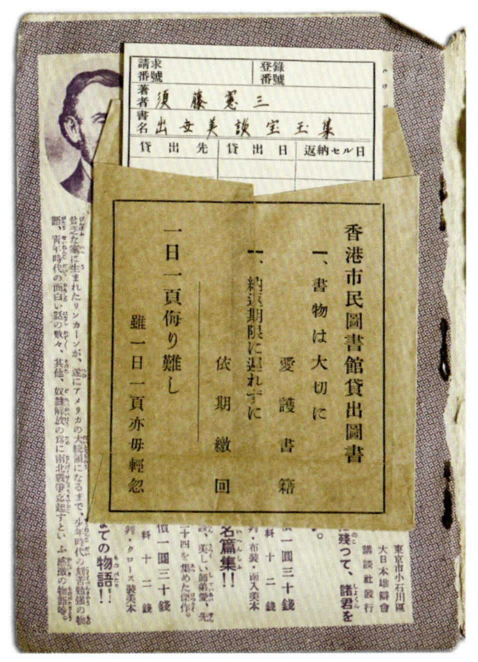

◀香港市民圖書館的借書登記證。

以華制華，建設大東亞

兩華會

日本人在治港的新政府內，佔據了全部的重要位置，華人只可以擔當一些中低級職位。為了拉攏華人供日人使喚，並達至「以華制華」的目的，磯谷廉介上任後不久，便授意若干紳商成立兩個由華人組成的組織，分別為「華民代表會」及「華民各界協議會」。這兩個諮詢組織簡稱為「兩華會」，代替了戰前的行政及立法局。理論上，「兩華會」的成員可說是政府與民眾間的橋樑。「華民代表會」為華人的最高咨詢機構，有委員四名（羅旭龢、劉鐵誠、李子方、陳廉伯）。而「華民各界協議會」則為「華民代表會」的執行機構，負責聽取社會各階層的意見，以及推動政策的執行。會內有委員二十二名，均來自各行各業、慈善機構和各社團首長（包括主席周壽臣，副主席李冠春，委員包括有伍華、羅文錦、郭贊、鄧肇堅、顏成坤等人）。自「兩華會」成立後，雖然委員們為恢復香港的正常運作貢獻了不少，但與英治時期的行政或立法局不同，「兩華會」並無法律上的權力，最終只能成為誘騙港人服從日人統治的機構。

大東亞共榮圈

1938 年 11 月，日本發表聲明，號召建立「大東亞新秩序」，欲樹立「日、滿、中三國相互提攜，建立政治、經濟、文化等方面互助連環的關係」，以大日本帝國、東亞及東南亞「共存共榮的新秩序」為目標。1940 年 8 月，日本更正式提出「大東亞共榮圈」的名稱，並且指明了大東亞之範圍。共榮圈中，日本與滿洲國、中國（汪精衛政權）為經濟共同體，而東南亞則為資源供給地區，並以南太平洋為國防圈。大東亞共榮圈以「解放殖民地、相互尊重彼此獨立」為號召，但其實共榮圈內的各國乃由日本軍閥掌控。

日軍佔領香港後，在成立軍政府的同時，又成立了「興亞機關」。「興亞」意即興盛亞洲，主要任務是爭取港人倒向日本這一邊，並趕走白種人，為建設大東亞共榮圈而努力。這宣傳在日佔初期頗收一時之效。但不久，日本人便處處倒行逆施，「共榮」只為日人服務。結果諾言變謊言，人心盡失。

慈善及社會服務

自日軍侵華開始，香港大部分慈善團體都參與了難民救濟工作。日佔時期，日軍大大限制這些慈善組織，以防止他們支援游擊隊；加上戰爭帶來的破壞，慈善組織的救濟工作更形艱巨，即使一些規模較大的慈善機構如東華三院等，調動資金亦十分困難。雖然日方設立了一個名為「東亞建設基金」的所謂慈善組織，但事實上捐款只是用以支援日本政府所需，並非用作慈善用途。

1942年底，在教會及華民代表會的努力下，磯谷廉介允許成立「華民慈善總會」，以統籌和計劃慈善事業，以及舉辦籌款活動，例如協助舉辦足球賽和戲曲表演等來籌募捐款。為了粉飾太平，磯谷廉介同意把從商業機構和社團人士籌得的「東亞建設基金」中的四萬元，轉用在飢民救濟上，藉此宣稱日政府救濟香港貧困者的仁政。在整段日佔時期，「華民慈善總會」的成立，幾乎成為華民代表會僅有的具體成就。

◀ 由「香港占領地總督部」印製的大東亞戰爭一週年紀念明信片。

▶ 參與及支持日方的集會和慶祝活動，如大東亞戰爭一週年紀念大會，也是兩華會工作之一。中華廠商聯合會主席葉蘭泉為華民各界協議會其中一位會員。

逕啟者刻准華民代表会通知茲本月十一日下午一時半在香港木球場（即花園道兵房対面之球場）舉行「大東亞戰爭一週年紀念華民民眾大会」，屆時各廠商參加等由，為此函達，即希查照為荷，此候

台祺

香港中華廠商聯合會

主席　葉蘭泉啟

卅一年十二月十日

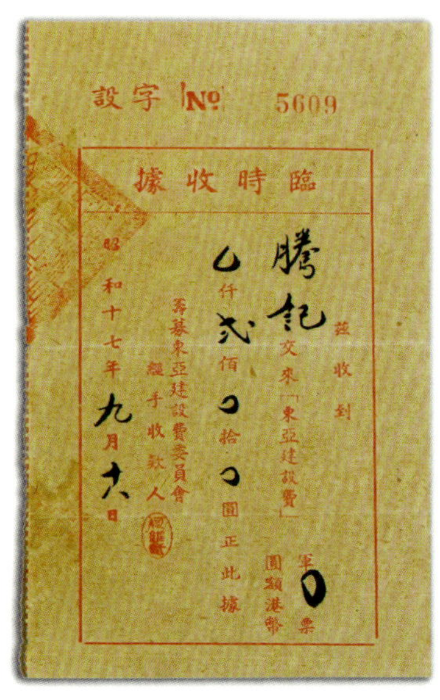

設字 No 5609

臨時收據

茲收到 騰記 交來「東亞建設費」

籌募東亞建設費委員會 經手收款人

昭和十七年九月

一九四二年九月十八日，捐助東亞建設費的收據。

日佔時期成立，具有日方政治背景的「香港佛教消費合作社」，也有為救濟貧民而努力。

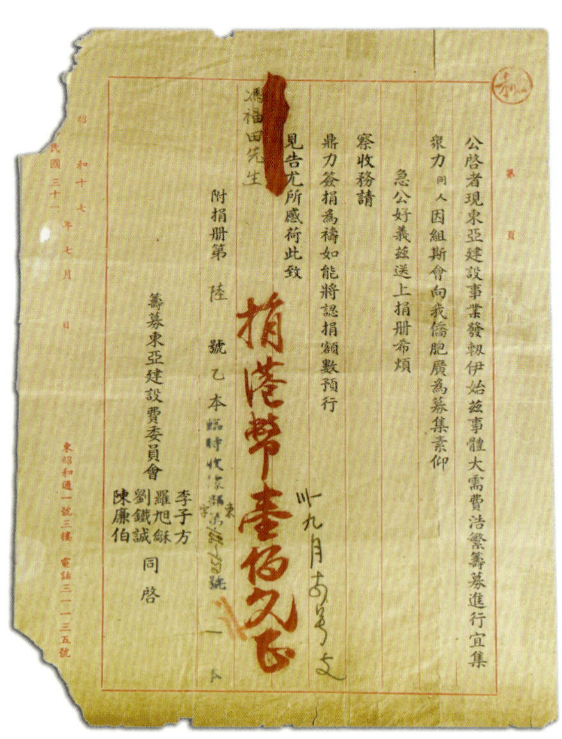

公啓者現東亞建設事業發軔伊始茲事體大需費浩繁籌募進行宜集衆力 同人因組斯會向我僑肥贋為募集素仰
急公好義茲送上捐冊希煩
察收務請
鼎力簽捐為禱如能將認捐額數預行
見告尤所感荷此致
馮福田先生

捐港幣壹佰元

附捐冊第 陸 號乙本

籌募東亞建設費委員會
李子方
羅旭龢
劉鐵誠
陳廉伯 同啓

昭和十七年七月 日
民國三十一年七月 日

東昭和通一號三樓 電話三一一三五號

在華民代表會的努力下，磯谷廉介同意將部分「東亞建設費」撥作救濟用途。

香港佛教消費合作社簡章

名稱

第一條　本社定名香港佛教消費合作社

宗旨

第二條　本社專為救濟貧困佛教徒以便購買粮食及日用必需品得以廉價配給

社址

第三條　本社辦事處暫設青葉區山光道一五號東蓮覺苑

資本及股份

第四條　本社資本暫定軍票拾萬圓必要時得再擴充之

第五條　每股五拾圓共分為二仟股

社員資格

第六條　凡香港中華佛教聯合會會員及贊成斯舉者得為本社社員

職員

第七條　本社職員如左

（一）社長　一名
（二）副社長　一名
（三）顧問　一名
（四）監察　一名
（五）會計　二名
（六）庶務　一名
（七）採辦　三名

其他理事不超過十名

第八條　理事當社員大會選舉其餘職員由理事會選舉之

敘會

第九條　社員大會每年舉行一次臨時大會得隨時舉行

第十條　理事會每月至少須舉行一次

配給

第十一條　本社社員之廉價配給辦法須照環境情形隨時由理事會定之

艱辛的歲月

糧食貧缺

香港淪陷後，日軍沒收商人的資產，所有公、私倉庫都被日軍查封。倉庫內有戰略價值的物資大部分都被運返日本。香港市面百物奇缺，糧食的供應尤為緊張。日軍沒收了存於倉庫內的食米，同時黑市食米供應量日漸減少，導致價格飛漲。由 1942 年開始，日軍對米、油、麪粉、鹽、糖、燃料等居民的生活必需品實施配給制度，由各區區役所負責，定額配給口糧和日用品。每個家庭都有一張定額配給許可證，他們要定時到指定的食米銷售站，排隊輪購價錢比黑市米廉宜的公價米，每人每天的配給量是六兩四錢。此外，由於魚、肉、菜蔬等副食品的供應量也相當少，單是靠六兩四食米是難以充飢的。

飢民處處

自 1943 年起，日軍在戰場上開始失利，造成運輸困難，配給制度更形苛刻，加上軍票不斷貶值，物價高漲，香港市民慘受飢餓和營養不良之苦。其後白米亦十分短缺，改為配給日本蘿蔔作糧食。因為糧食日趨短缺，日方於 1944 年取消定額配給制度，改為自由買賣。不少居民因食物不足，只能進食木薯粉、花生麩、番薯藤，甚至樹葉、樹根勉強充飢。可是，食物價格瘋狂飆升，不少市民因負擔不起而餓死，甚至出現人吃人事件。根據資料顯示，日佔時期因飢餓及營養不良所造成的衰竭、疾病而死亡的人數高達 50,000 人。

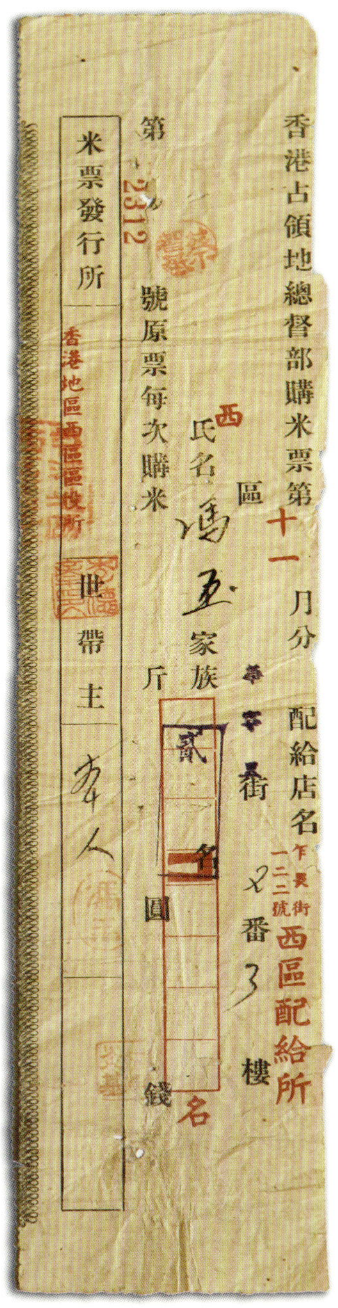

香港占領地總督部購米票第十一月分

配給店名 西區配給所

第2312號原票每次購米　斤　圓　錢

西區

氏名 馮

家族 貳名

米票發行所

香港地區西區役所

世帶主 本人

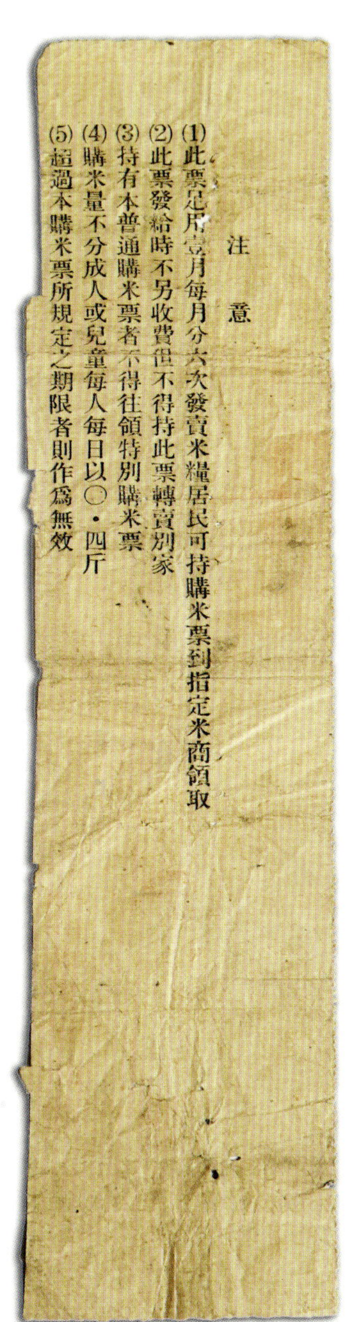

注意

(1)此票足用壹月每月分六次發賣米糧居民可持購米票到指定米商領取

(2)此票發給時不另收費但不得持此票轉賣別家

(3)持有本普通購米票者不得往領特別購米票

(4)購米量不分成人或兒童每人每日以〇・四斤

(5)超過本購米票所規定之期限者則作爲無效

由西區區役所派發的購米票之正面（右圖）及背面（左圖）。

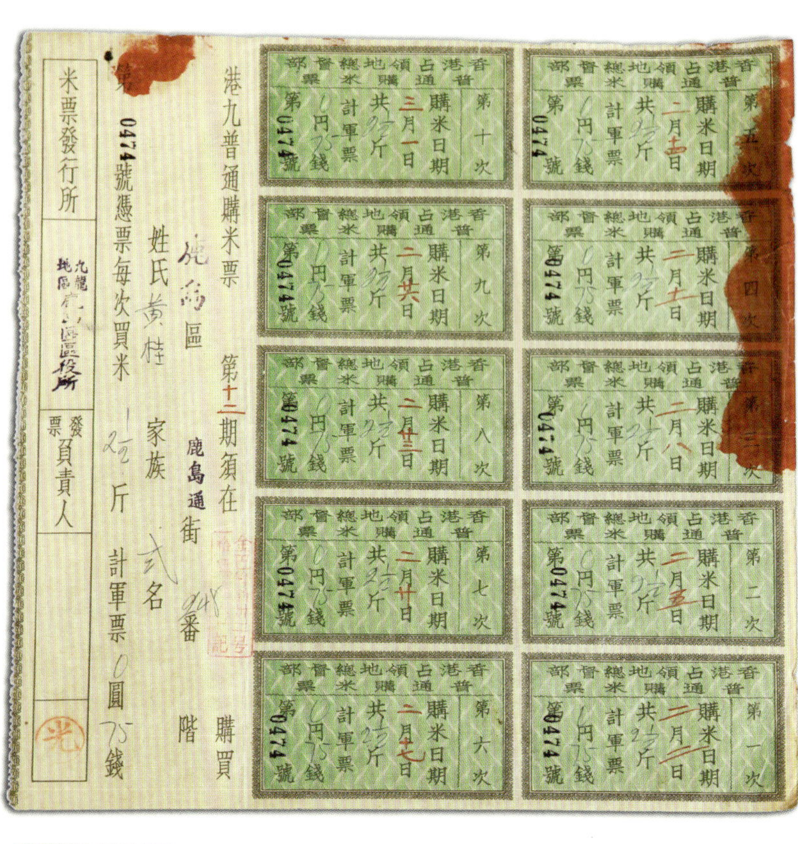

港九普通購米票

第十二期須在 鹿島通街 918 番 階 購買

鹿島區

姓氏 黃桂 家族 弍名

第0474號憑票每次買米 2 2/2 斤 計軍票 0 圓 75 錢

米票發行所 九龍地區 鹿島區役所

發票負責人

香港占領地總督部 普通購米票	購米日期	共	計軍票	號
第一次	二月二日	2 2/2斤	0円75錢	第0474號
第二次	二月五日	2 2/2斤	0円75錢	第0474號
第三次	二月八日	2 2/2斤	0円75錢	第0474號
第四次	二月十一日	2 2/2斤	0円75錢	第0474號
第五次	二月十四日	2 2/2斤	0円75錢	第0474號
第六次	二月十七日	2 2/2斤	0円75錢	第0474號
第七次	二月廿日	2 2/2斤	0円75錢	第0474號
第八次	二月廿三日	2 2/2斤	0円75錢	第0474號
第九次	二月廿六日	2 2/2斤	0円75錢	第0474號
第十次	三月一日	2 2/2斤	0円75錢	第0474號

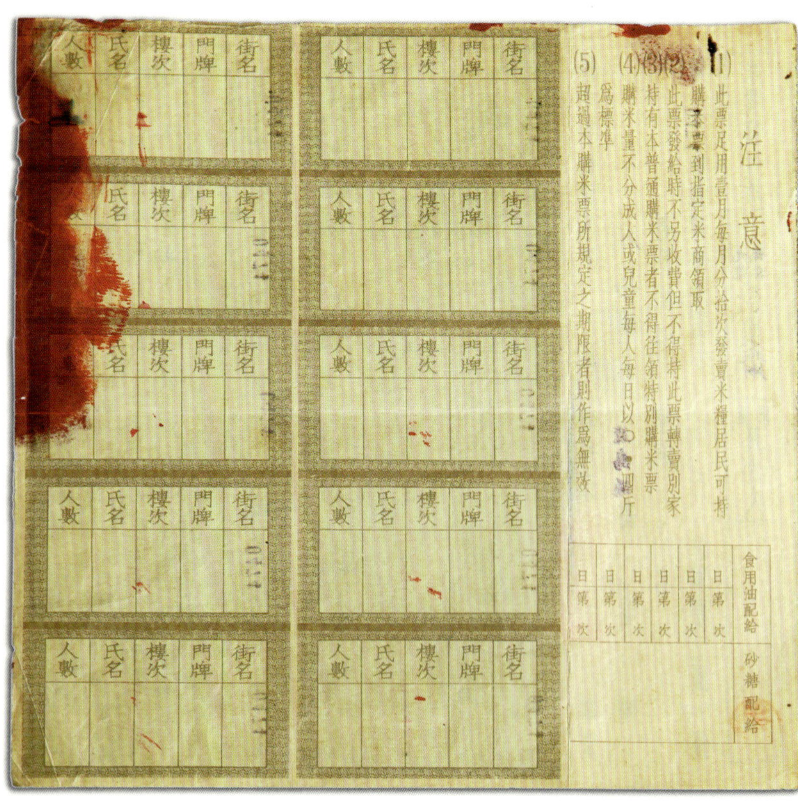

街名	門牌	樓次	氏名	人數

注意

(1) 此票足用壹月每月分拾次發賣米糧居民可持購本票到指定米商領取

(2) 此票發給時不另收費但不得持此票轉賣別家

(3) 持有本普通購米票者不得往領特別購米票

(4) 購米量不分成人或兒童每人每日以[illegible]斤為標準

(5) 超過本購米票所規定之期限者則作為無效

食用油配給

第 次 日	第 次 日	第 次 日	第 次 日	第 次 日	第 次 日

砂糖配給

由鹿島區（九龍塘）區役所發出的普通購米票之正面（上圖）及背面（下圖），市民每月可分十次購買。

▼一九四三年十二月十二日，《華僑日報》報道有關從廣東運米來港解困的消息。

中華民國卅貳年拾貳月拾貳日　星期日

香港現行配米制度無變更
粵米辦運來港之協商
華代表談述結果圓滿
存倉貨物發還貨款不久可行惟希望不可太奢

（特訊）兩華民會代表羅旭和．劉鉄誠．陳廉伯．周壽臣．昨日午前十一時．蒞臨記者俱樂部．會見記者團．對于本港民食．及存倉貨款希望不久可以領回．及空襲時民衆應勿在街上來往等事．聯合發表詳細談話．茲錄如次．

據稱．關于米粮一事．總督閣下前已詳述無遺．具見各報記載．而陳代表廉伯亦曾談及．至於『香港民食協助會』之辦米計劃．其熱心公益．至可欽佩．同人等自當有一分之力．即盡一分之力．以協助之．政府仍盡力照常配給．各居民請勿妄生揣測．致影響市面．如有人欲自行辦米來港．政府自必予以種種便利．如向廣東採辦．入口時手續亦屬簡易．惟須先得廣東省政府之許可．米抵港時．希望米商不宜祗圖暴利．應爲民衆設想．

港粵協商運米來
接洽甚圓滿

、督座曾謂．辦米人營有不明手續．或不明航線．貿然前往者．故來米常有中途遺失之事．須知航行當遵照海軍指定航線．並須領有航行許可證．事前當向總督部申告．由總督部轉知海軍司令部．使合手續．如辦米者欲知詳細．可向財務部貿易課詢問．總督閣下並謂．現當戰時．民衆皆宜刻苦耐勞．力戒奢侈．無業者希望其早日離港歸鄉．從事生產．總督閣下關懷民食．無時不設法籌措．我僑民自當萬分感激．近來又蒙民治部長與財務部長．先後晉粵．與粵府籌商辦米事．又矢崎連絡部長亦曾偕同粵府粱財務官來港接洽同一問題．已得圓滿結果．殊深感激．代表等對于民食協助會辦米之大計劃．並商人自行辦米問題．自必盡力協助．爲香港大衆圖謀福利．

存倉貨款籌算中
不久可領回

關於解放公倉貨物．代表等對此．前已迭向政府代達意見．本年四月間．經蒙當局將關於此事之辦理方針宣示．大致俟通盤計算後．約于年底．便可發還相當貨款．蓋因倉貨有于戰時遺失．而不齊全者．本星期三日．敝代表等再向當局重提此事．據悉政府現在計劃中．政府之方針．一如前時．未嘗變更．因須通盤籌

無力殮葬者
請區辦理

（特訊）中區區役所昨通告居民．凡有疾病無力醫理或不幸死亡無法殮葬者．可隨時通知該區衛生系辦理．通告稱．『查香港各居民．邇來多有因家貧患病．乏力醫治．致纏綿失理．不幸死亡．又復將屍體遺棄街外．居心叵測．似此行爲．不獨有乖人道．並且有違法紀．

慶祝香港攻略二週年
相撲大會
昨日舉行開土表式

（特訊）帝國在鄉……於十二月二十五日下午……

昭和十八年　砂糖配給所台帳

購糖券號數	戶主姓氏	住所 街道	住所 號	住所 樓	人數	每月數量 白糖 斤	每月數量 白糖 兩	每月數量 赤雙目 斤	每月數量 赤雙目 兩	九月 日期	金額 月	金額 錢	備考
8171	梁六	東街	49	2	1					20			
8173	劉八			2	3					20			
8168	林九			2	5					20			
8172	周飄零			2	1					20			
8174	何蝶			3	1					20			
8175	黎新			3	3					20			
8176	陳溢和			3	3					20			
8177	鄧黃兵			3	1					20			
8178	鍾耀才		50	1	5					20			
8179	翟來			2	4					20			
8180	馮彬			2	2					20			
	陳宜釗			2	5								
8181	鄧開			2	4					20			
8182	李慶翹			3	9					20			
8183	熊黃兆紅			3	5					20			
8184	鄧金泉			3	3					20			
8185	吳奕霖		51	1	3					20			
8186	胡基			1	1					20			
8187	許珠			1	6					20			
8188	許松根		[illegible]	1	7					20			

▲一九四三年的砂糖配給紀錄。

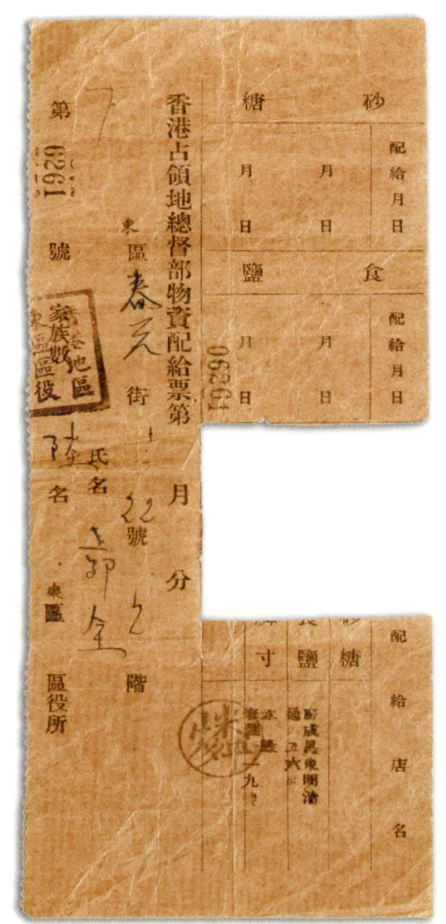

砂糖　配給月日　月　日　月　日　月　日

食鹽　配給月日　月　日　月　日　月　日

香港占領地總督部物資配給票第　月分

東區　街　號　階

氏名

第　號

名

東區　區役所

配給店名

砂糖　食鹽　燐寸

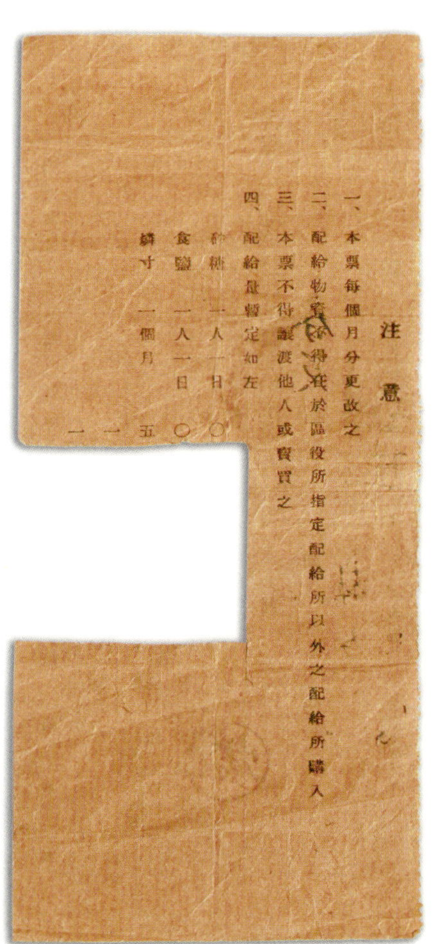

注意

一、本票每個月分更改之

二、配給物資不得在於區役所指定配給所以外之配給所購入

三、本票不得讓渡他人或賣買之

四、配給量暫定如左

砂糖　一人一日

食鹽　一人一日

燐寸　一個月

〇　〇　五　一　一

▲物資如糖、鹽及火柴（磷寸）的配給票之正面（左圖）及背面（右圖）。

▼菓子製造廠職員的麪包配給紀錄。

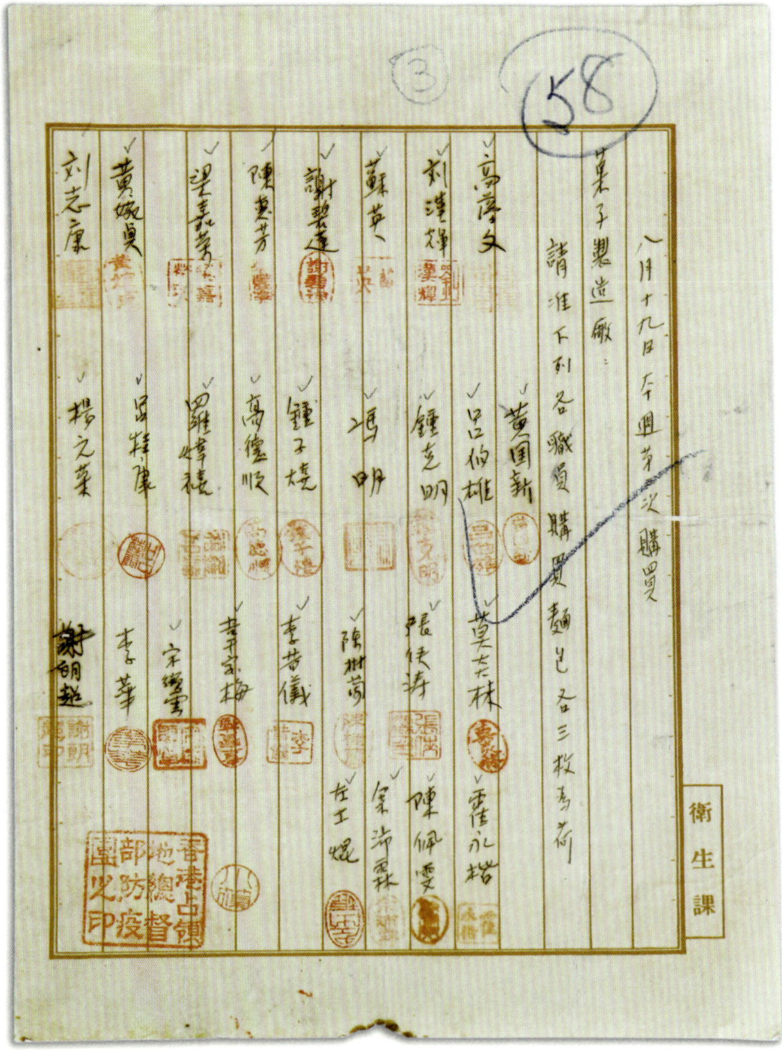

菓子製造廠

八月十九日今週第次購買

請准下列各職員購買麪包各三枚為荷

衛生課

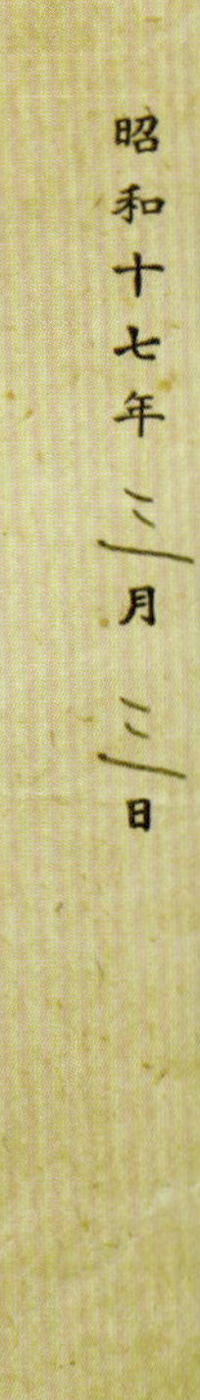
昭和十七年三月三日

簽署蓋章

一九四二年三月，向公設市場指定油商小賣店購買特售生油的辦法指引及申請證表。

香港九龍公設市場指定油商小賣店特售處辦法

一、本特售處為利便機關團體茶樓酒家餐室[illegible]購買落花生油而設

二、凡欲購買生油者請將下列表格填明交來特售處轉呈審核後發給特售証憑証購買

三、填報人數須與戶口冊籍相符切勿浮報

四、填報人購得之生油不能轉售圖利

五、如屬茶樓酒家餐室因營業關係須用生油配製食品者可將每月營業所需之數量在表式附記欄內填明以備呈候核給

茲依照

貴處特售生油辦法將表格填妥寄上希為

察核并請即將特售証賜下以便備款到購為荷此致

公設市場指定油商小賣店特售處

請發特售証表

名稱	天和號	負責人	戴國利
地址	中明治通101	人數	陸個
電話號數	二七八七	每月數量	貳[illegible]
附記			

此欄[illegible]

特售証號數

數量總額

維他奶

孩童時代，我最喜歡的飲料就是維他奶，特別是冬天時候加熱的麥精維他奶，美味無窮。所以在芸芸收藏品中，我對以下兩件有關維他奶的文物特別感到親切。維他豆奶由創辦人羅桂祥博士研製，於 1940 年 4 月 3 日面世，由香港荳品有限公司負責製造和銷售。大豆營養豐富，其蘊含的蛋白質與牛奶一樣高。抗日戰爭期間，國內及香港市民飽受日本侵華戰爭之苦，貧病交加，嚴重營養不良。羅博士抱有「實業救國」及為「國民強身健體」的理想，希望能夠為一般家庭提供一種價廉而蛋白質豐富的飲品。他認為由大豆煉製而成的豆奶，可以作為價格昂貴的牛奶的替代品，因此研製出維他奶，推廣給市民飲用。

荳品公司創業的首家維他奶工廠，位於港島銅鑼灣記利佐治街，當時規模細小，主要原料大豆由中國東北進口，而盛載豆奶的闊口玻璃瓶則購自上海。開售首天只售出九瓶豆奶，售價為港幣六仙。唯早期維他奶沒有經過消毒殺菌處理，產品容易變質，需要即日飲用，因此未受消費者歡迎，亦限制了門市生意的規模，戰前每日約售 1,000 瓶。

日佔時期，維他奶工廠停工，羅桂祥希望恢復生產，於是與「敵人產業監管處」申請領回維他奶廠房，並向日政府申請工廠復業。然而戰爭時期物資原料嚴重缺乏，加上交通運輸困難，恢復生產並不成功。戰後，荳品公司董事局決議短期內恢復生產，重修廠房，購置機器及增聘人手。經過不斷的努力，荳品公司事業蒸蒸日上，成為本港著名的飲品生產公司。

一九四一年十二月一日，香港醫務處處長批准維他奶可延長供應三個月的申請。

6034

Ref. No. M.D.116/41 III
Dial 31128
X/A:Ch

MEDICAL DEPARTMENT,
2, QUEEN'S ROAD, C.,
HONG KONG.
1st December, 1941.

Sir,

With reference to your letter of 13th November, 1941, requesting permission to extend your contract for the supply of soya bean milk to the Medical Department for a further period of three months from 1st January, 1942 to 31st March, 1942, I have the honour to inform you that your request has been approved by Government.

I have the honour to be,
Sir,
Your obedient servant,

[signature]
Director of Medical Services.

The Manager,
The Hong Kong Soya Bean Products Co., Ltd.,
33, Queen's Road, Central,
HONG KONG.

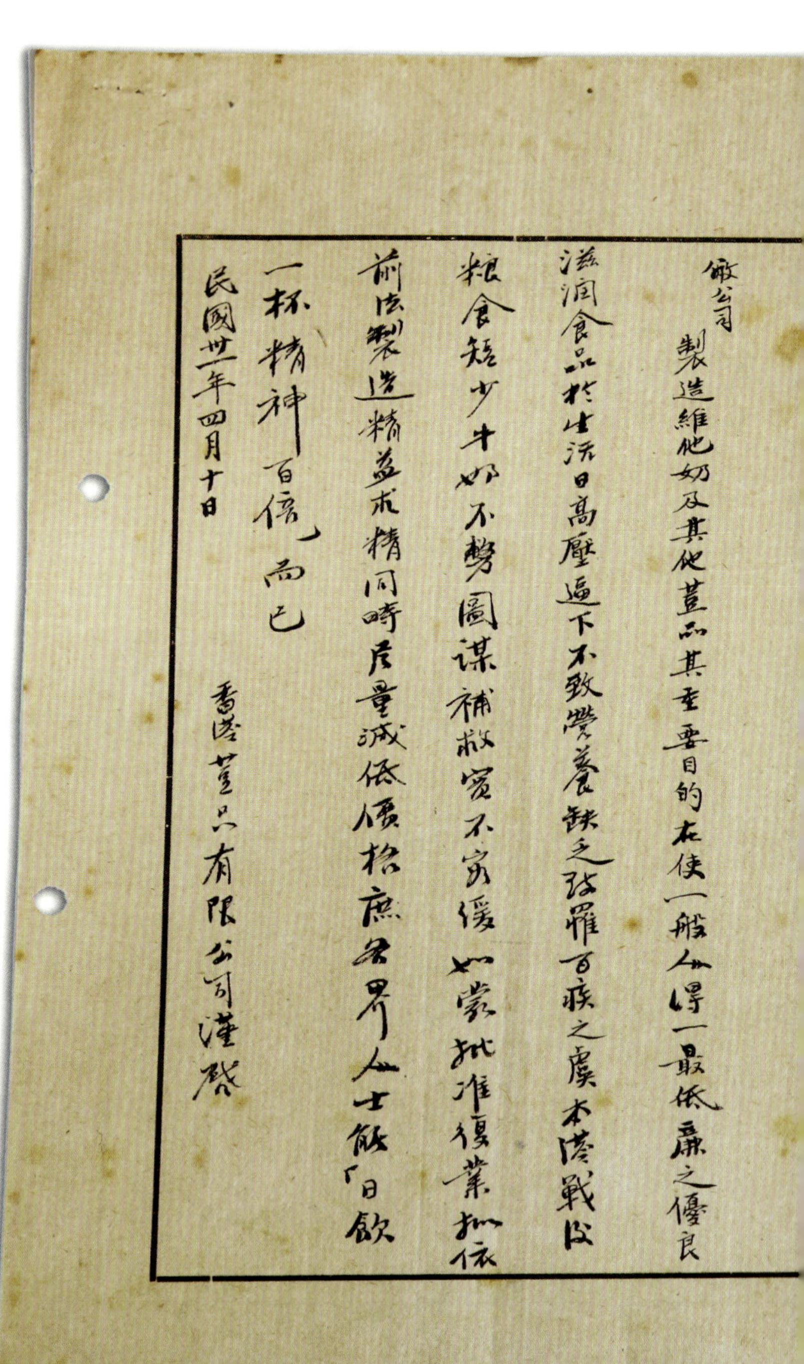

敝公司

製造維他奶及其他荳品其重要目的在使一般人得一最低廉之優良滋潤食品於生活日高壓逼下不致營養缺乏致罹百疾之虞本港戰役粮食短少牛奶不敷圖謀補救實不容緩如蒙批准復業擬依前法製造精益求精同時儘量減低價格庶各界人士能日飲一杯精神百倍而已

香港荳品有限公司謹啟

民國卅一年四月十日

▶ 一九四二年四月十日，羅桂祥先生向日政府申請香港荳品有限公司恢復生產維他奶，希望能為市民供應價廉及營養豐富的飲料。

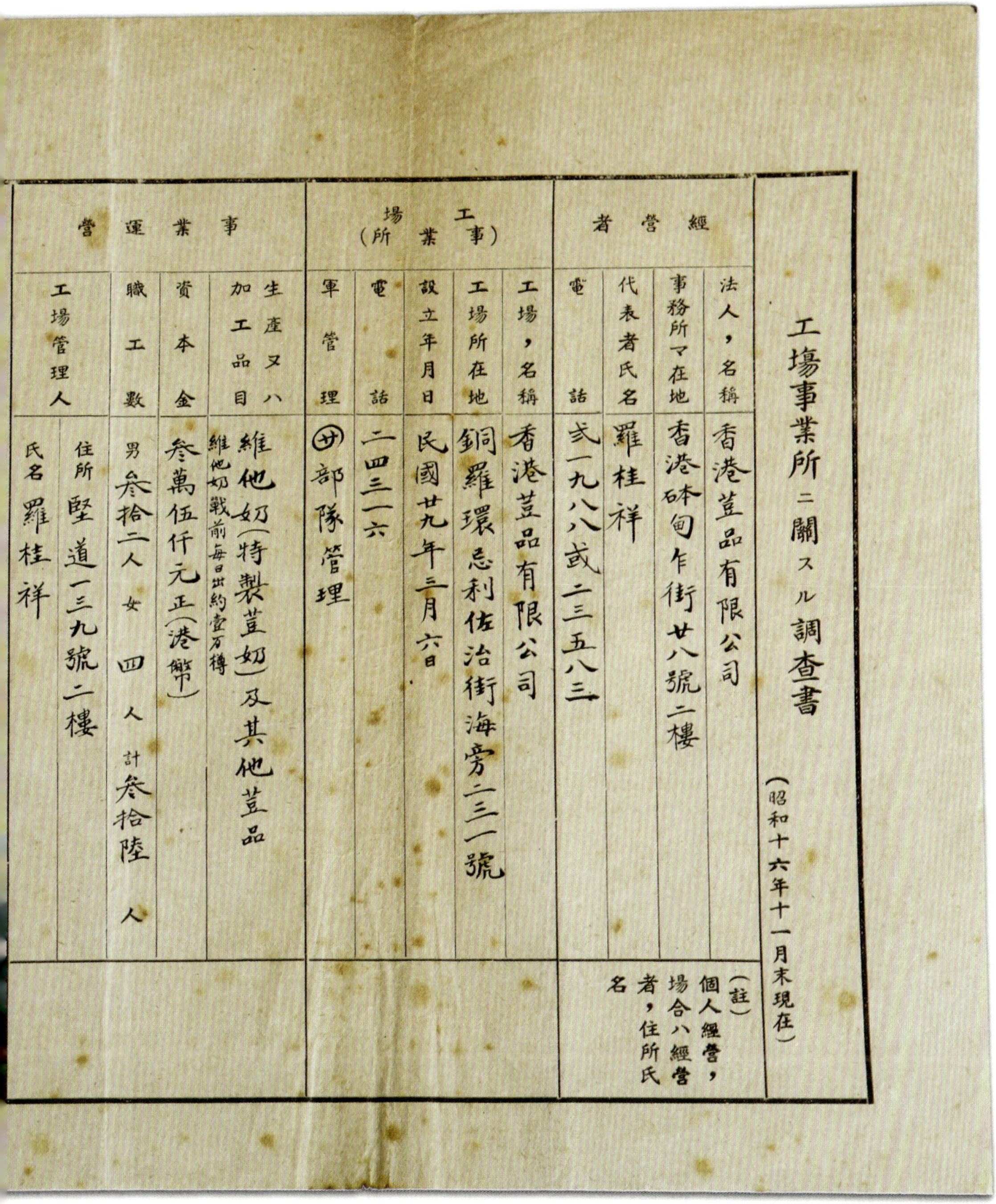

工場事業所ニ關スル調查書

（昭和十六年十一月末現在）

經營者	法人ノ名稱	香港荳品有限公司
	事務所ノ在地	香港砵甸乍街廿八號二樓
	代表者氏名	羅桂祥
	電話	弍一九八八弍二三五八三
工場（事業所）	工場ノ名稱	香港荳品有限公司
	工場所在地	銅鑼環忌利佐治街海旁二三一號
	設立年月日	民國廿九年三月六日
	電話	二四三一六
	軍管理	㊉部隊管理
事業運營	生產又ハ加工品目	維他奶（特製荳奶）及其他荳品 維他奶戰前每日出約壹万樽
	資本金	叁萬伍仟元正（港幣）
	職工數	男叁拾二人 女四人 計叁拾陸人
	工場管理人	住所 堅道一三九號二樓 氏名 羅桂祥

（註）個人經營ノ場合ハ經營者ノ住所氏名

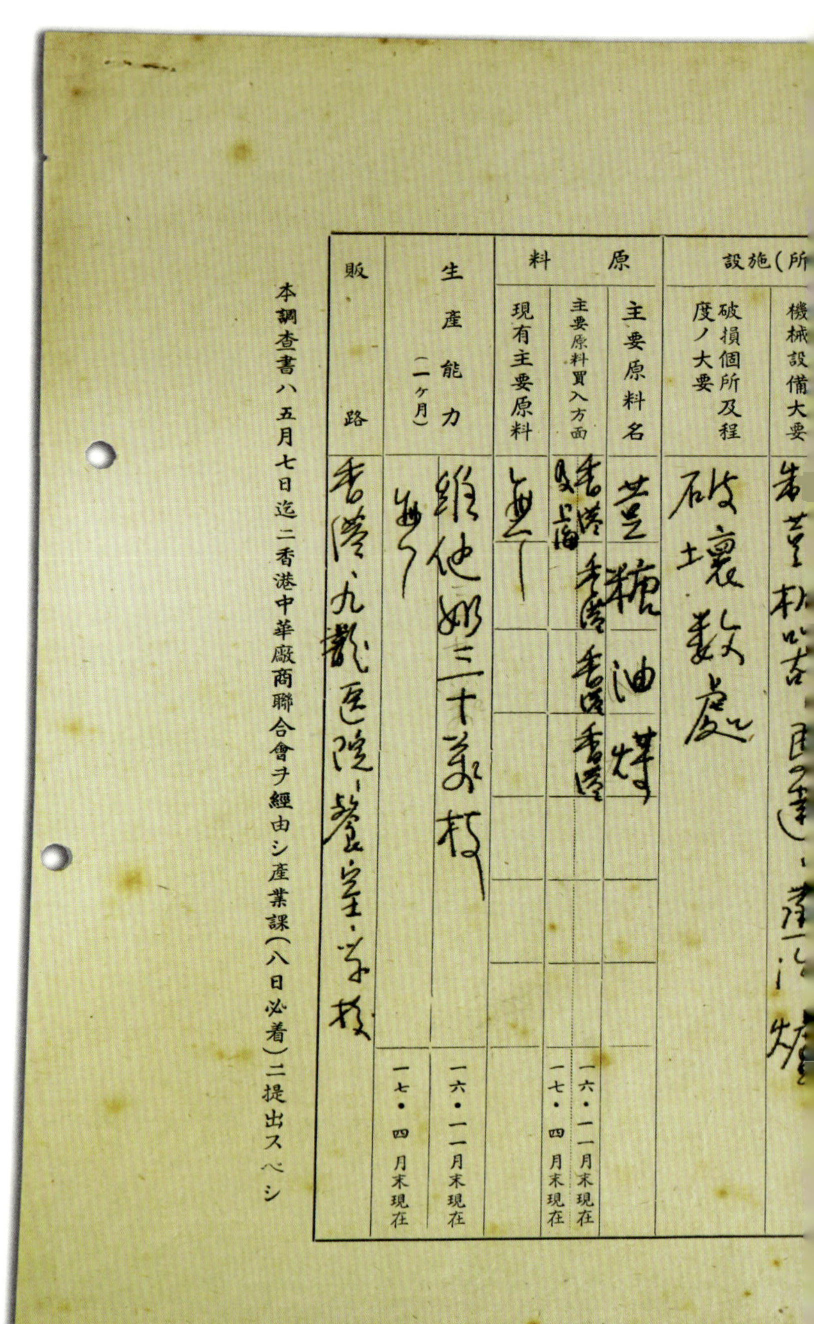

施設（所		原料			生產能力（一ヶ月）	販路
機械設備大要	破損個所及程度ノ大要	主要原料名	主要原料買入方面	現有主要原料		
一六・一一月末現在		荳、糖、油、煤	香港、香港、香港、香港		維他奶三十萬枝	香港、九龍醫院、醫室、學校
一七・四月末現在	破壞數處			無	無	

本調查書ハ五月七日迄ニ香港中華廠商聯合會ヲ經由シ產業課（八日必着）ニ提出スベシ

一九四二年四月二十九日，維他奶的工場事業調查書，報告記錄了一九四一年十一月到一九四二年四月期間工廠的改變，可見工場受到破壞，生產停頓，職工人數從三十六人減至五人。

File 29th April, 1942.

工場事業場ニ關スル第二回調查書

（香港占領地總督部民治部產業課）

經營者	本籍（法人ノ名稱）	香港荳品有限公司
	住所（事務所所在地）	香港砵甸乍街廿八号二樓
	氏名（法人ノ代表者）	羅桂祥
	電話	弍一九八八弍二三五八三
	個人經營／會社經營	
工場（事業所）	工場ノ名稱	香港荳品有限公司
	所在地	銅羅環忌利佐治街海旁二三一号
	設立年月日	民國廿九年三月六日
	電話	弍四三一六
	軍管理	(卅)部隊管理
事業運營	生產又ハ加工品目（鑛山ヲ含ム）	維他奶、維他奶粉、荳付、荳付乳、
	資本金（軍票）	壹萬七仟伍佰元
	職工數 昭和十六年十一月末現在	男 32 人　女 4 人　合計 36 人
	職工數 昭和十七年四月末現在	男 5 人　女 0 人　合計 5 人
工場 建	構造	一層
	延面積	六千方尺

香　港
東亞煉奶罐頭食品公司
余振強先生殿　　領收證第278號
昭和19年9月18日
香督總許第四〇一六一番　香化發第九五番
工場東區軒尼詩道二四六番一階
營業部西區文咸西街三七番
電話番號工場三三二六六番　營業部二四九七八番

品名	數量	單價	金額
牛牌煉奶	一打	576	576

¥576.00
合計金額　　圓　0　錢
上記金額收候也

▲淪陷時期，牛奶非常昂貴，一打煉奶售價為軍票五百七十六元。

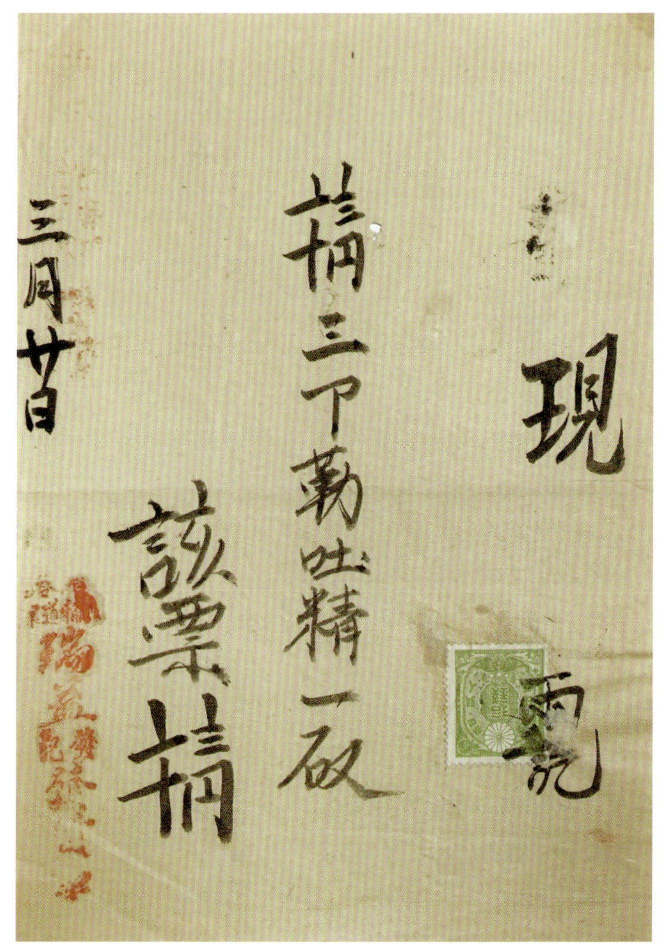

▲營養飲品勒吐精一罐售軍票六十八元，以當時的物價而言，價格高得驚人。

養鴨人家

青山半島北部、后海灣及元朗沿海地帶，分佈了很多大小村落，如白泥、浪濯等，這裏水源充沛，耕地甚廣，漁業發達，尤以生蠔、養鴨最為著名。這一帶的水田和沼澤分佈很廣，村民得其地利之便以養鴨為生，所養的鴨子為北京鴨，體型肥大，鴨皮厚嫩，適宜燒烤。日佔期間，這裏的養鴨業仍然十分昌盛，專門為高級食府提供鴨隻，成為食桌上的珍物。不過，一般市民則難以負擔。

聚星樓

聚星樓，位於新界元朗屏山上璋圍北面，原為新界原居民五大家族之一的天水圍鄧氏聚居地的風水塔，恭奉文武諸神，擋北煞，鎮水災，保男丁。這塔已有 600 年歷史，為香港現存最古老的塔，具有珍貴的歷史價值，亦是香港法定古蹟。明清時期，鄧氏人材輩出，每能在科舉中金榜提名，士人及當官者不計其數，族人相信是此塔恭奉的文曲星庇佑，故族人亦稱此塔為「文塔」。聚星樓原高七層，呈六邊形，但後來因風雨侵蝕，上面四層已經在風雨中塌毀，只剩下現時的三層。

▶▼ 日佔期間，元朗養鴨農場的情形。

▲日佔時期的聚星樓照片。

一九四三年的元朗家居領收證書，有點像現今的差餉收費。

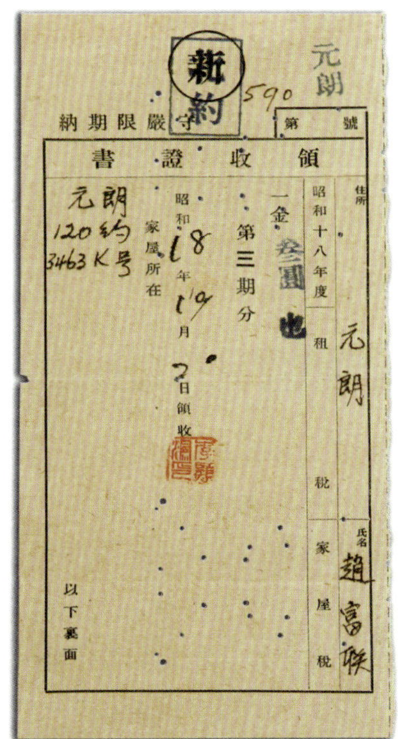

納期限嚴守
第　號
領收證書
住所 元朗
氏名
昭和十八年度 租税 家屋税
一金 叁圓也
第三期分
昭和18年10月7日領收
家屋所在 元朗 120約 3463K号
以下裏面

日佔初期，魚、肉類、家禽等尚有供應，但並不充足。圖為中央市場魚枱什役的證件。

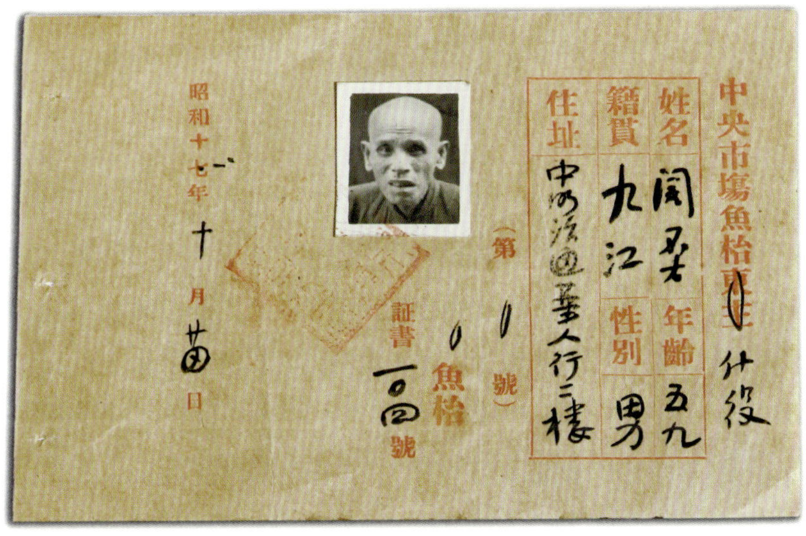

中央市場魚枱
姓名
籍貫 九江
住址
年齡 五九
性別 男
什役
（第 11 號）
証書 魚枱 一〇 號
昭和十七年十一月廿日

燃料的不足

柴薪短缺

日佔時期，由於木柴進口量大減及存柴用盡，導致柴薪和煤炭價格上漲高企，普羅大眾苦不堪言。市民只好以家具充當柴薪，燒水煮飯。市面及戶外可見到的木製品均被居民搶走以作燃料，山上的林木也被砍伐得接近清光。為了緩和柴薪荒，日政府指定全港各區薪炭小賣店一百三十餘家，規定劃一公價，並推行配給機制。總督部又立例禁止買賣私柴，凡私自砍伐林木或售賣黑市柴薪均是違法。此外，火柴為當時生火的必需品，戰前火柴原料由歐洲入口，價格廉宜；但自二次大戰爆發後，火柴原料進口量大減，甚至告絕難求，黑市炒賣活躍，價格極其昂貴。

發電量不足

香港在淪陷前，英守軍已炸毀紅磡中華發電廠，以防落入日軍手中。日軍佔領香港後，即迅速修復發電及供電設施。隨着戰事逆轉，日軍節節失利，發電燃料供應短缺，電力供應變得不足和不穩定，停電不時發生。1943 年，軍政府電氣廠推行了嚴厲的節約用電條例，以減低市民的用電量。用戶用電如超過標準度量，則其超過的度量將會撥入下月份的標準量內扣除；如下月份仍然超過規定用電量，電氣廠便會停止供電給該用戶若干日。此外，用戶用電的範圍亦有所限制，如不能擅自使用招牌廣告燈及裝飾用燈光，用電製造雪糕和雪條等亦被禁止，一經發現，則會停止其全部用電一個月。到了日佔後期，燃料供應更為缺乏，電力廠發電不足，規定全港日間不供電，只有晚上七時至十時供電，並且實行分區供電制度，不同地區有不同的供電日子及供電時段。

▲香港在戰前雖然已有電力和煤氣供應，但柴薪仍然是港人的重要燃料。

薪炭需給統制統合

調整小賣機構 務求地點適中

港方調查完畢・九龍今日開始

（特訊）薪炭需給統制組合以前數期之柴薪配給・乃屬臨時辦法・用以調劑市面柴薪供應者・至于整個完善配給辦法・組合已在計劃中・將來務求根據人口配給・採取油糖鹽配給辦法・惟組合須統籌兼顧・故首先充實柴薪來源・按照本港人口多寡・計劃柴量配給・然後始可實行・但在未實施以前・組合第一步進行調整薪炭小賣商小賣機構・特于日前派員會同小賣商組合職員分赴各區逐一調查・並檢查小賣商登記簿冊・加以整頓・如發覺從前有不合理售出者・即設法糾正之・務求適合小賣制度・俾將來實施配給時・得以圓滑推進・同時・小賣商所在地點・亦加以調整・務求地點適中・小賣商與小賣商間之距離・視該區戶口稠密程度如何為斷・目下港九兩方一百卅餘家小賣店中・各區多寡不同・如某區人口稠密時・小賣店或將增設若干・而以利便該區居民領購為限・昨據探悉・本港各區小賣店已調查完竣・九龍方面亦由今日起開始進行調查云・

一九四三年九月十一日，《華僑日報》刊載政府將根據市民需求，協調整頓薪炭小賣店，務求完善配給制度。

華民代表談述

柴配給展望

（特訊）昨日兩華會首腦會見記者・續談及柴薪配給問題時・據劉代表鐵誠闡述柴薪之採集與配給間之關係・目前柴薪之配給近狀・與未來之展望等等・據稱・民用柴薪・以前係將集荷（採集）與配給二者分為兩途・即分別為兩者辦理・其集荷與配給之間・並無聯絡・故不免有隔閡及發生『毛病』之處・路徑通遠且較複什・影响及於柴價之未統一・現在・則柴薪之集荷與配給・兩者經已打成一片・其路程自縮短・而柴薪來源之成本・亦當較平・惟關于整備雙管齊下之階段・尚極吃力・未曾現者・猶待整頓・故新計劃之未全般實行・殆或因此・又其次・月來時有風雨・因此影响・柴薪來源・不無受阻・亦非無因・總之・勿論如何・今後柴薪配給計劃・必較前者為佳・民衆大可安心無慮・將來改進之計劃實施以後・相信比較曩昔配給辦法多有改進・今在日前新計劃未實現時・則誠宜加以忍耐云・

一九四三年九月二十六日，報章報道兩華會已着手研究改善柴薪的收集與配給問題。

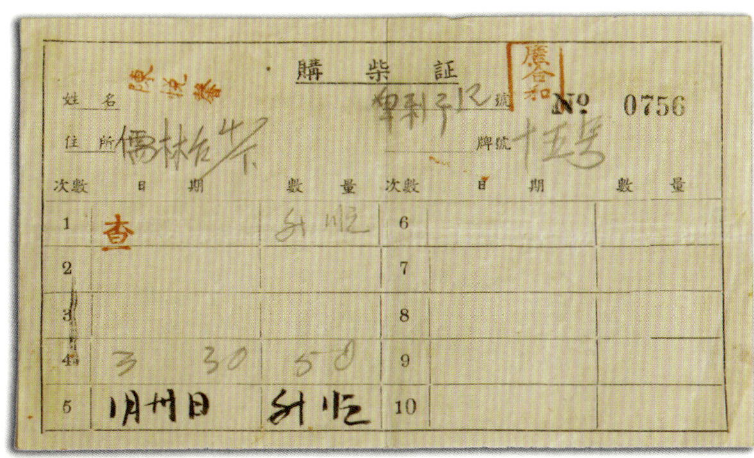

購柴証

姓名 陳錦榮　　號　No. 0756

住所　　牌號

次數	日期	數量	次數	日期	數量
1	查		6		
2			7		
3			8		
4	3　30	50	9		
5	1月卅日		10		

居民柴薪購買證，市民須記下購買的日期及數量。

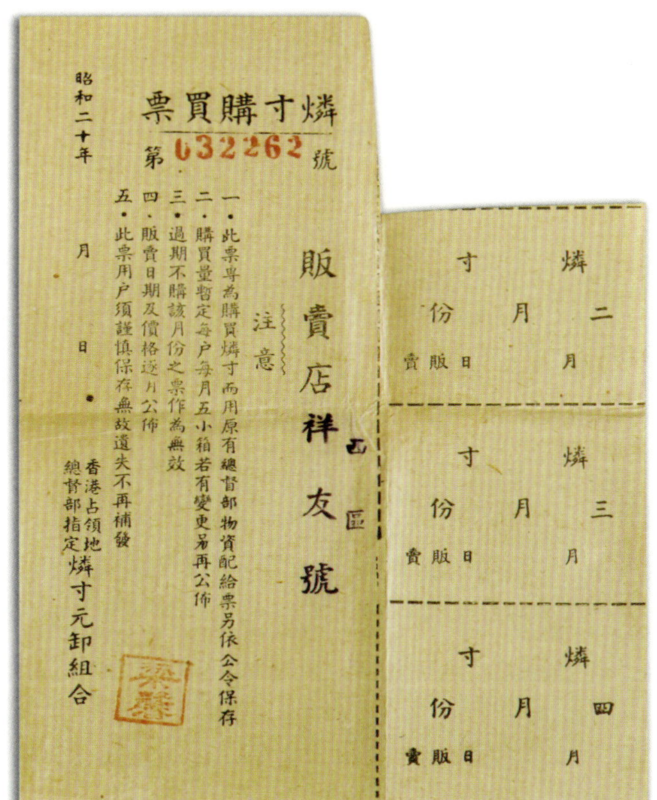

燐寸購買票

第032262號

販賣店 祥友號 西區

注意

一・此票專為購買燐寸而用原有總督部物資配給票另依公令保存

二・購買量暫定每戶每月五小箱若有變更另再公佈

三・過期不購該月份之票作為無效

四・販賣日期及價格逐月公佈

五・此票用戶須謹慎保存無故遺失不再補發

昭和二十年　月　日

香港占領地總督部指定燐寸元卸組合

燐寸 二月份	販賣日　月
燐寸 三月份	販賣日　月
燐寸 四月份	販賣日　月

一九四五年按月配給的磷寸（火柴）購買票。

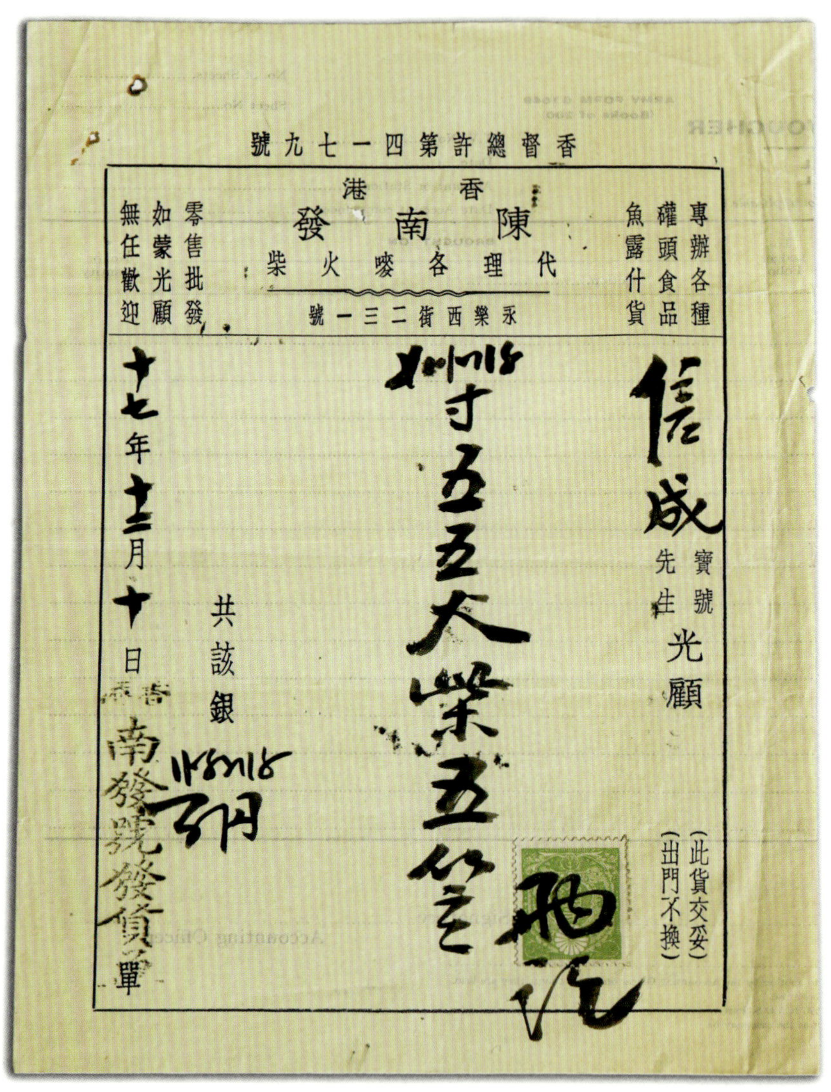
香督總許第四一七九號

香港
陳南發
代理各嘜火柴
永樂西街二三一號

專辦各種
罐頭食品
魚露什貨

零售批發
如蒙光顧
無任歡迎

信成 寶號
先生 光顧

五五大柴五笠

共該銀

十七年十二月十日

南發號發貨單

（此貨交妥
出門不換）

▲ 一九四二年十二月十日，售賣火柴的收據，五笠（一四四庄）售價要二萬五千六百二十五元，極其昂貴。

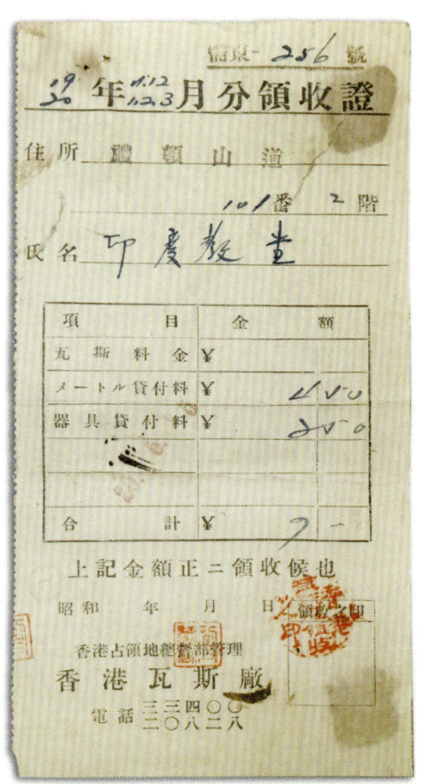
信東- 256 號

20 年 1.12 / 1.2.3 月分領收證

住所 禮頓山道

101番 2階

氏名

項目	金額
瓦斯料金	¥
メートル貸付料	¥ 4.50
器具貸付料	¥ 2.50
合計	¥ 7.-

上記金額正ニ領收候也

昭和 年 月 日 領收之印

香港占領地總督部管理

香港瓦斯廠

電話 三三四〇〇 二〇八二八

▲日佔後期（昭和十九、二十年），香港瓦斯（煤氣）廠發出的收據。由於戰爭時期燃料供應缺乏，煤氣廠也只能提供有限度服務。

▼超過用電限度量的通告。

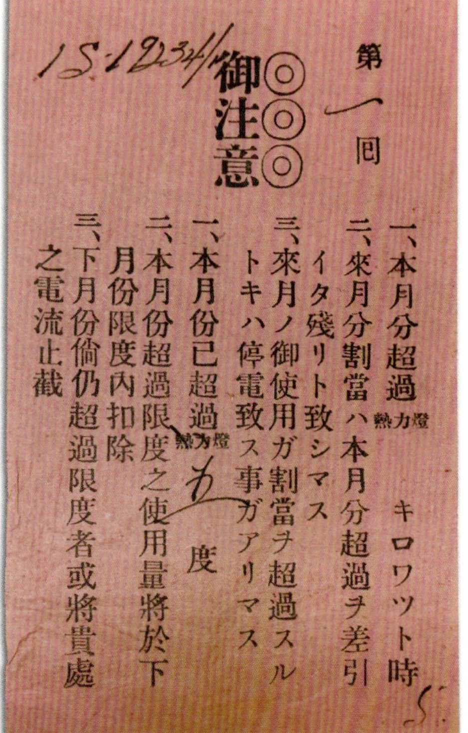
15.1.2.3.4

御注意 ◎◎◎

第 一 回

一、本月分超過 熱力燈 キロワツト時 5.

二、來月分割當ハ本月分超過ヲ差引イタ殘リト致シマス

三、來月ノ御使用ガ割當ヲ超過スルトキハ停電致ス事ガアリマス

一、本月份已超過 熱力燈 五 度

二、本月份超過限度之使用量將於下月份限度內扣除

三、下月份倘仍超過限度者或將貴處之電流止截

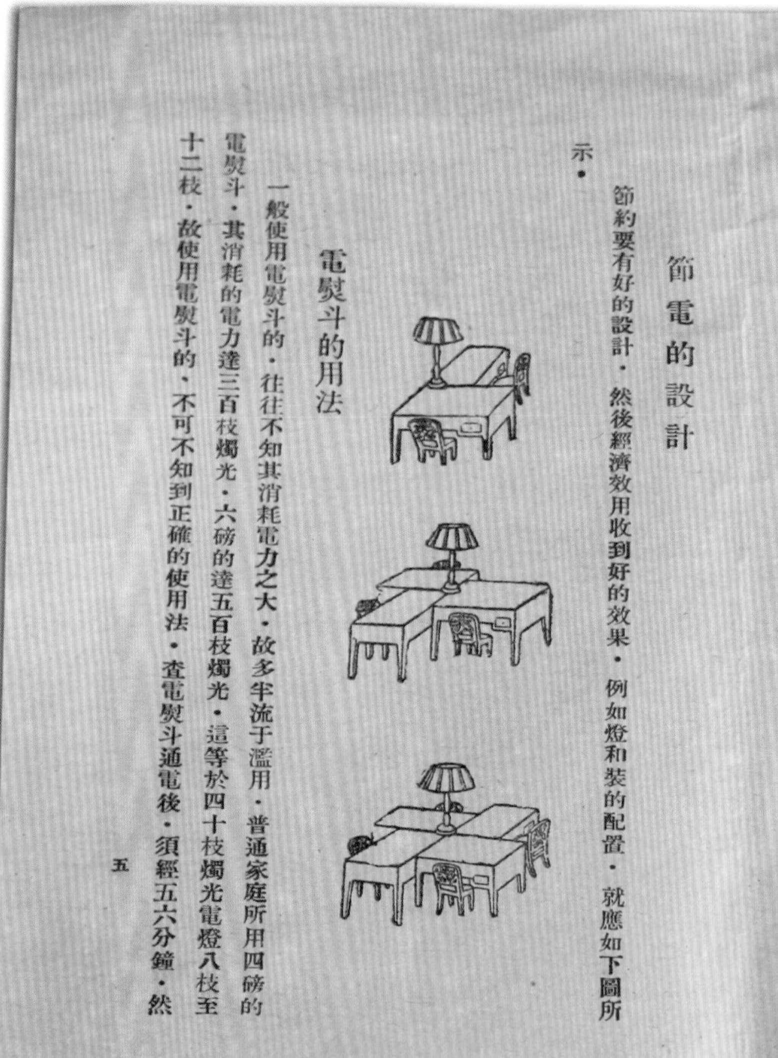

率・即衞生上也屬不宜・本港有吊扇設備的相當的多・其消耗電量・因其大小而不同・普通的吊扇・和四十枝燭光的電燈五枝至八枝左右相等・其消耗電量・很是巨大・

電扇是屬奢侈品・實應停止使用・而儘量使空氣流通・或使服裝簡單・以減少暑熱・

節電的設計

節約要有好的設計・然後經濟效用收到好的效果・例如燈和裝的配置・就應如下圖所示・

電熨斗的用法

一般使用電熨斗的・往往不知其消耗電力之大・故多半流于濫用・普通家庭所用四磅的電熨斗・其消耗的電力達三百枝燭光・六磅的達五百枝燭光・這等於四十枝燭光電燈八枝至十二枝・故使用電熨斗的・不可不知到正確的使用法・查電熨斗通電後・須經五六分鐘・然

五

電燈臺的利用

一公尺距離的四十枝燭光燈泡・遠不及五十公厘的二十枝燭光燈泡的來得光亮・電燈臺便是利用這個道理而製造的・但是過分裝飾的燈臺・却反而使能率減低・所宜注意・其高度務使適當・俾光綫有柔和之感・

四

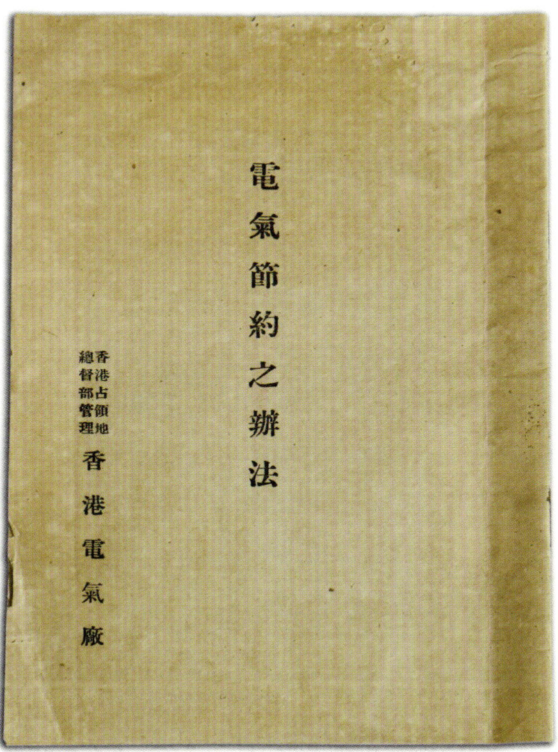
電氣節約之辦法

香港占領地總督部管理 香港電氣廠

《電氣節約之辦法》，是香港電氣廠印發的節省用電指南。

供水悲歌

戰前香港市民非常依賴本地水塘供應，水務設施包括薄扶林、大潭、黃泥涌、城門水塘等。1930 年代後期，港英政府已開始擴建供水設施以應對人口增長，但供水仍時常緊張，尤其旱季需實施制水措施。日軍進攻香港之前，英軍為拖延日軍推進，曾破壞部分基礎設施，包括水塘的輸水管、泵房及抽水站。及至日軍攻佔香港期間，部分供水設施因戰火受損，加上盟軍後續的空襲，在轟炸港島時，進一步破壞了水塘設施。供水系統嚴重損毀，導致淡水供應短缺，對市民生活造成嚴重影響。

自日軍接管水務後，很快便成立了「軍政廳民政部水道班」，後改名為「香港佔領地總督部水道事務所」，負責供水運作。原港英政府的技術人員大量逃離或被拘禁，為維持基本服務，日軍曾修復部分水塘和管道，但缺乏專業技術和資源。供水系統維護停滯，管道滲漏、水泵故障頻現。1943 年後，因零件短缺，僅能維持最低限度運作，九龍部分區域長期斷水。日軍曾強徵市民參與修復工程，但工作條件惡劣、管理癱瘓，修復效果有限，導致供水系統維護能力大幅下降。日佔期間，水塘儲水量僅剩 30%，無法滿足基本需求。

日軍統治香港期間，優先保障軍營、政府機關及日僑居住區食水供應，他們享有 24 小時供水；然而普通市民用水卻遭嚴格限制，且水費高昂，其後價格更不斷上漲，每千加侖（1 加侖 = 4.5 公升）水費軍票五元，其中一個原因是香港食水供應緊張，軍政府希望以調高水費的方式逼使市民減少用水。此外亦有免費食水供應，但配給嚴格，市民需憑「配給證」每日定時到街喉取水，名義上免費，但每戶每日配給量極低，據記載，有時候每人每日僅能取數公升，且取水點稀少，常需長時間排隊取水。部分地區如半山區，因管道損毀，居民需步行數公里至公共取水點取水。

民生困境與社會影響

食用淡水成為稀缺資源，催生黑市交易。小販以高價販賣井水或走私雨水，價格較戰前暴漲 50 倍，據記載每桶水（約 18 升）價格可達數港元（當時普通工人日薪僅數角至數港元），貧困家庭難以負擔。市民常常因為爭搶水源而引發衝突，治安惡化，若干社區組織互助小組，輪流看守公共水喉，以防搶水衝突。此外，部分市民挖掘私人水井或收集雨水儲存以自救，但水質毫無保障，水源衛生條件極差。因供水不足，市民生存困境重重，貧困家庭難以負擔高昂水費，被迫飲用受污染的井水或山澗水，加劇衛生健康危機。缺水亦導致市民無法維持基本清潔，公共廁所淤塞，污水橫流，導致痢疾、霍亂等傳染病爆發。據戰後統計，1942 至 1945 年間，香港因水源污染導致的死亡人數逾萬。

1945 年日本投降後，英國重新接管香港，但供水系統已嚴重損壞，加上戰後人口激增，包括大量難民湧入，香港成為大陸難民的聚居地，加上戰後嬰兒潮，人口再度急劇膨脹，食水嚴重不足，供水危機持續至 1950 年代。港英政府後續推動大型水利工程，如與內地政府合作安排東江水供港，興建船灣淡水湖、萬宜水庫，才逐步解決長期缺水問題。

日佔時期的供水問題不僅反映了戰爭對城市基礎設施的破壞，更暴露港英政府與佔領者在資源分配上的不公。供水短缺與衞生惡化直接加劇了疾病、饑荒與社會動盪，成為市民集體苦難記憶的重要部分。戰後香港政府的水務改革，大規模擴建水塘，也在一定程度上受日佔時期教訓的影響。

▼薄扶林水塘，是香港第一個水塘，於一八六三年建成。

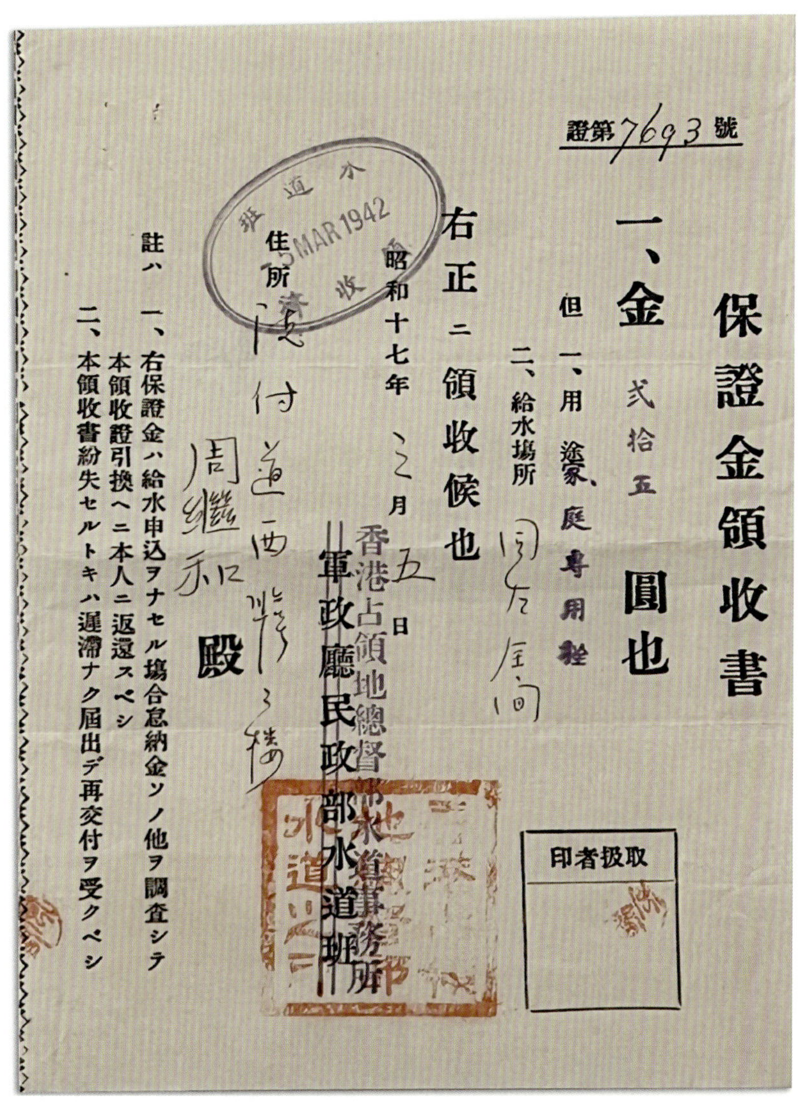
證第7693號

保證金領收書

一、金　弍拾五　圓也

但　一、用途　家庭專用栓

二、給水場所　同左

右正ニ領收候也

昭和十七年　三月　五日

香港占領地總督部水道事務所

軍政廳民政部水道班

住所　德付道西

周繼和　殿

註ハ　一、右保證金ハ給水申込ヲナセル場合怠納金ソノ他ヲ調査シテ本領收證引換ヘニ本人ニ返還スベシ

二、本領收書紛失セルトキハ遲滯ナク屆出デ再交付ヲ受クベシ

取扱者印

▲ 一九四二年家庭用水費按金（保證金），需要二十五元，收費並不便宜。

▼ 一九四三及一九四四年水費單，戰前香港各地的水費各有不同，日軍佔領香港後便全市劃一收費，水錶租金則按接駁喉管的大小及用水量而定，從一至十一元不等。

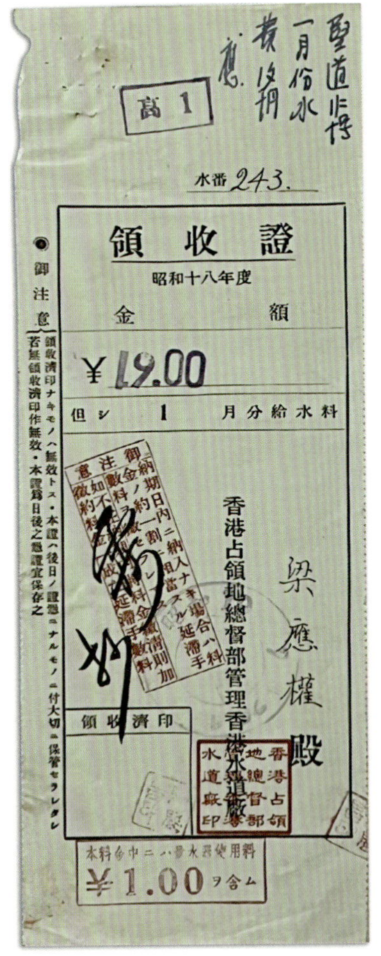

高 1

水番 243.

領收證

昭和十八年度

金額

¥ 19.00

但シ 1 月分給水料

香港占領地總督部管理香港水道廳

梁應權 殿

領收濟印

本料金中ニハ量水器使用料¥1.00ヲ含ム

御注意
領收濟印ナキモノハ無效トス・本證ハ後日ノ證憑ニナルモノニ付大切ニ保管セラレタシ
若無領收濟印作無效・本證爲日後之憑證宜保存之

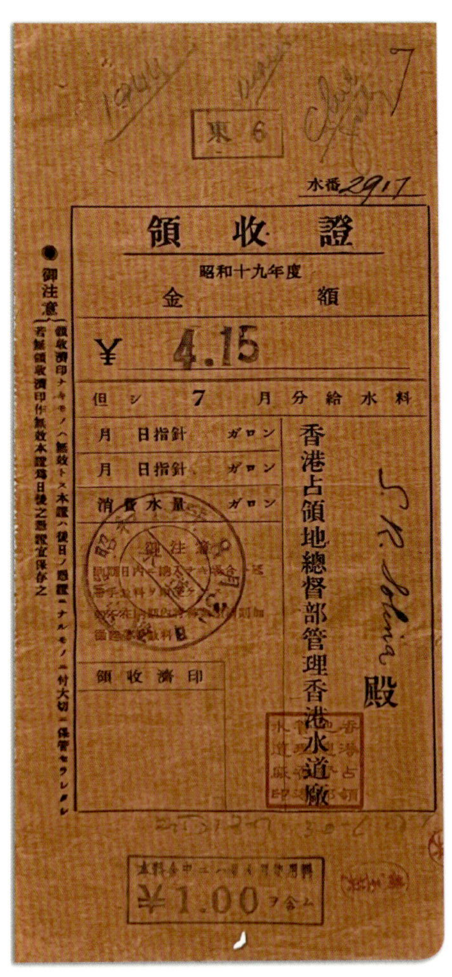

東 6

水番 2917

領收證

昭和十九年度

金額

¥ 4.15

但シ 7 月分給水料

月 日指針 ガロン

月 日指針 ガロン

消費水量 ガロン

香港占領地總督部管理香港水道廳

S. R. Solima 殿

領收濟印

本料金中ニハ量水器使用料¥1.00ヲ含ム

御注意
領收濟印ナキモノハ無效トス・本證ハ後日ノ證憑ニナルモノニ付大切ニ保管セラレタシ
若無領收濟印作無效本證爲日後之憑證宜保存之

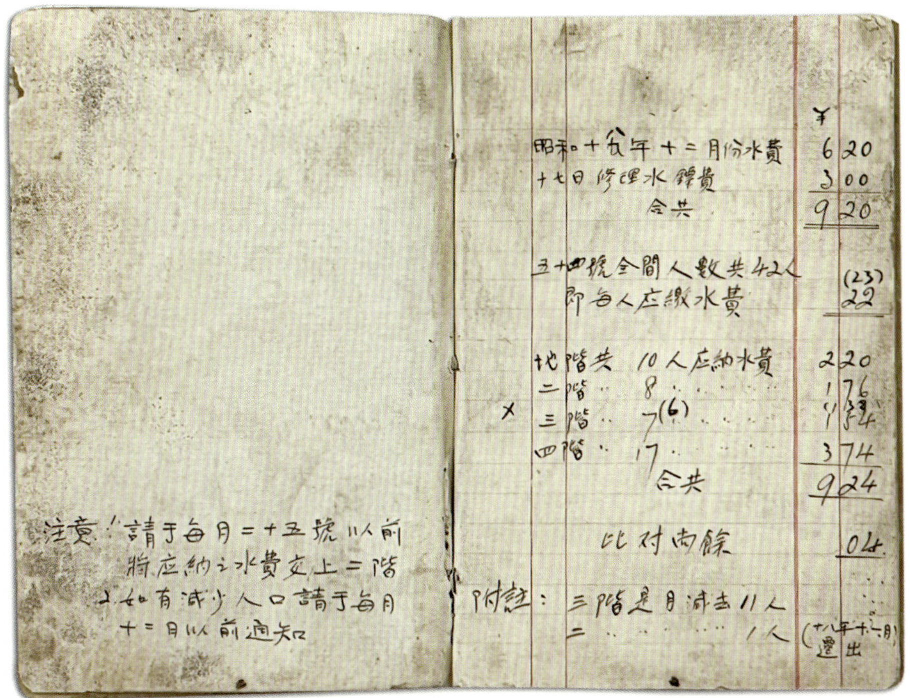

注意！請于每月二十五號以前將应納之水費交上二階
2.如有減少人口請于每月十二日以前通知

昭和十八年十二月份水費	¥6.20
十七日修理水錶費	3.00
合共	9.20
五十四號全間人數共42人 即每人应繳水費	(23) 22
地階共 10人应納水費	2.20
二階 8	1.76
三階 7(6)	1.54
四階 17	3.74
合共	9.24
比对尚餘	.04

附註：三階是月減去1人
二 …… 1人（十九年十一月遷出）

居住證明願
本籍 廣東省開平縣長塘市
現住所 春日區波斯富街五四番二階
職業 香港印刷工場ノ職工
氏名 謝秀（女）
生日 昭和三年二月二日生
昭和十九年六月二十八日
右願出人 謝秀
香港地區春日區區役所區長李頌清殿

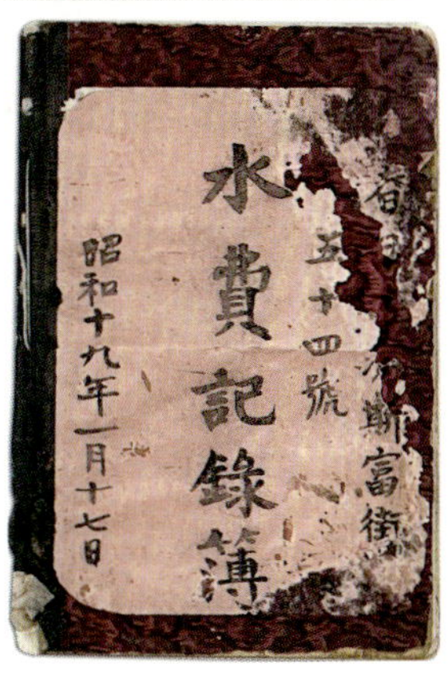

▲ 一九四四年水費記錄簿，其內記錄了每戶每人每月應納水費，以及用水住客的詳細資料。

人口政策

歸鄉政策

日佔初期，香港人口估計高達 160 萬，這除了帶來嚴重的糧食負擔外，亦對香港的資源分配，例如醫療、教育、治安等構成重大的問題。由於食物短缺，為了緩減人口壓力，日本在佔領期間實施疏散華人的「歸鄉政策」，軟硬兼施的把大量市民，特別是無以為生者，驅逐至中國大陸。1942 年 1 月，由佔領地政府民治部成立的「歸鄉指導事務所」，每月均安排火車和輪船強迫市民離港。這些交通安排只將港人送出境外，港人離境後的回鄉歸途就要各自安排，很多人因負擔不起車馬費，只能徒步回鄉；有些人被迫拋棄幼兒、老人而獨自上路。在艱辛的回鄉途中，不少家庭於路途上分散，甚至在途中被土匪、暴徒掠奪或襲擊，被洗劫一空。至於因飢寒交迫而在路途中餓死和病死的人更不計其數。當時香港既已淪陷，糧食不足，生活艱難，因此很多港人選擇離港回鄉。在香港淪陷後的一年間，估計超過 60 萬人離港回鄉。到了日佔後期，由於糧食短缺問題日趨嚴重，歸鄉政策的執行變得更加嚴厲，憲兵隊更在街頭隨意抓人，強行押解出境。在這政策下，香港人口大幅下降，至日本投降時，香港的人口由 1941 年的 160 萬人跌至 60 萬人。

渡航證

由於葡萄牙政府在二次大戰時期保持中立，其殖民管治地區澳門幸免於戰火的影響。因此，在香港被日軍侵佔的日子裏，港人為了逃離日軍的殘暴統治，被迫離開家園，其中有不少人逃難到離港較近的澳門。他們大多是藉詞探親或探病，以取得離港的許可書「渡航證」，然後前往澳門。他們當中很多是一去不返，在澳門居住下來。日本政府恐防有抗日分子或間諜進出香港，故對市民申請渡航證審查得非常嚴格，批准並不容易。

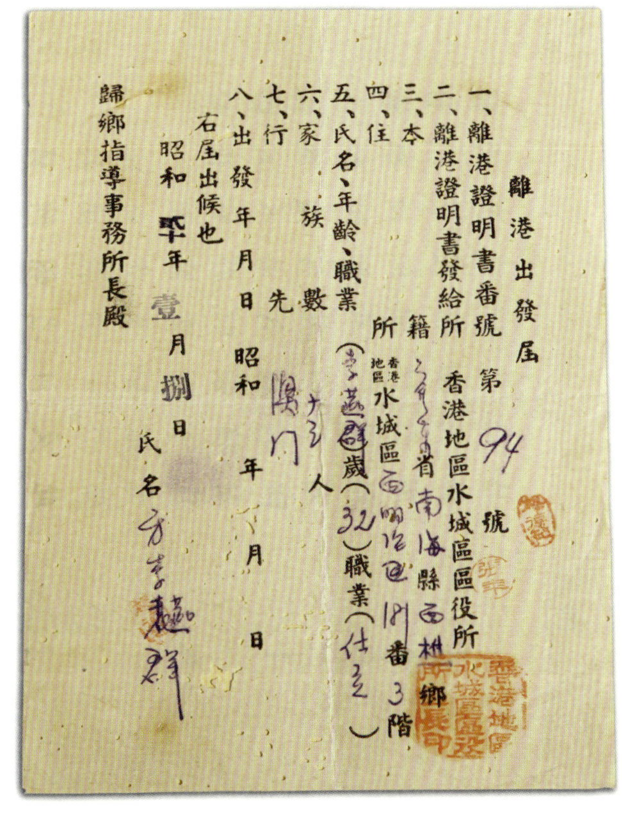

離港出發屆

一、離港證明書番號　第94號

二、離港證明書發給所　香港地區水城區區役所

三、本籍　廣東省南海縣西樵鄉

四、住所　香港地區水城區[illegible]18番3階

五、氏名、年齡、職業　（[illegible]）歲（32）職業（[illegible]）

六、家族數　[illegible]人

七、行先　澳门

八、出發年月日　昭和　年　月　日

右屆出候也

昭和廿年壹月捌日　氏名　[illegible]

歸鄉指導事務所長殿

一九四五年一月八日，由「歸鄉指導事務所所長」發出的離港出發證明，前往澳門。

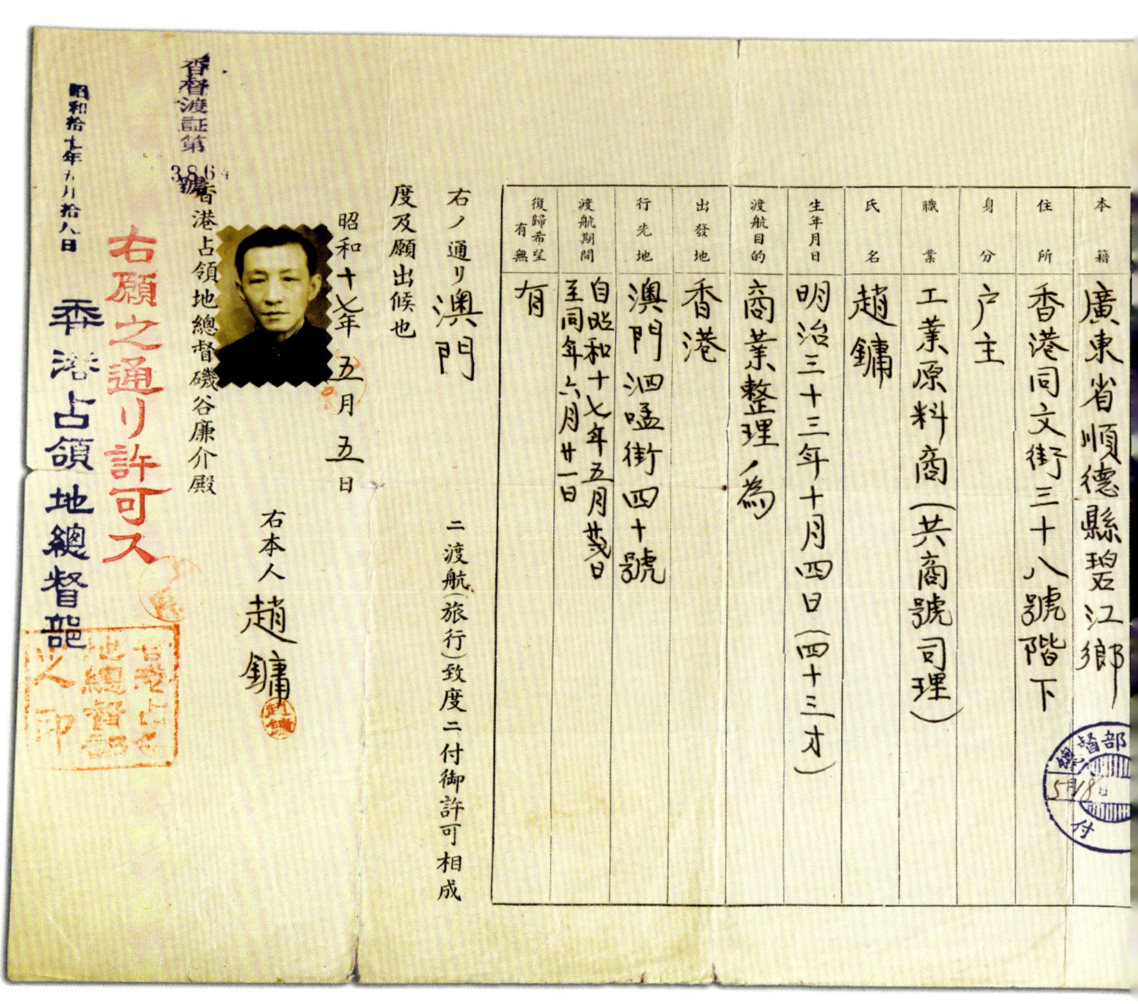

本籍	廣東省順德縣碧江鄉
住所	香港同文街三十八號階下
身分	户主
職業	工業原料商（共商號司理）
氏名	趙鏞
生年月日	明治三十三年十月四日（四十三才）
渡航目的	商業整理ノ為
出發地	香港
行先地	澳門泗孟街四十號
渡航期間	自昭和十七年五月廿日 至同年六月廿一日
復歸希望有無	有

右ノ通リ澳門ニ渡航（旅行）致度ニ付御許可相成度及願出候也

昭和十七年五月五日

右本人 趙鏞

香港占領地總督磯谷廉介殿

香督渡証第3864號

昭和拾七年五月拾八日

右願之通リ許可ス

香港占領地總督部

▲ 一九四二年五月五日，由占領地總督部發出的渡航證，申請人前往澳門的目的為洽商公幹。

香港憲兵隊經由

香港島西地區憲兵隊經由

准第1669號

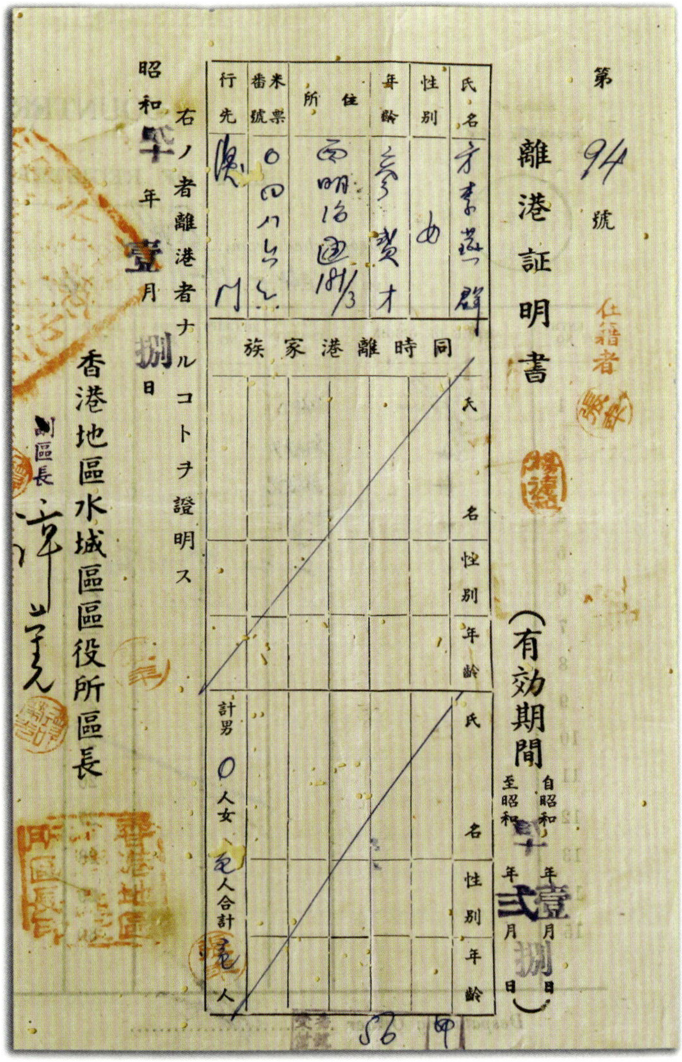

第94號

離港証明書

氏名	性別	年齡	住所	米票番號	行先
方李燕群	女	[illegible]才	[illegible]	[illegible]	澳門

同時離港家族

氏名	性別	年齡	氏名	性別	年齡

計 男0人 女一人 合計一人

右ノ者離港者ナルコトヲ證明ス

昭和廿年壹月捌日

香港地區水城區區役所區長

副區長 [illegible]

（有効期間 自昭和廿年壹月捌日 至昭和廿年弐月捌日）

▶ 一九四五年一月八日，由香港地區水城區區役所區長簽發給申請人的「離港證明書」，有效期為一個月。

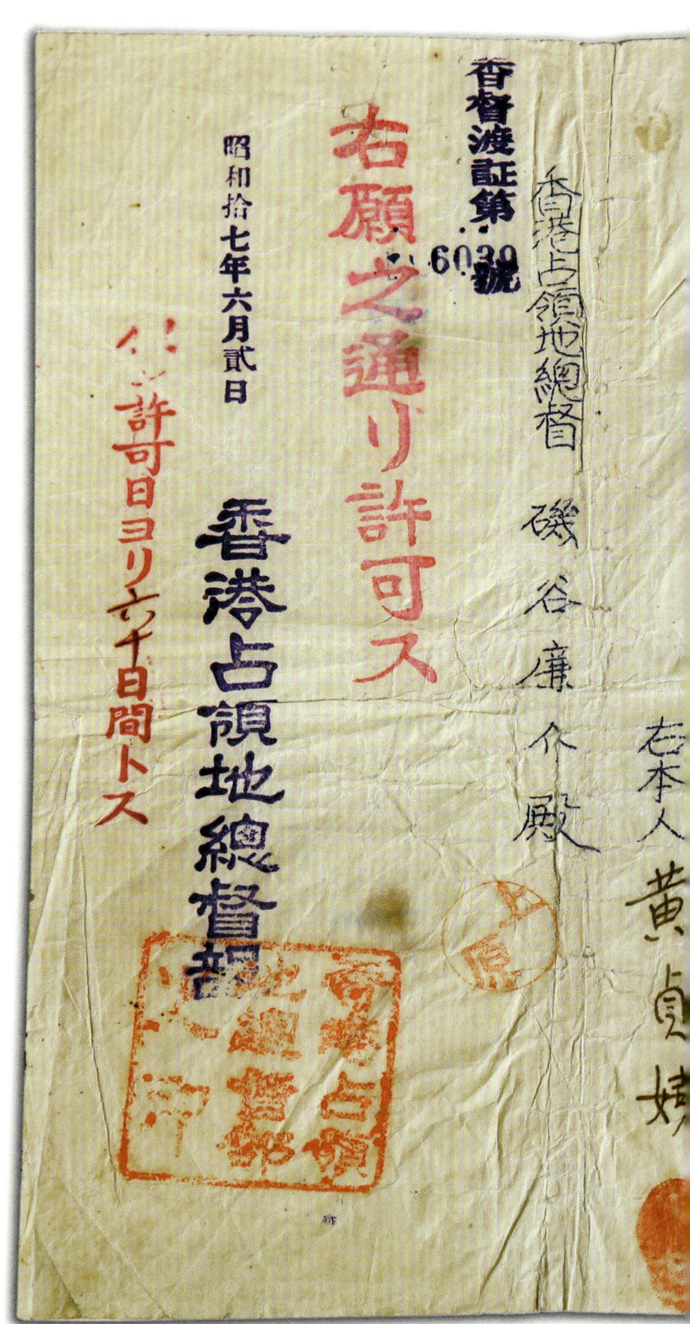

香督渡証第 6039號

香港占領地總督
磯谷廉介殿

右本人 黃貞

右願之通リ許可ス

昭和拾七年六月貳日

香港占領地總督部

許可日ヨリ[illegible]日間トス

一九四二年五月二十七日，由占領地總督部發出的渡航許可證，申請人前來香港的目的為探病。

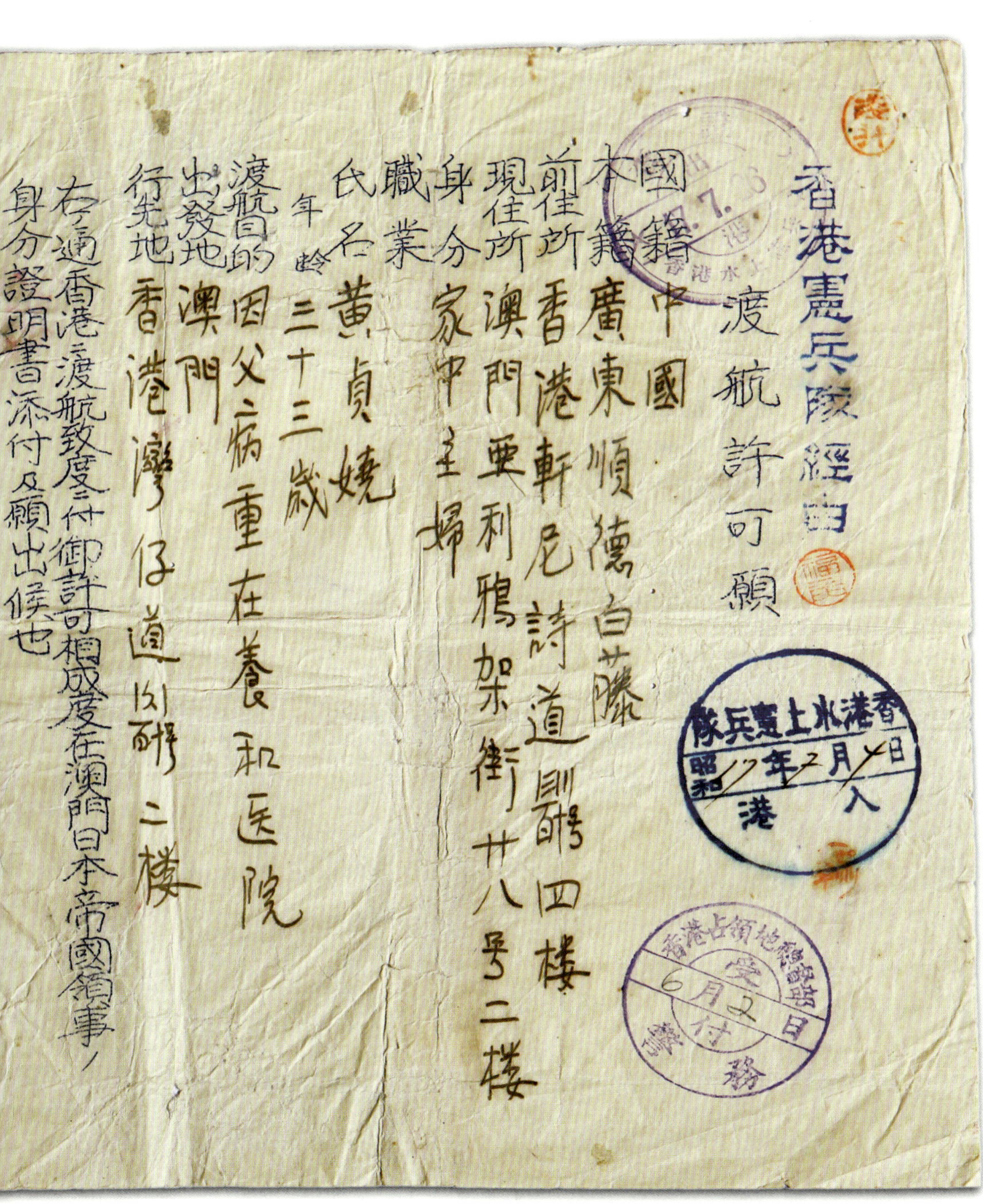
香港憲兵隊經由

渡航許可願

國籍 中國

本籍 廣東順德白藤

前往所 香港軒尼詩道則例四樓

現住所 澳門亞利鴉架街廿八号二樓

身分 家中主婦

職業

氏名 黃貞嬈

年齡 三十三歲

渡航目的 因父病重在養和医院

出發地 澳門

行先地 香港灣仔道則例二樓

右ハ適香港ニ渡航致度ニ付御許可相成度在澳門日本帝國領事ノ身分證明書添付及願出候也

經濟掠奪的軍票

軍用手票

軍用手票，簡稱軍票，是日本對外進行侵略時，掠奪當地資源和民眾財富的手段之一。日軍每佔領一個地方，即強迫佔領區內居民使用軍票，勒令他們以此購買物資，並肆意提高軍票面值，以達到就地取材，以戰養戰之目的。1941 年 12 月 26 日，香港被日本統治翌日，日本宣佈以軍票全面取代港幣。

1942 年 1 月，港元和軍票的兑換率為 2 兑 1，可是在 1942 年 7 月 24 日起，兑換率變為 4 兑 1，比之的前兑換率驟降一倍，令香港人損失無數。到了 1943 年 6 月 1 日，日政府更宣佈軍票正式成為香港唯一的合法流通貨幣，所有市面物品的價格必須以日圓作為單位，港元變為非法貨幣並禁止使用，擁有港元的人士會被施以重罰。此外，日軍又勒令市民於指定期間將所有在銀行的港幣存款，向日資銀行照 4 比 1 的定率兑換軍票。這導致港人手上的現金和港幣存款大量貶值，最後只剩下一堆軍票廢紙。至 1945 年日本投降時，日方共發行了軍票 19 億元。

香港鄰近的葡屬澳門，在第二次大戰中沒有受到戰火的蹂躪，原因是葡萄牙一直保持中立。日軍佔領香港期間，澳門是香港人避難地區之一，港幣與澳幣同時流通。當香港百業幾乎停頓之際，澳門的商業反而蓬勃起來，成為珠江地區貨物集散地。日軍將強迫收回的港鈔，於澳門購買戰略物資，獲益甚豐。

逼簽鈔票

日軍在滙豐銀行庫房發現一批為數逾一百萬張、總值達 1 億多元，還欠簽名才能夠流通的港元鈔票。日軍於是把被囚於集中營的滙豐銀行大班祁禮賓（Vandeleur Grayburn）及相關的銀行職員集中於上環一所旅館，每天押解他們到銀行總行，強迫他們簽署較高面值的鈔票。這些鈔票其後由橫濱正金銀行非法發行，被稱為「逼簽鈔票」。這些「逼簽鈔票」沒有在外匯基金存放儲備，一度以低於面額的價值在市面流通。日本投降後，政府與滙豐銀行磋商，終在 1946 年 4 月 2 日承認這批鈔票，可於市面平等流通。

日本在印製軍票時並沒有任何儲備金，軍票不能兑換日元，因此日軍是以白紙強迫兑換有儲備金保證的港幣。日本戰敗後，軍票即時成為廢紙；加上濫發，軍票每日貶值，香港出現災難性通貨膨脹，投機風潮澎湃，物價高昂。到了日佔後期，日人更貪污成風，一般市民的生活苦不堪言。數年間，香港由一個繁盛的轉口港，變成一個蕭條的死城。

一九四一年十二月十三日至二十五日期間，日軍攻佔九龍，未淪陷的香港島貨幣告急，港府臨時將存於商務印書館、代中國銀行印刷的五元鈔票，加蓋「香港政府 $1」字樣作應急之用。

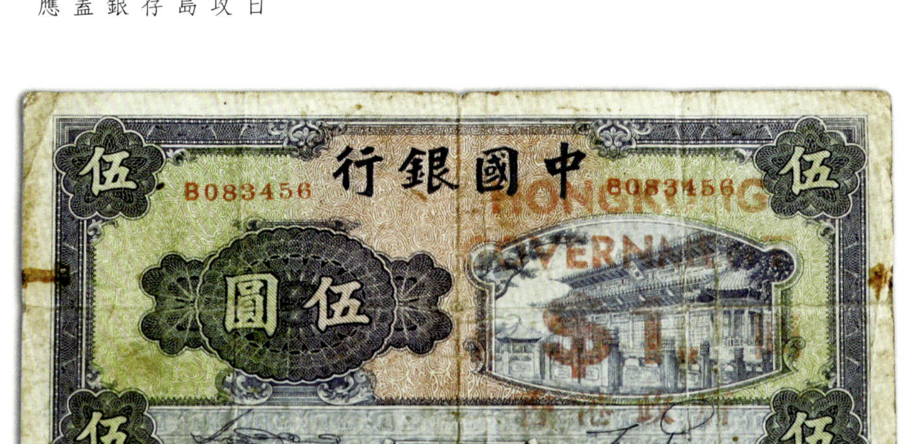

上圖為五元加蓋軍票，印有日本著名學者菅原道真的肖像。下圖為正版十元軍票，印有日本貴族和氣清麻呂的肖像。

發行於一九四四年的兩款一百元軍票，印有聖德太子的肖像。

▲正版一元軍票，軍票右方印有日本政治家武內宿禰的肖像。

茲收到
植桂堂耒股份軍票弍佰伍拾円也
（伸算港紙銀壹仟員正）立此為據
昭和十八年四月十六日
李國超
香港安記

▶昭和十八年（一九四三）四月十六日的股份收據，可見當時港幣兌軍票的兌換率為四比一。

橫徵暴斂

掠奪物資

香港淪陷不久，市面一片混亂，日軍一方面搜捕抗日分子，另一方面掠奪英軍遺留下來的軍用糧食及物資。不少汽車、公共汽車、貨車、輪船都被搶走。日軍又查封各大小商舖及貨倉，禁止任何人進入。貨倉、商舖門口被釘上「大日本軍陸軍管理」，或是「大日本軍海軍管理」的牌子，一切物品都不能自由搬動或買賣，所謂「查封」、「管理」，其實就是掠奪。日軍將大量搜刮回來的糧食和物資運返日本或留作軍隊自用，另外騰出小部分流入黑市市場圖利。日軍政府又威迫一些大公司和工廠把股份免費給予日本人。在金融掠奪方面，軍政府除了發行軍票，強迫港人使用外，還迫使滙豐銀行、渣打銀行與有利銀行等敵性國銀行清盤。同時，兩間日本銀行——橫濱正金銀行和台灣銀行則在香港重開，並向外國銀行發出債項，借取外匯。

税項繁多

為了達到剝奪目的，日據時期香港的税制複雜，項目繁多，常見的有租税、家屋税、土地税、印花税、物品税、遊興飲食税、娛樂税、營業利益税等。營業利益税並非根據商人填報利得税總額評估，而是由税務局任意估值徵收，令商人叫苦連天。1942 年 2 月，總督部立法規定商人須作物品稅申報手續以徵收課稅。同年 11 月，總督部又頒佈《香督令第五十一號》，徵收遊興飲食稅。凡經營酒家、飲食店、茶室、餐室等，均在徵收之列。徵收額之規定，為遊興飲食消費金額的百分之十，這種飲食稅由顧客支付，附在賬單之內，由飲食店代收。

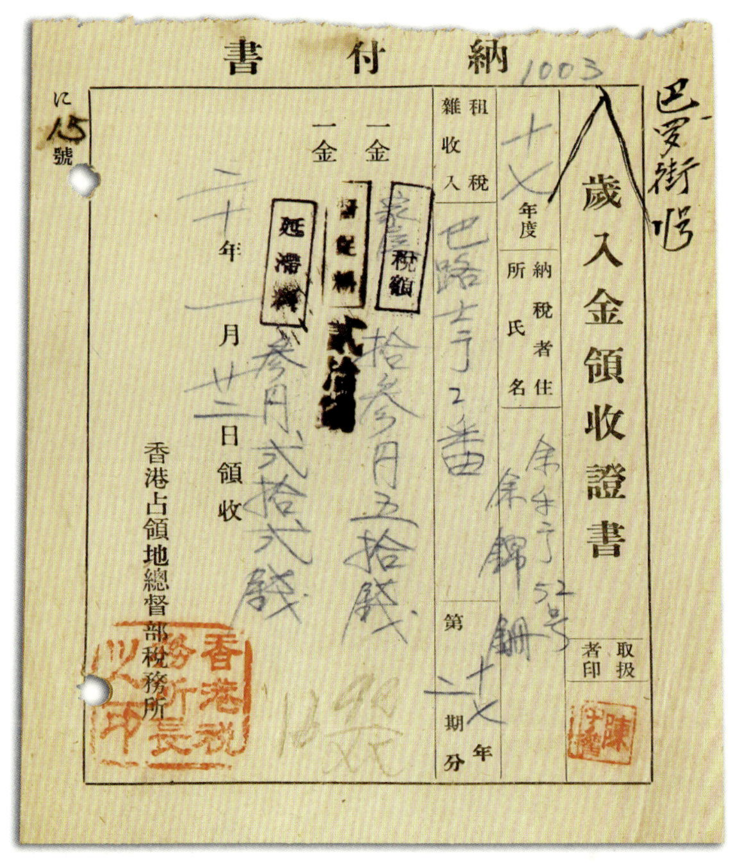

納付書

歲入金領收證書

租稅 雜收入

年度

納稅者住所氏名

家屋稅額 督促料 延滯料

一金

一金

年 月 日領收

香港占領地總督部稅務所

第 期分 年

取扱者印

號

一九四五年一月二十二日，總督部稅務所發出的家屋稅通知書。

由總督部稅務所寄至廣生行的稅收通知書正面（左圖）及背面（右圖）。

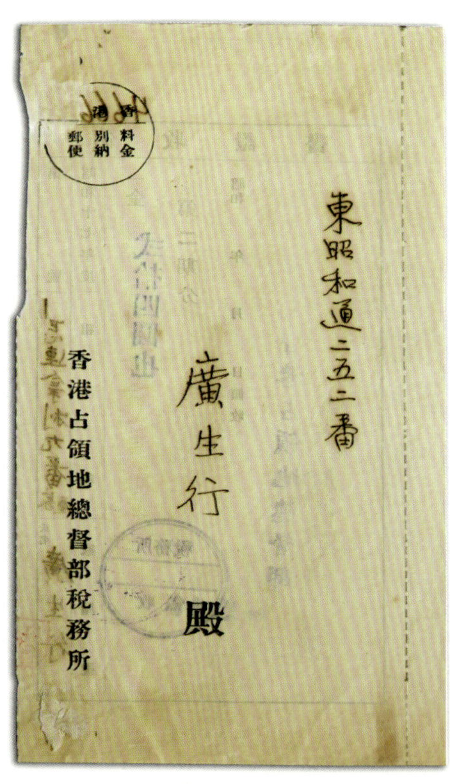

料金別納郵便

東昭和通二五二番

廣生行 殿

香港占領地總督部稅務所

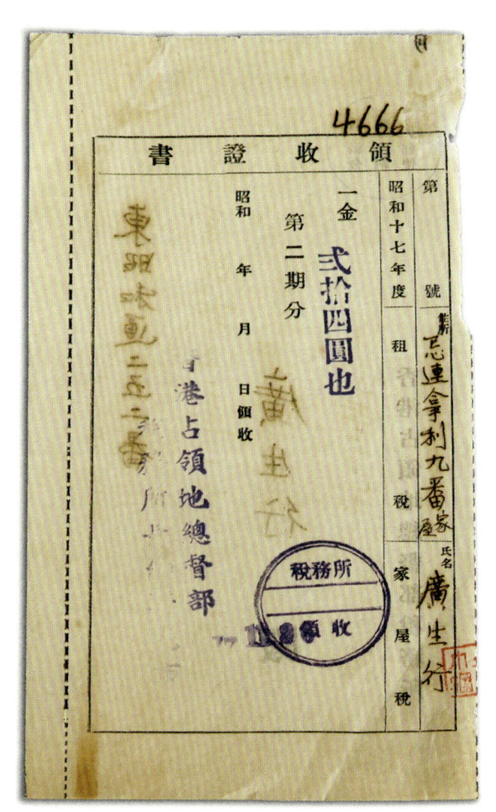

4666

領收證書

第 號

昭和十七年度 租稅 家屋稅

氏名 廣生行

一金 弍拾四圓也

第二期分

昭和 年 月 日領收

香港占領地總督部

稅務所 領收

廣生行

東昭和通二五二番

一九四二年十二月十日，華民代表會及華民協議會向廠商宣稱，凡在淪陷初期被日軍徵用的貨物，如有正式收條，可向當局申報賠償。

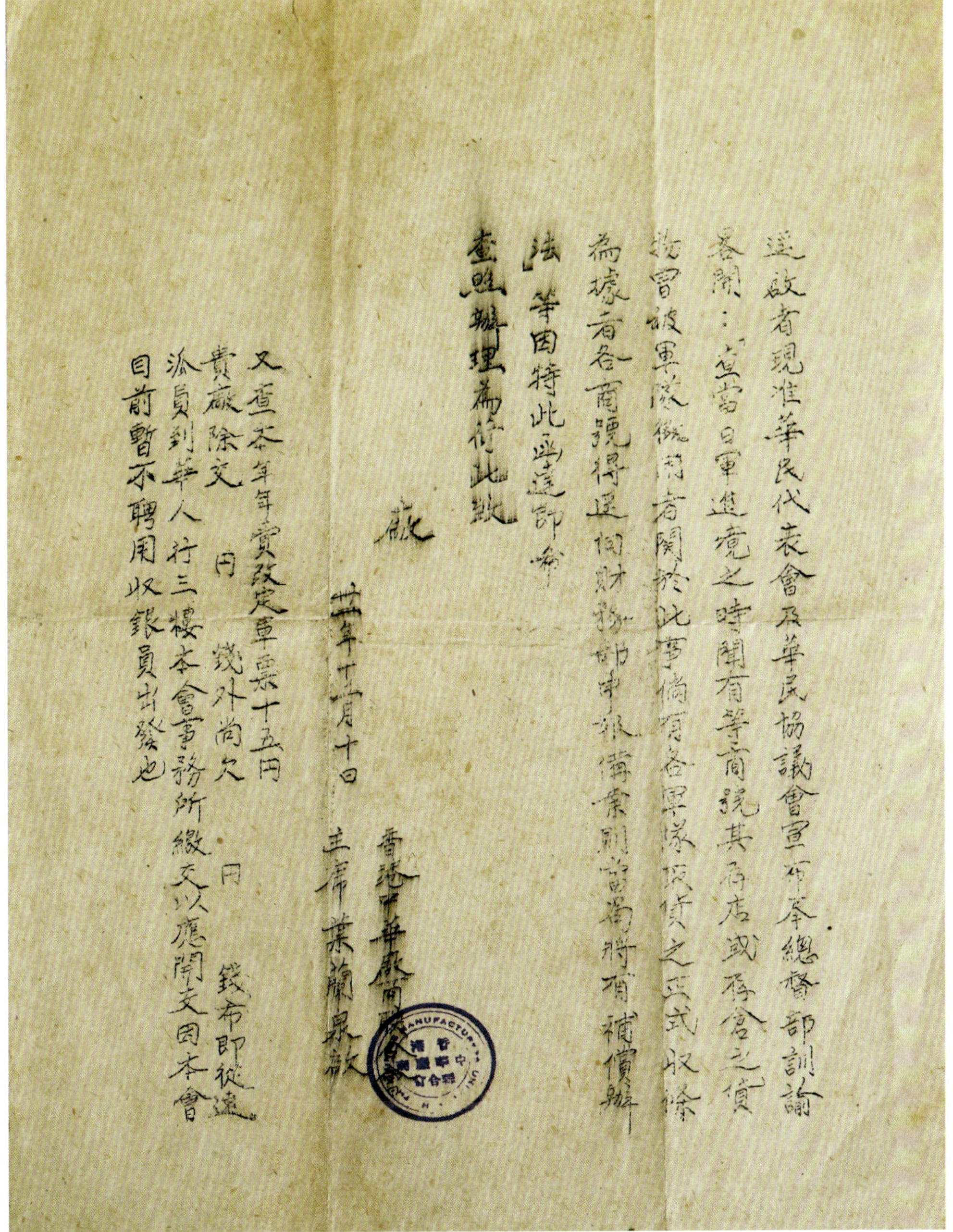

逕啟者，現准華民代表會及華民協議會宣佈奉總督部訓諭略開：「查當日軍進境之時，聞有等商號其存店或存倉之貨物曾被軍隊徵用者，關於此等徵用倘有各軍隊發貨之正式收條為據者，各商號得逕向財務部申報備案，則當局將有補償辦法」等因，特此函達，即希

查照辦理為荷，此致

廠

卅一年十二月十日

香港中華廠商聯合會
主席 葉蘭泉 啟

又查本年年費改定軍票十五円
貴廠除交　円　錢外尚欠　円　錢希即從速
派員到華人行三樓本會事務所繳交以應開支因本會
目前暫不聘用收銀員出發也

一九四五年四月二十四日，營業利益稅的通知書，圖中可見繳納稅款為一萬八千二百元。

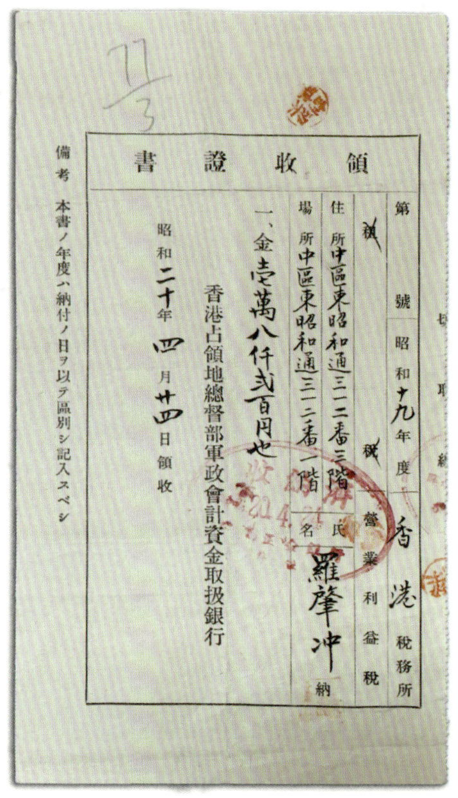

領收證書

第　號　昭和十九年度　香港稅務所

住所　中區東昭和通三二番三階

場所　中區東昭和通三二番一階

氏名　羅肇冲　納

營業利益稅

一、金壹萬八仟弍百円也

香港占領地總督部軍政會計資金取扱銀行

昭和二十年四月廿四日領收

備考　本書ノ年度ハ納付ノ日ヲ以テ區別シ記入スベシ

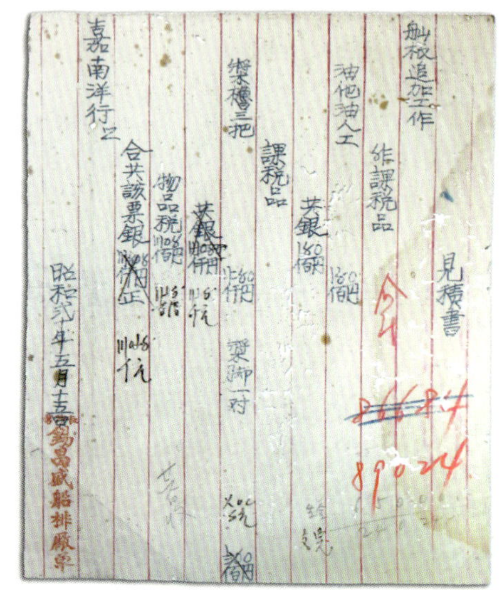

見積書

船板追加工作　作課稅品

油他油人工

傢檯三把　課稅品

合共該票銀

嘉南洋行

昭和弍年五月十五日

錫昌盛船排廠单

一九四五年五月十五日，售賣船槳的收據，要繳納百分之十的物品稅款。

一九四五年三月二十七日，香港中區物品稅納稅組合向商販發出的收費通知書。

逕啟者

香港中區物品稅納稅組合

自奉

香港稅務所長　暨

物品稅主任　松浦清藏氏諭令成立以來瞬經彌月多蒙

當局諄諄訓導使各事得臻完備役員等私深禱慰該因組合籌設之初時間匆忽對於組合內一切措施預期籌置未及週詳考慮清晰關於會[illegible]月經常份感預約收支有所不遂特於三月廿四日召開第四次役員會會議根據本組合規約第四章第十五條議決四月份組合員月費一律分等增收并經

當局允許其辦法如次

一甲　商　號　每家　五十圓

二乙　商　號　每家　三十圓

三丙　露天商　每家　十　圓

凡屬本區組合員須按照指定

貴號列為何等者希於接信後（限至四月十日前）携同計算書稅金及月費到組合辦理呈繳手續勿悞為荷相應函達

台端煩希查照

此致

劉鳳英（露天商）寶號　先生

貴號列入（丙）等四月份月費拾圓円

香港中區物品稅納稅組合啟

昭和二十年三月廿七日發

香字第九號信

遊與飲食稅
勿得延繳
稅務所長發命令書

（特訊）本港稅務所長廣瀨氏・爲使稅務得以圓滑進行・根據香督令五十一號・遊與飲食稅令第十九條第一項・特發出命令書・飭令凡與遊與飲食稅有關之組合・督促各遊與場所及各飲食店・對納稅應有之義務者・應如期繳納稅金、不得有違・茲將該命令書詳錄如下・

命令書

一・組合對組合員之納稅・應加以督促・務須於納付期內完成納付・

二・對于指示命令之事項・不得遲滯・立刻傳達與各組合員・務使各組合員如期完成・不得違背・

三・對于遊與飲食稅計算書・及諸申告書・應負責彙集・或督促各組合員如期提出・

四・組合對前各項遂行・要有必要之設備・右乃根據遊與飲食稅令第十九條第一項發出命令書・

昭和十八年九月

香港稅務所所長廣瀨駿二

稅務所頒
發給與金

根據遊與飲食稅令第十九條之第二項・對協助稅令施行之團體・給與其所屬員所繳納之遊興飲食稅額之百份之五至百分之二給與金・香港稅務所頒根據此項法令・對遊與飲食稅有關之組合・頒發十七年度後期分之給與金・本港各組合・均已先後領到・查本港娛樂區聯業組合於十七年度後期分・計共納稅者二百三十七名・稅務所根據法令特給予給與金二百九十一元三十三錢・聞該組合所得之給與金全部撥出購置醫藥・以施惠貧苦云・

▲一九四三年八月二十三日，報章刊出稅務所長發出的命令書，飭令市民應如期繳納遊與飲食稅。

▶一九四三年二月二十三日，金龍酒家的消費收據，客人要繳納百分之十的遊與飲食稅。

第＿＿號

998 料金領收書

明德社 殿

昭和18年2月22日

經營場所 香港東昭和通一七四號

經營者氏名又ハ名稱 金龍酒家

下記金額收候也

遊興飲食ノ年月日	18.2.23	遊興飲食ノ人員	11

品名	數量	金額 円	錢
茶	11	2	75
菜		15	00
煙　酒　水	2	16	00
炆　鹵　味	2	3	80
點　心			
粉　麪　飯			
椒　芥　醬	4		40
糖　京　生　菓	6	3	60
生果		6	80

計	108圓 35	錢
稅金相當額	10圓 83	錢
サービス料	10圓 83	錢
立替金	圓	錢　內譯　円 錢
合計	130圓 01	錢

（指定用紙）

印花稅

印花稅票歷史

稅收在人類經濟活動上有着相當長的歷史。印花稅是世界各國普遍徵收的一個稅種，最早開始於 1624 年的荷蘭，當時荷蘭政府為了解決財政困難，設計了一種所徵甚廣，所取甚微，所聚甚宏，既能增加財政收入，又不致遭到社會公眾激烈反對的一種稅項。最初納稅的方法是由政府「簽發局」在納稅憑證上加蓋刻有標記的印章，即用刻花滾筒壓印出標記，「印花」一詞也由此而來。西歐各國也紛紛仿效，相繼開徵，並經過不斷的改良，由原來的滾筒壓印標記技術，發展為黏貼各款類似郵票的印花稅票來完稅。

印花稅是對經濟行為中書立、使用、領受的憑證而徵收的一種稅項，由納稅人自行計算，向稅務機關購買印花稅票，並將其黏貼在應納稅憑證上，在每枚稅票的騎縫處蓋戳註銷或畫銷後，才表明納稅人已完成足額付稅。這種稅收具有多個優點，包括徵稅範圍廣泛，納稅人稅收負擔較輕，但處罰從嚴，並由納稅人自行完成納稅義務。香港徵收印花稅的歷史也頗長，早在 1867 年的維多利亞女皇時代已開始使用印花稅票。

日佔香港印花

日軍佔領香港後，即掠奪港人財富，橫徵暴斂，以籌措軍費，供其軍事侵略之用，以達其帝國主義夢想，強迫市民繳納印花稅即為其中一種手段。1942 年 12 月 1 日，日政府總督部頒佈《香督令第五十號》，該令規定凡證書賬簿都一律須貼用印花，否則為瞞稅行為，將繳付所瞞稅額 30 倍之處罰金。日佔初期，日政府借用日本本土的稅票，並加蓋不同面值的印花稅票；其後香港佔領地總督部自行印製了數款富有日本色彩的印花稅票，供市民購用。

▲日佔時期各款不同的印花稅票，面值由十錢至一百元，其中以綠色五十元（右下一），圖案為富士山的最為稀有，所知存世只有六枚。

▶一九四三年四月，虎標永安堂的收據，上面貼有初期使用的日本本土稅票。

▼一九四三年一月，報章上有關警告商民不要忘記貼印花稅的報道，否則予以重罰。

商人勿忘貼印花稅

不貼者照瞞稅額三十倍處罰

本港印花稅令・業經去歲總督部香督令第五十號頒佈實施之・查該令所定・凡證書賬簿・概須貼用印花・否則爲瞞稅行爲・將予以所瞞稅額三十倍之處罰金・商民人等・至宜切實注意・茲總督部稅務所爲使一般居民瞭解・特發表關於印花稅令所應注意之事項・茲照錄該原文如下・

關於印花稅令應注意之事項

昭和十八年一月　香港占領地總督部稅務所

查印花稅令業經昭和十七年十二月一日香督令第五十號公佈施行・諒商民人等均已知悉・按照本令所定・凡證書賬簿不貼用應貼之印花者・每件應處以其所瞞稅額三十倍之罰鍰（應罰金額不滿五元者亦處罰五元）・凡屬管區內住民・均須瞭解此項規定・並協助本稅推行・以期根絕瞞稅行爲・是爲至要

茲再將本令規定內容表列如左・尚望商民人等切實注意毋違・

『印花稅令便覽』

（課稅物件）	（摘要）	（稅率）
棧貨憑單	每張	十錢
船貨憑單	同	二十
委任書	同	十
關於營業上之款項收單及屋租收單	每張以記載金額二円十以上者爲限	十
金錢貸借證		記載金高之二千分一
不動產賣買契約書	㊀每張以記載金額二十円以上者爲限	同　一百分之一
船舶賣買契約書		同
傭船契約書	㊁乘算稅率後所得之稅金額爲未滿十錢之零數時亦作十錢計	同　一千分之一・五
承包契約書		同
運送契約書		同
（甲）生命保險證券	記載金額千円以下者	二十錢
	同　超過千円者每千円	三十錢
（乙）（甲）以外之保險證券	千円以上之零數作整千円計	二十錢
不發行保險證券但發行與此相類者	記載金額千円以下者	
	同　超過千円者	五十錢
匯票	每張	十錢
期票	同	十錢
信用狀申請書及類此文件	同	五十錢
保證狀	同	五十錢
物品票	㊀每張　有金額記載者	一百分之五
	無金額記載者	十
	㊁乘算稅率及所得之稅額爲未滿十錢之零數時、作十錢計	
存款簿以外之賬簿	以一年以內爲期者	十
留印賬	同	一円

（共通事項）

㊀雖證書上無記明金額但憑其證書上所記之價額單位或其他記載事項可算出其金額有則所算出之總金額卽作爲記載金額

㊁本令施行前所使用之賬簿本令施行後仍繼續使用時其賬簿當作本令施行日作成者辦理

㊂若以軍用手票以外之貨幣記載員數時應依所算軍票之金額計

『注意事項』

一・稅務所隨時有檢查證書或賬簿之權・凡拒絕檢查者・處二百圓以下之罰鍰・

二・證書或賬簿不貼用法定印花者・每件處以其所瞞稅額三十倍之罰鍰・罰鍰金額未達五圓者亦處罰五圓・

三・雖經貼用印花・但未明白註消者・其應罰金額與不貼用印花同・

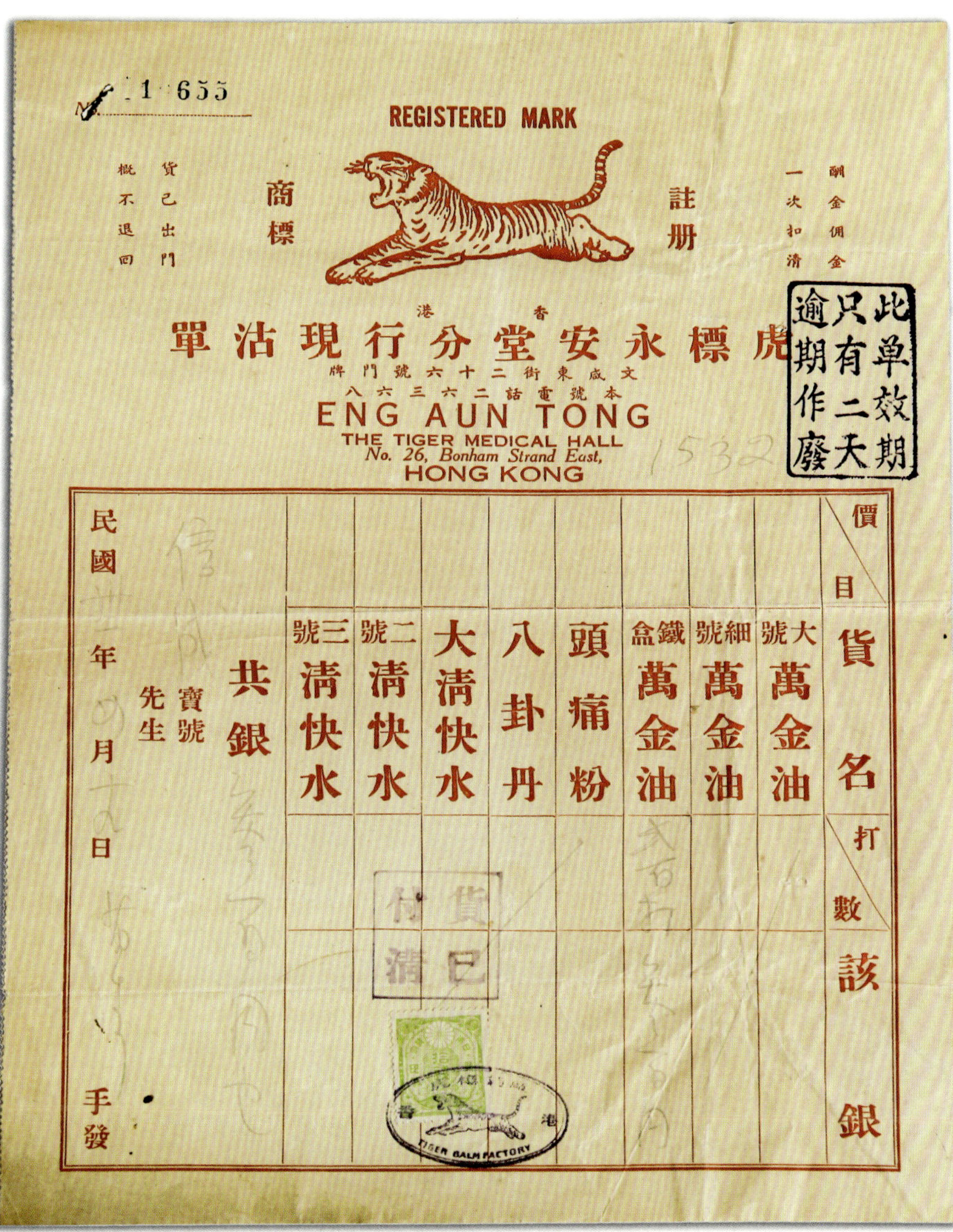

No. 1 655

REGISTERED MARK

貨已出門 概不退回

商標 註冊

酬金佣金 一次扣清

香港

虎標永安堂分行現沽單

文咸東街二十六號門牌

本號電話二六三六八

ENG AUN TONG

THE TIGER MEDICAL HALL

No. 26, Bonham Strand East,

HONG KONG

此单效期只有二天逾期作廢

貨名 / 價目	打數	該銀
大號萬金油		
細號萬金油		
鐵盒萬金油		
頭痛粉		
八卦丹		
大清快水		
二號清快水		
三號清快水		
共銀		

寶號 先生

民國 年 月 日 手發

貨已付清

香港 虎標

TIGER BALM FACTORY

一九四四年一月十五日，餐室消費的收據，上面貼有日本稅票，並以紅色加蓋「拾錢收入印紙代用 香港」。

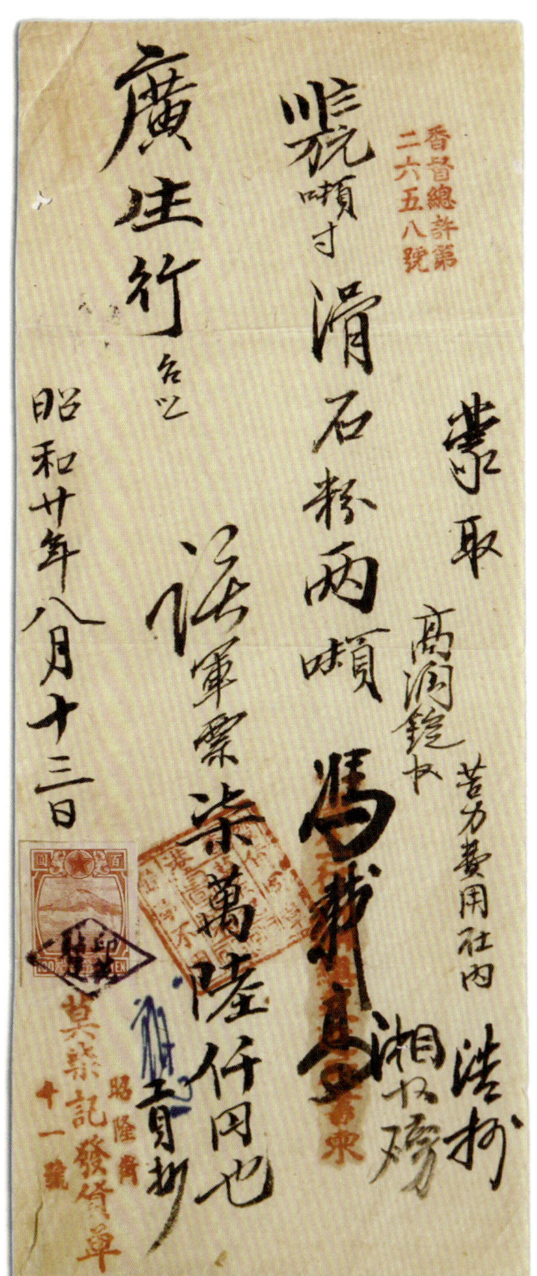
香督總許第二六五八號

廣生行 台照

滑石粉兩噸

軍票 壹萬陸仟円也

昭和廿年八月十三日

一九四五年八月十三日，廣生行的購貨單，貼有最高面值的一百元稅票。

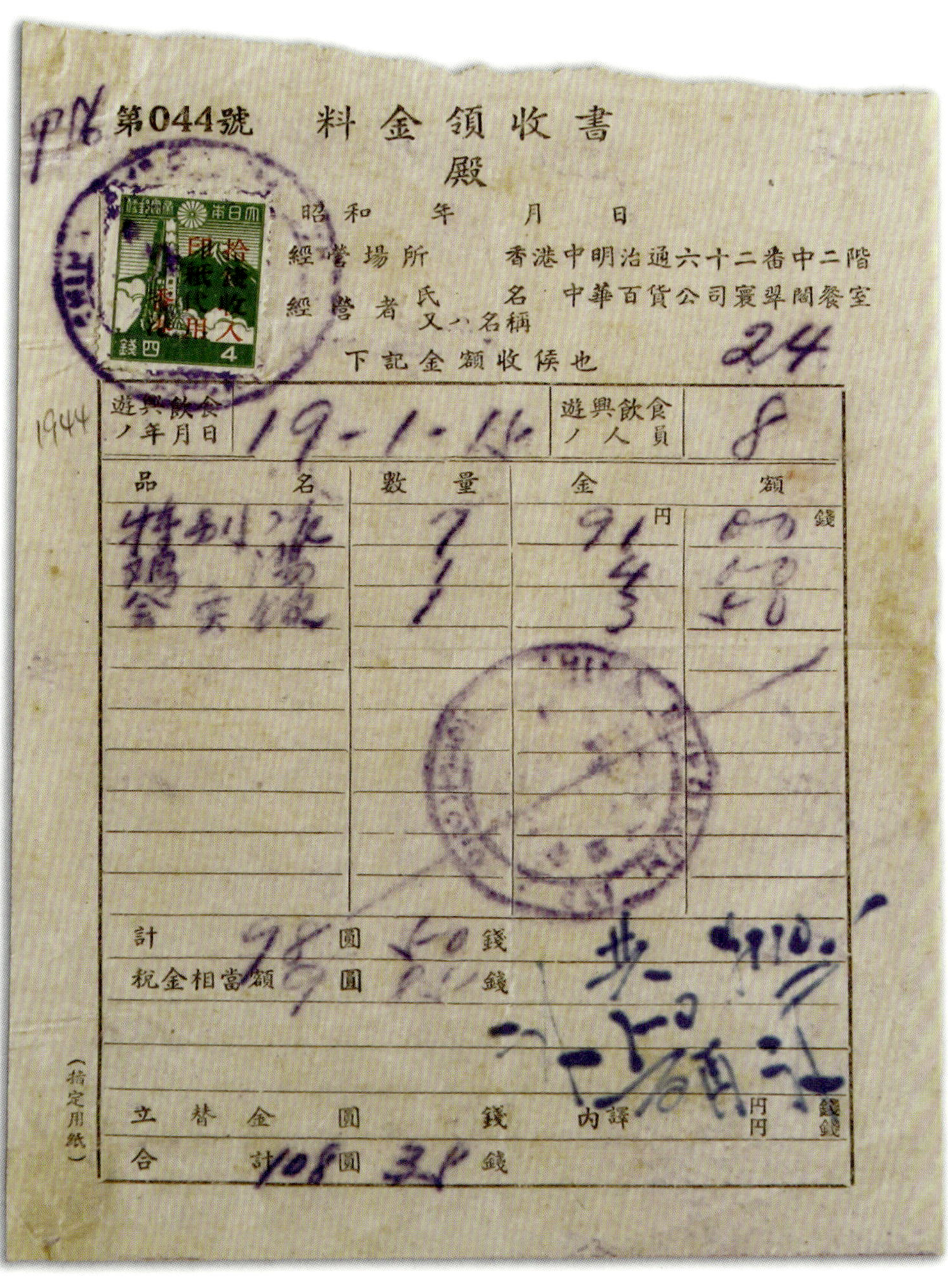

第044號　料金領收書

殿

昭和　年　月　日

經營場所　香港中明治通六十二番中二階

經營者氏名又ハ名稱　中華百貨公司寰翠閣餐室

下記金額收候也

遊興飲食ノ年月日	19-1-16	遊興飲食ノ人員	8

品名	數量	金額（円）	（錢）

計　圓　錢

稅金相當額　圓　錢

立替金　圓　錢　內譯　円　錢

合計 108 圓 38 錢

（指定用紙）

衛生醫療

七七事變後，國內大批難民湧至香港。日佔時期，糧食不足，人口擠迫，居住和衛生條件都極不理想，導致各種疫症迅速蔓延。霍亂、痢疾、鼠疫等傳染病案例顯著增加，成為了日佔政府的一個頭痛問題。日本人很注重環境衛生，不時舉行清潔運動，規定所有戶內外附屬建築物均須盡力清潔；凡衛生欠佳者，皆會被處分。此外，政府又着令市民接種天花（種痘）和霍亂等疫苗，沒有接種者不能進入市區，憲兵會在街上檢查市民是否携帶針紙。出入香港口岸的旅客必須呈交有效的驗糞及疫苗接種證明書，方能辦理渡航證和購買船票。

淪陷時期由於運輸困難，醫藥極度缺乏，加上醫護人手不足，不少醫院被迫關閉。九龍醫院、瑪麗醫院和不少醫院均被日軍所佔領使用。瑪麗醫院被改為「大日本陸軍戰地醫院」，灣仔寶雲道醫院改為「大日本戰地前進醫院」，東華東院改為「大日本海軍戰地醫院」，九龍醫院改為「第一陸軍醫院」。至於東華醫院和廣華醫院，在藥物和資金短缺下，仍繼續提供有限度的服務。這些服務包括提供食物、醫藥、衣物、殮葬服務等。雖然這兩所醫院有一定的資金儲備，但仍然面對巨大的財政困難。此外，私人開設的養和醫院、寶血醫院等，仍然繼續為市民服務。日佔時期，在港九區域開放為市民服務的醫院主要有以下數間：

醫院	日佔醫院名稱
那打素醫院、西營盤醫院	香港市民醫院
贊育醫院	香港產院
精神病院	香港精神病院
香港傳染病醫院	香港傳染病院
荔枝角傳染病醫院	九龍傳染病院
香港麻瘋病院	香港癩醫院

1942 年 12 月，港九新界七間公立醫局成立。這七間醫局分別設於香港仔、赤柱、灣仔、筲箕灣、深水埗、荃灣和上水。加上之前成立的大埔及元朗醫局，合共有九間醫局提供服務。此外，有些區政所亦設置免費診療所，由區內中西醫義務當值。西醫、中醫、牙醫及護士等醫務人員都要重新登記才能執業。總括而言，日佔時期的醫療服務不足，衛生惡劣，糧食不足，加上飽受精神折磨，市民的健康陷入谷底。

牙醫二百餘名

默許暫時執業

（特訊）香港牙醫學會于去年八月廿二日奉衛生當局命、舉辦牙醫登記、計登記牙醫共有二百六十餘人、該會特于昨日上午十時假灣仔循道會召開同人大會、凡于去年捌月廿二日登記之牙醫、均可出席參加、共策進行推進會務事宜、計是日出席者共一百五十餘人、衛生當局有關長官亦親臨指導、對學會同人多所訓勉、開會秩序如下、一、就座、二、肅立向長官行一鞠躬禮、三、主席宣佈開會、衛生當局致訓詞、五、佈告會務經過、六、佈告財政出納概要、七、畢會、至關于登記牙醫執業問題、衛生當局爲體諒牙醫今後業務、特訂定折衷辦法、于去年八月廿二日登記之二百六十餘名牙醫、特默許其暫時執業、待將來舉辦牙醫攷試後、將由當局甄選公認爲正式牙醫、同時衛生當局并卽席宣布六項牙醫遵守事件、二百餘名牙醫當中、在暫時默許執業期內、尤當切實遵守、毋負當局維護牙醫業務之至意云、直至正午十二時始宣佈散會、

一九四三年九月十一日，報章刊載衛生當局默許已經登記的二百六十多名牙醫可暫時執業。

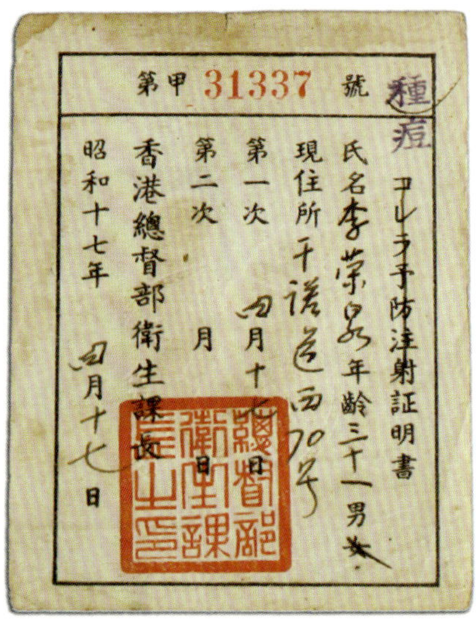
第甲 31337 號
種痘
コレラ予防注射証明書
氏名 李棠X 年齡三十一 男女
現住所 干諾道西70号
第一次 四月十七日
第二次 月 日
香港總督部衛生課長
昭和十七年 四月十七日

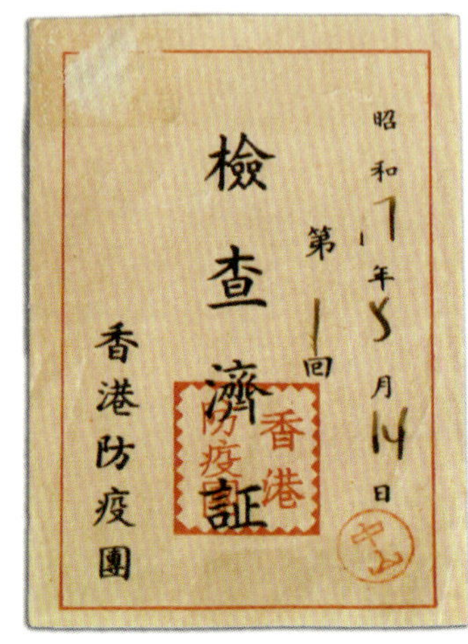
昭和17年5月14日
第1回
檢查濟証
香港防疫團

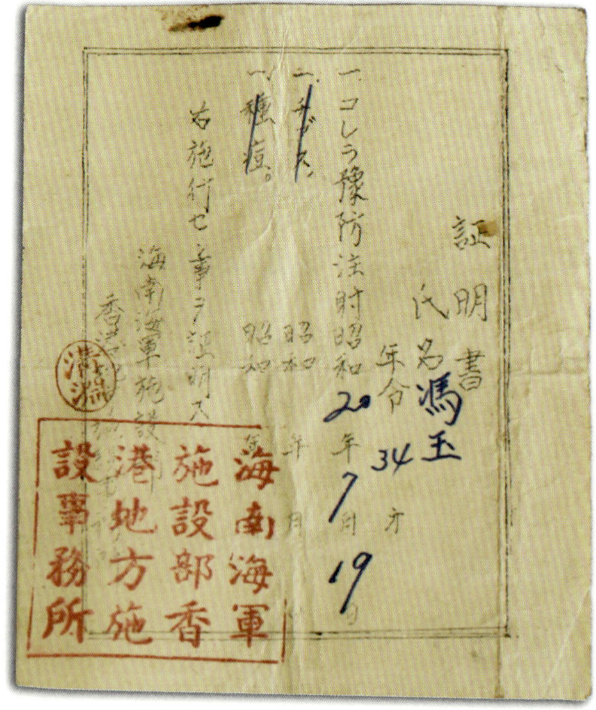
証明書
氏名 馮玉 年令 34才
一、コレラ豫防注射 昭和20年7月19日
二、チブス 昭和 年 月 日
一、種痘 昭和 年 月 日
右施行セル事ヲ証明ス
海南海軍施設部香港地方施設事務所

▲▶ 多款日佔時期的防疫注射證明書。

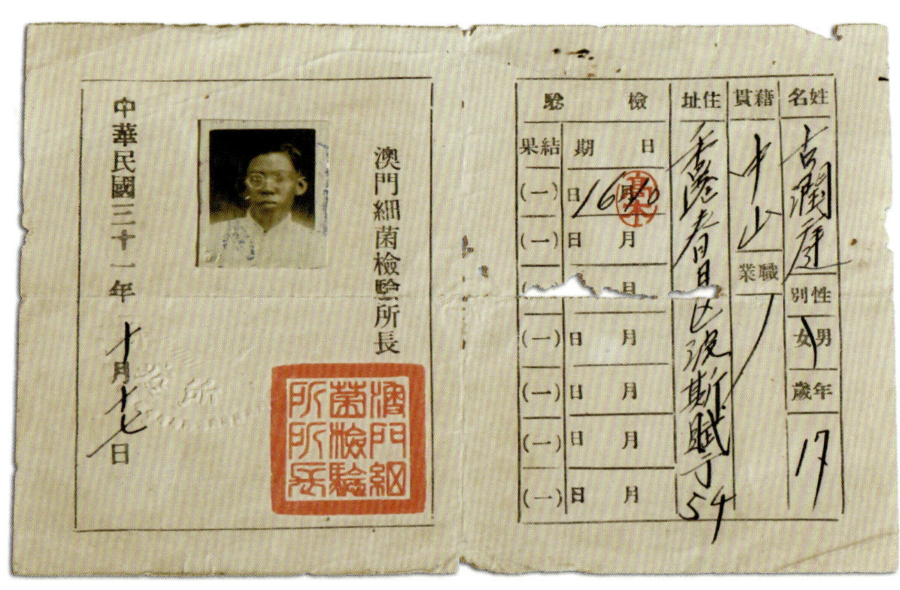

姓名	古潤庭
籍貫	中山
職業	
性別	男
年歲	17
住址	香港春日道斯賦子54

日期	結果
16日 月	(一)
日 月	(一)
日 月	(一)
日 月	(一)
日 月	(一)
日 月	(一)
日 月	(一)

澳門細菌檢驗所長

澳門細菌檢驗所所長

中華民國三十一年十月十七日

▲ ▶ 大便內的細菌檢驗是防疫的一個重要環節，旅客必須呈交有效的驗便及疫苗接種證明書才能購買船票。

防疫證書

購買船票仍須具備

（特訊）當局對保障市民健康，無微不至，由本年三月一日實施防疫注射，分三期舉行，自第三期防疫注射工作，迄至去月底始告完竣，同時當局爲預防天花傳染，又由本月一日起，繼續展開種痘運動，全港普遍施行，從前各區設立之免費注射站，現改易爲種痘站，繼續工作，每一居民，均須接種，領取種痘證明書，至于一般渡航旅行者及離港歸鄉者，尤須持有本人之種痘證明書，方得購買船票搭船離港，至接種及領取證明書處，凡各區街頭之免費種痘站，亦具同等效力，一如從前之注射站者然，惟昨據查悉，現在防疫注射雖告結束，街頭注射站亦無須檢查路人證明書，惟渡航旅行離港者，於購票時，除備有檢便證，種痘證外，并須連同攜備本年第三期注射證明書，方得購買船票，或有以爲防疫注射已結束，無須攜備證明書者，此則自誤也云。

日佔時東華三院資金短缺，被迫變賣資產及舉辦慈善活動以籌集經費，以能夠繼續服務市民。圖為《華僑日報》於一九四四年一月十七日有關的報道。

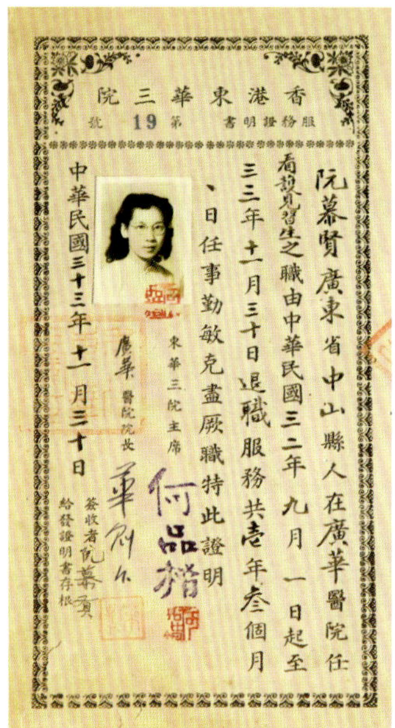

香港東華三院
服務證明書 第19號

阮慕賢廣東省中山縣人在廣華醫院任看護實習生之職由中華民國三二年九月一日起至三三年十一月三十日退職服務共壹年叁個月、日任事勤敏克盡厥職特此證明

東華三院主席 何品楷
廣華醫院院長 華則仁

中華民國三十三年十一月三十日

簽收者阮慕賢
給發證明書存根

一九四四年十一月三十日，廣華醫院護士證明書，由當時的東華三院主席何品楷及廣華醫院院長華則仁簽署。

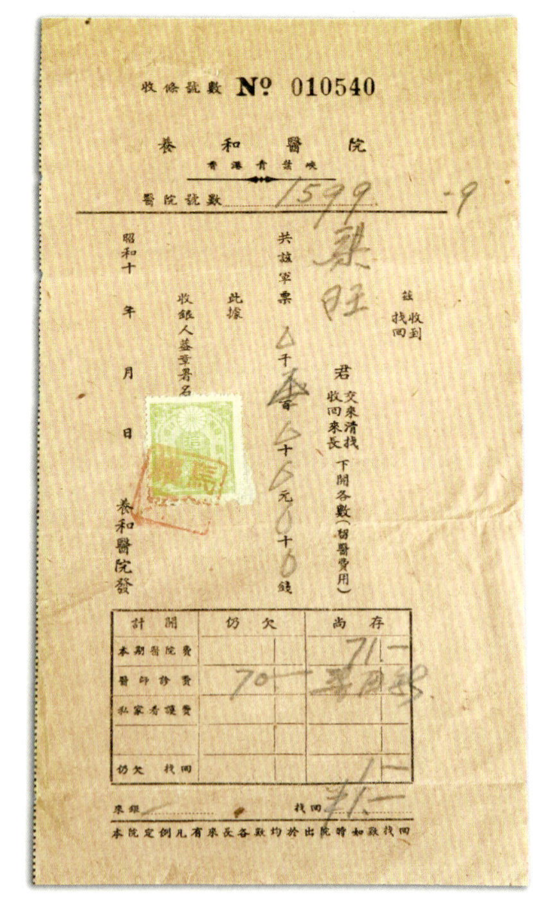

收條號數 № 010540

養和醫院
香港青葉峽

醫院號數 1599-9

茲收到 君交來清找下開各數(醫費用)共該軍票 千 百 十 元 十 錢 此據

收銀人蓋章署名

昭和十 年 月 日 養和醫院發

計開	仍欠	尚存
本期醫院費		71-
醫師診費	70-	
私家看護費		
仍欠 找回		1-

來銀 找回 1-

本院定例凡有來者各款均於出院時如數找回

由李樹芬創辦的養和醫院，在日佔時期仍然提供有限度服務。圖為養和醫院發出的診症單據。

維持東華兩院

變賣一部營業應急

特別會議决定先賣一間必要時再賣

（特訊）東華三院，近因籌劃經費，昨日午前，邀請坊衆及各顧問，舉行特別會議。到主席何品楷，總理張亦東、何品森、翁世晃、歐陽洪泯：顧問羅旭和、劉鐵誠；廠商聯會葉蘭泉，華商保險公會周鎰畬；及坊衆李長養等多人。討論變賣該院營業屋宇，維持兩院經費，以免停辦。席間、僉以該院經費支絀已極：惟斷不能因是而致全僑所倚賴救濟貧病具有歷史之善院由此停辦。結果，議決：變賣一二營業屋宇，及公開募捐，所擬出售者，爲該院高價屋宇中之文咸西街五八號甲及六十號兩幢，將採公開投賣方式，先售其一，俟定簡章後，送呈慈善總會審核發還，然後指定由何日起正式招承，定來月十五日午前十一時半，在東華大堂，當衆開標。

卅次會議經過

會議經過如次：

首由何品楷致詞謂：「本院經費困難已極，特請諸君籌商一切。討論以前，幷將月前總理顧問聯席會議商討變賣營業經過之會議案宣讀，然後請予指示辦法。當由書記朗讀：「一，該院議事局第卅次會議錄」「二，顧問總理聯席會議錄，」「三，主席及各總理謁當局請示之經過，」撮錄如左。

十一月卅日卅次董事會議，主席報告：「兩院經費困絀狀況，院工生活亟待維持，藥物供應不能無缺，每月支逾四十萬元，惟入不敷支甚鉅。理應如何籌措，以免停辦。」李靄十提議：「該院營業，係維持經費之預備，屆時與其因經費過竭停辦，不如變賣營業以充經費。」公決原則通過：但須再由顧問總理聯會決定，呈請當局核准實行。

顧問總理聯會經過

十二月七日，顧問總理聯會。羅劉兩顧問出席。主席報告開會理由，略謂：『前經渠與各總理墊出數萬元，暫時維持。惟常日已感不敷支，現因增加員工薪津，兩院每月須增支十五萬六千元；至醫療業物什用，月支四十萬六百元（支出預算係前所定，今不止此）。統計十二月，一月，二月，兩院三月約需九十三萬七千三百餘元，收入約進卅萬六千元；比對不敷六十三萬一千三百元（附預算表）即每月不敷廿萬餘元。又進款但賴捐助，難視爲固定收入。惟斷不能因經濟而致停辦。經由董事局通過變賣營業維持，請各顧問賜敎，主持決定』。

羅旭和顧問之意見

當由羅顧問發言：兩院此時所負救濟任務尤大。東華所置產業：原係藉租項收入，充養院費，非備急時變賣之用：惟前人置業時，斷不料到今日情況。故在此絕續之交，變賣一部產業養院，不致停辦，亦似無背養院原旨；否則兩院徒擁養院產業，亦復何用？故本人認爲變賣一二間，亦是從權之舉。但竊意首應先請政府補助，次召街坊會議，提示兩項辦法。

勸捐維持 賣產救急

一爲設法勸募，以資維持，而保營業；一爲變賣一部營業，以濟今急。如坊衆以爲無法勸募，則須決定主張，方可進行討論變賣。

雖勸捐不能視爲固定收入，所得亦難預算，但內外僑衆當能樂助也。勸捐成績難料，但須籌力而爲。何主席前以此議與本人諮商，經向劉李陳三代表，及協議會周籌臣主席徵求意見，亦均同情此點，但進行辦法，首須向政府陳述急待維持，請求補助，請主席總理任之，次則召開街坊會議，向衆詳宣，請付表決，以示大公。」

劉鐵誠顧問之意見

劉顧問繼發言：「完全同意羅氏所言，實行所舉之兩步驟。對于賣業充費，以免停辦，自屬合理辦法。產業爲養院之準備，即院之『財源』，今當向此挹注。餘如勸捐，亦屬財源；但爲救急，賣業當屬可行，俗有『食穀種』一語，即此意也。又本人提議，更進一步，賣業所得，除照付目前外，可將其餘一部營利，變不動產爲動產，既可挹注，且可復置不動產，一舉兩得，穀種仍存。故如政府不能資助，僑衆又不能維持，變賣產業，自屬合理。」

羅劉兩氏詳談維持辦法，洵屬委曲求全，當經通過，並決將是日會議紀錄分函各未出席顧問請示意見。

主席總理謁見長官

十二月八日，由何品楷偕李少洛、歐陽洪泯、翁世晃三總理，晉謁山內總務長官閣下，詳報兩院經費支絀，急待維持，以免停辦各情。奉示：在此協助聖戰時期，兩院萬難停辦，應自行設法維持；對于賣產充費，認爲可行。此爲請示當局之經過也云。

讀畢，劉代表因事先辭，謂對此意見無變，與羅顧問亦全同。羅氏隨言：「李顧問子方因事未到，但意見亦與本人無異。」隨詢何主席其他各顧問有無詳函表示。何答：「照例七日不覆，便作默認，可見亦已同意。」羅氏續言：「街坊募捐，自屬應領，但恐所得不多，亦不能再由總理墊借，事勢已殆，故先問應否募捐賣業兩事同時幷舉，本人願虛心聽衆發揮」云。

賣一間屋 維持三月

葉蘭泉、周鎰畬兩氏，相繼發言，表示贊成，變賣產業以維經費充裕。羅謂：「多賣可惜，產業係屬不時之需；吾人固盼早見太平，錢多易用，且目前物業有價。決定變賣，則取慣重公道方法，以示大公。鄙意設箱招投唱標，事先須視察該物業何値，再定底價。至定何日何時當衆開標，此乃手續問題。」至是，當由何主席取出該院所有高價屋表（早后一交衆察閱，）幷指出各總理意，欲變賣其中文咸西五八號甲及六十號一連兩間；此係「孖舖」，時値每間約百五十萬元。

總理張亦東表示：「產業等於先人遺產，倘照預算，賣一亦足，不必再賣；且一間之價或超出三百萬亦未可定也」。何謂：「月需五十萬，變賣一間，祇足維持三月；倘不足時再賣，又多費手續矣。」羅謂：「能維持三月則三月」。何謂：「預擬兩屋，係各總理之意；申請變賣兩間，而售其一，亦可。」何品森認此爲得體，復補充曰：「一面籌款，一面變賣一屋，應雙管齊下」，至是，葉蘭泉提議：「一面先賣一間，祇慮勸捐則急不及待也」。何品森和議，全場通過。

定來月十五日開標

羅氏發言：「關於變賣手續，應先由熟識物業者審核該屋，定下底價，再定開投之期限，及開標之日期，擬設票箱，分設函匙，一由主席，一由慈善總會保管，定期出投及啓標箱。」結果，由羅顧問倡議定本月十五日午前十一時半，爲在東華大堂開標日期；變賣產業簡章，則由總理擬定，送由善會核妥發還實施。葉蘭泉和議，全體通過。

最後，關於該院藥物問題，何主席發表謂：「現在中藥價貴，且

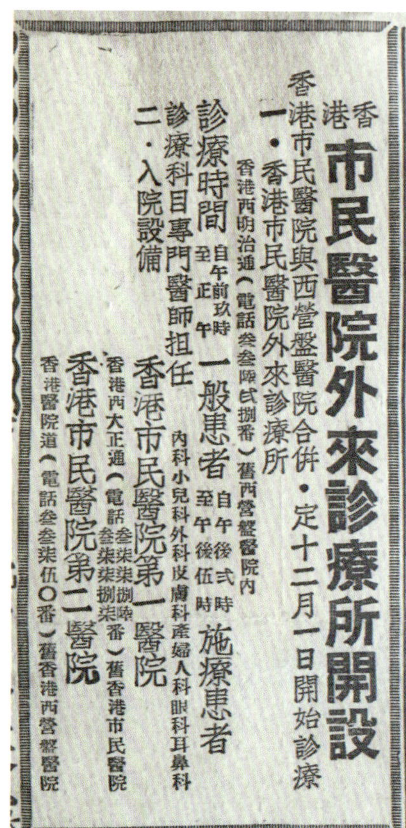

香港 市民醫院外來診療所開設

香港市民醫院與西營盤醫院合併・定十二月一日開始診療

一・香港市民醫院外來診療所
香港西明治通（電話叁叁陸弍捌番）舊西營盤醫院內

診療時間 自午前玖時至正午 一般患者 自午後弍時至午後伍時 施療患者

診療科目專門醫師担任 內科小兒科外科皮膚科產婦人科眼科耳鼻科

二・入院設備

香港市民醫院第一醫院
香港西大正通（電話叁柒柒捌陸叁柒柒捌柒番）舊香港市民醫院

香港市民醫院第二醫院
香港醫院道（電話叁叁柒伍〇番）舊香港西營盤醫院

一九四三年十一月三十日，報章報道西營盤醫院與舊香港市民醫院（原那打素醫院）合併為香港市民醫院。

香港市民醫院（原香港西營盤醫院）的耳科診察券，一個月內有效。

▼一九四四年十二月三十一日，《華僑日報》刊載了總督部醫院公佈的診療、治療、留醫及藥物收費，亦包括牙科。

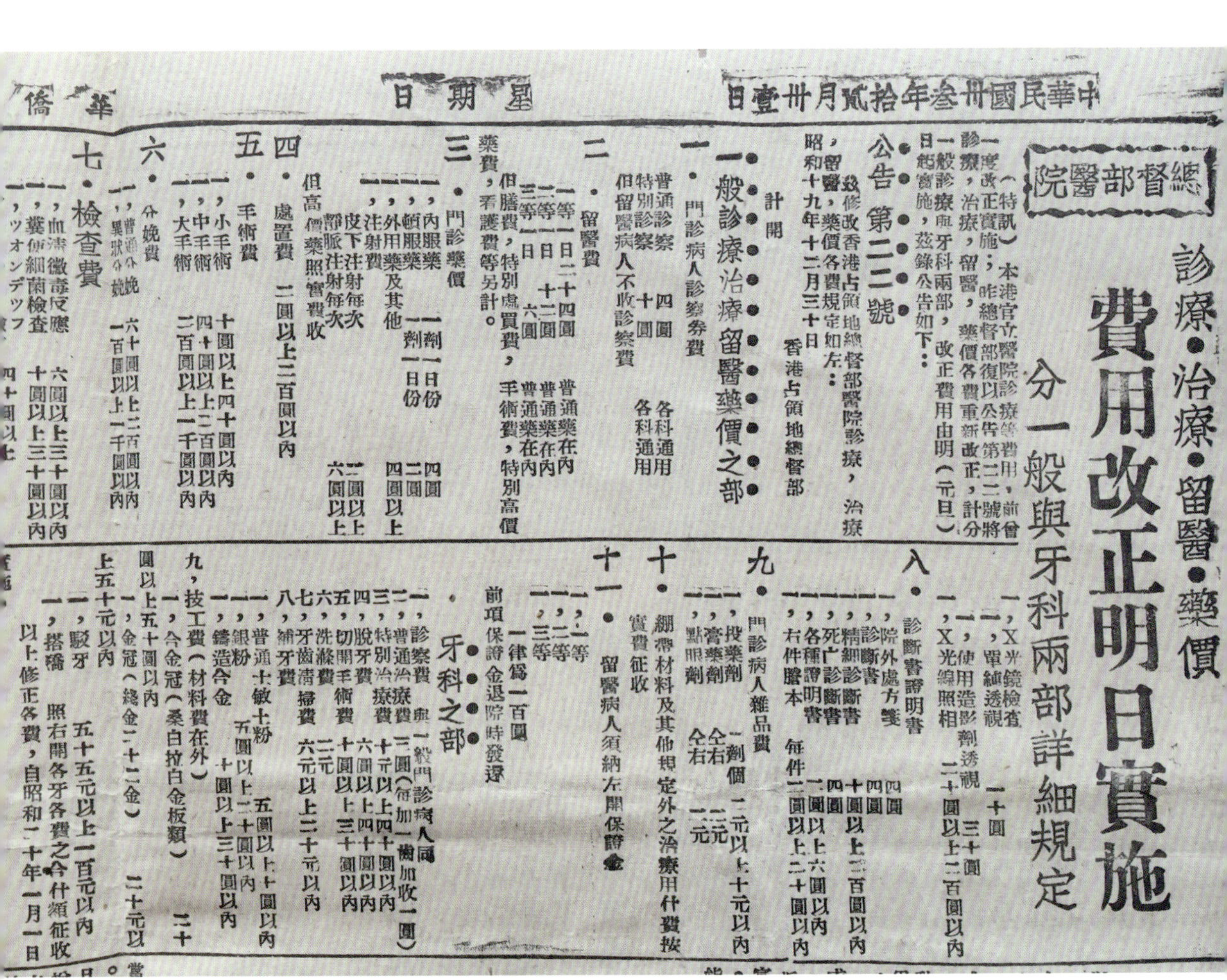

中華民國卅叄年拾貳月卅壹日　星期日　華僑

總督部醫院

診療・治療・留醫・藥價

費用改正明日實施

分一般與牙科兩部詳細規定

（特訊）本港官立醫院診療等費用，前曾一度改正實施；昨總督部復以公告第二二二號將診療，治療，留醫，藥價各費重新改正，計分一般診療與牙科兩部，改正費用由明（元旦）日起實施，茲錄公告如下：

●●●●●公告第二二二號●●●●●

茲修改香港占領地總督部醫院診療，治療，留醫，藥價各費規定如左：

昭和十九年十二月三十日　香港占領地總督部

計開

●●●●●一般診療治療留醫藥價之部●●●●●

一・門診病人診察券費
普通診察　四圓　各科通用
特別診察　十圓　各科通用
但留醫病人不收診察費

二・留醫費
一等一日　二十四圓　普通藥在內
二等一日　十二圓　普通藥在內
三等一日　六圓　普通藥在內
但膳費，特別處買費，手術費，特別高價藥費，看護費等另計。

三・門診藥價
一，內服藥　一劑一日份　四圓
一，頓服藥　一劑一日份　二圓
一，外用藥及其他　四圓以上
一，注射費
皮下注射每次　二圓以上
靜脈注射每次　六圓以上
但高價藥照實費收

四・處置費　二圓以上二百圓以內

五・手術費
一，小手術　十圓以上四十圓以內
一，中手術　四十圓以上二百圓以內
一，大手術　二百圓以上一千圓以內

六・分娩費
一，普通分娩　六十圓以上二百圓以內
一，異狀分娩　一百圓以上一千圓以內

七・檢查費
一，血清徵毒反應　六圓以上三十圓以內
一，糞便細菌檢查　十圓以上三十圓以內
一，ツオンデツフ　四十圓以上

入・診斷書證明書
一，院外處方箋　四圓
一，診斷書　四圓
一，精細診斷書　十圓以上二百圓以內
一，死亡診斷書　四圓
一，各種證明書　二圓以上六圓以內
一，右件謄本　每件二圓以上二十圓以內

一，X光鏡檢查
一，單純透視　一十圓
一，使用造影劑透視　三十圓
一，X光線照相　二十圓以上二百圓以內

九・門診病人雜品費
一，投藥劑　一劑一個　二元以上十元以內
一，膏藥劑　仝右　一二元
一，點眼劑　仝右　一元

十・綳帶材料及其他規定外之治療用什費按實費征收

十一・留醫病人須納左開保證金
一，一等
一，二等
一，三等
一律為一百圓
前項保證金退院時發還

●●●●牙科之部

一，診察費與一般門診病人同
一，普通治療費　三圓（每加一齒加收一圓）
三，特別治療費　十元以上四十圓以內
四，脫牙費　六圓以上四十圓以內
五，切開手術費　十圓以上三十圓以內
六，洗滌費　二元
七，牙齒清掃費　六元以上二十元以內
八，補牙費
一，普通士敏士粉　五圓以上十圓以內
一，銀粉　五圓以上二十圓以內
一，鑄造合金　十圓以上三十圓以內
九，技工費（材料費在外）
一，合金冠（桑白拉白金板類）　二十圓以上五十圓以內
一，金冠（總金二十二金）　二十元以上五十元以內
一，駁牙　五十五元以上一百元以內
一，搭橋　照右開各牙各費之合什類征收
以上修正各費，自昭和二十年一月一日

夜香行業

現今家家戶戶的廁所都設有抽水坐廁，以前稱為「馬桶」。回想起半世紀之前，衞生設備欠佳的年代，馬桶是每個家庭的必需品。

倒夜香是倒糞的委婉語，倒夜香出現於舊式唐樓社會，無論在鄉村或城市住宅地方，有人的地方就有排泄物產生，沒有抽水馬桶廁所，就要使用痰盂盛載，然後把排泄物倒進屎塔或馬桶，又稱為「夜香筒」，上蓋密封，等待晚上屎車來收集夜香。清潔工人多數是女工，稱為夜香婦，他們用毛巾包鼻，逐家逐戶拍門叫「倒夜香」。

每天晚上，市民會把盛滿排泄物的馬桶放在門外、樓梯轉角處等，讓夜香婦用擔挑挑到街上，然後倒進屎車運走。當時，政府還規定倒馬桶的時間是每晚十二時至翌日早上六時，由於該段時間屬於「夜」闌人靜的時候，「香」則是指臭氣沖天的糞便，令人十分厭惡，「夜香」這種幽默的相反語，配合了當時上海流行的李香蘭名曲《夜來香》，十分逗趣。

在化肥還未普及的年代，廣東珠江三角洲一帶的農耕事業，對以糞便為主的有機肥料需求極大，因此，業者每晚都要收集糞便運至港九兩岸的碼頭，再轉運售與內地。夜香肥料價值絕不便宜，加上其顏色，夜香又有一俗名為「黃金」，當時更曾有數次新聞報道有夜香被盜。

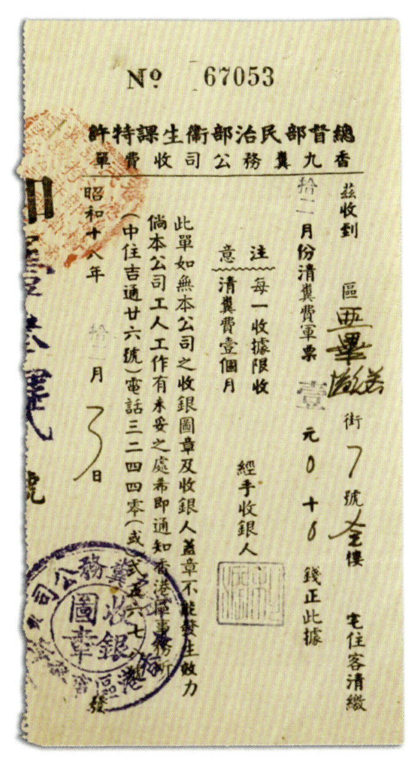

No 67053

總督部民治部衛生課特許
香九糞務公司收費單

茲收到　區　街 7 號 全樓 住客清繳
拾二月份清糞費軍票 壹 元 0 十 0 錢正此據

注意　每一收據限收清糞費壹個月

經手收銀人

此單如無本公司之收銀圖章及收銀人蓋章不能發生效力倘本公司工人工作有未妥之處希即通知香港區事務所(中住吉通廿六號)電話三二四四零(或二五六七……)

昭和十八年 拾二 月 3 日

◀ 一九四三年十二月，香九糞務公司清糞費單據，上面蓋有香港區事務所收銀圖章，收費為一元軍票。

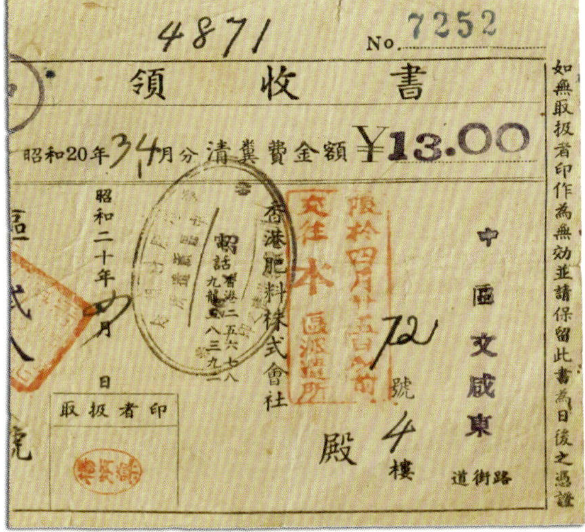

4871　No. 7252

領收書

昭和20年3/4月分清糞費金額 ¥13.00

中區文咸東道街路 4 樓 72 號 殿

昭和二十年 四 月　日

香港肥料株式會社

取扱者印

如無取扱者印作為無効並請保留此書為日後之憑證

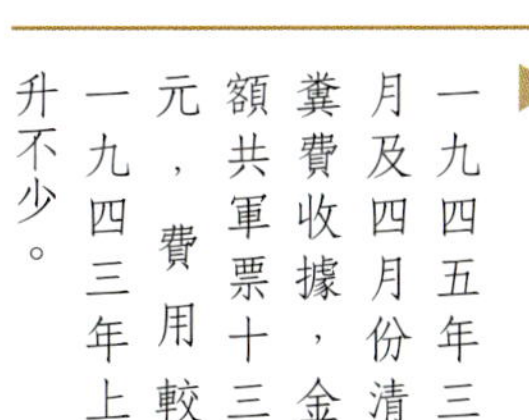

▶ 一九四五年三月及四月份清糞費收據，金額共軍票十三元，費用較一九四三年上升不少。

交通與通訊

古老的交通工具：人力車

「人力車」，顧名思義，是用人力來拉動的車子。它又稱作「黃包車」、「東洋車」、「車仔」等。一般有兩個輪子，上面有座位，可坐一至二人，由一個車伕在前面拉行。人力車起源於 19 世紀明治時代的日本，很快便成為了普遍的交通工具，並傳入東南亞及香港，故又稱為「東洋車」。人力車傳入中國以後，上世紀初因為在上海租界規定人力車必須漆成黃色，所以後來被稱作「黃包車」。

人力車從日本傳入香港後，很快就成為轎子與山兜以外一種新興的大眾化交通工具。這種代步工具只需一個人操作，車身細小靈活，乘坐舒適方便，行走起來較轎子快速得多，同時車費又廉宜，因此很快便廣泛流行起來，成為重要的公共交通工具。在 1930 年前後，人力車的收費，比當時乘出租汽車便宜，車資是每十分鐘一毫，半小時二毫，一小時三毫，一小時以上的，每小時另計。

全盛時期，香港人力車數量多達 3,000 輛，車伕約有 8,000 名。20 世紀初，因香港開始有電車和巴士，人力車漸漸減少。到了 1930 年代，港人漸漸富裕起來，私家車開始流行，富有人士便紛紛購置私家車代步。同時，巴士和電車又成為大眾化的交通工具，人力車的需求大幅下降。

香港淪陷時期，大部分的運輸工具多遭戰火摧毀或被日軍充公為軍用物資，民用的已所剩無幾。當時燃料嚴重短缺，公共交通工具如巴士、電車等服務不足，經常停駛，加上收費並非便宜，於是式微了的人力車和三輪車又再普及起來，成為日佔時期的主要交通工具。當時，馬車和自行車亦風行一時，在香港島出現了載客的單車、三輪車，以及由載貨手推車加上座椅和頂蓬而成，可坐二至六人的載人手推車，沿電車路線行走西環至銅鑼灣一帶。在九龍半島，則曾經出現過馬車作為公共交通工具，行走於彌敦道一帶。其中較多居民使用的是人力車，根據 1942 年的統計，市面上行走的人力車共有八百多部，收費以分段計算。日佔政府為了方便管理，把戰前的人力車店統一管理，成立「香九人力車業組合」。在 1942 年年底，「馬車服務公司」亦開始在九龍提供馬車服務，但到了日佔末期，此項服務終因馬匹短缺而被迫結束。

一九二〇至一九三〇年代在中環運作的轎子。

▼一張在一九四四年八月的「香九人力車業組合」費用收條的正面（左圖）及背面（右圖）。二十輛人力車十天的收費為軍票三十六元，平均每輛每天收費的金額為十八錢。從背面可見這收條是印在廢棄的保險單據上，反映出當時物資嚴重短缺，紙張要回收循環使用。

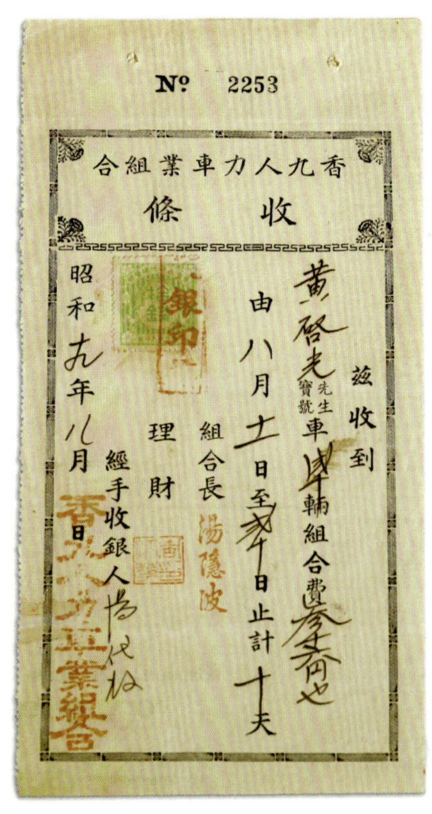

№ 2253

香九人力車業組合

收條

茲收到

黃啓光先生寶號車廿輛組合費叁拾陸元也

由八月十一日至廿日止計十天

組合長 湯隱波

理財

經手收銀人

昭和十九年八月

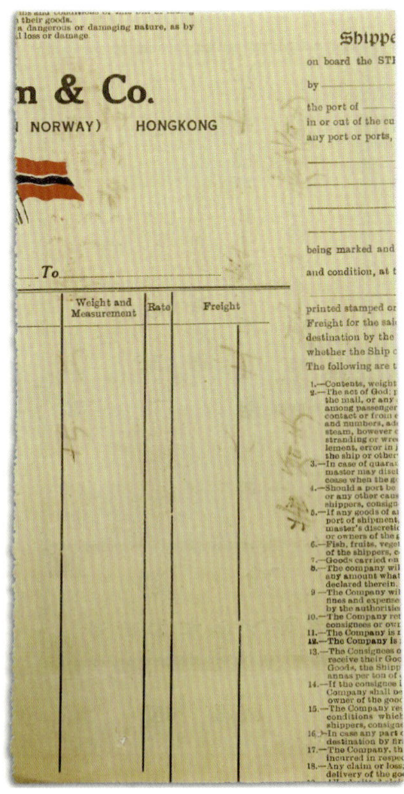

在機動車尚未普及的三十年代，人力車是香港主要的交通工具之一，尤其是在日佔時期。六十年代以後，其交通工具的功能逐漸被巴士及電車所取代，現在主要是在觀光景點使用。

令人鍾情的電車

香港淪陷後，日人即設法盡快恢復公共交通運輸。其中電車因在守衛戰中大多駛回總廠，受戰火破壞較少，加上電車車廂不能改作別的用途，故此因戰火而損毀的電車在修理後即可行走。1942 年初，日軍成立「電車事務所」，用以取代之前的「香港電車有限公司」。日軍又發出通告，勸喻電車工人復工，故此電車很快便能局部恢復行駛，但全線通車還是要等到 1942 年中才能實現。

戰時許多街道都受到轟炸，受破壞的程度不輕。軍政府命令工人修復街道路面。到了 1942 年 2 月，電車已經可以從銅鑼灣經上環街市行駛至堅尼地城了。當時行走的電車共有三十多輛。東行的一段路面在北角附近受破壞較多，修復進度較慢。到了年中，才可駛至筲箕灣。在日間，平均有 50 輛電車川流不息地行駛，行車密度大約為每六至十分鐘一班。當時很多人已經歸鄉，市面百業蕭條，市民了無生計，留港的居民不會輕易乘搭電車，因為這可説是浪費金錢的奢侈事了。

電車的行駛時間由上午七時至下午七時，後來還延長到晚上十時。最初的票價跟戰前的差不多。後來因為通脹加劇，電車票價一直升至頭等 20 元，三等 10 元。也有出售類似月票的「回數券」，頭等 3 元 60 錢和三等 2 元 10 錢。總的來説，電車是受戰爭影響最小的交通工具，然而，電車常因損毀和失修，不時停駛。同時由於零件供應斷絕，至日軍投降時，行走的電車數目已經由戰前的一百多輛鋭減至 15 輛。

日佔時期軍用明信片，可見電車行經中環德輔道中，右方為英皇大酒店，左方為東亞銀行大廈。

一九四〇年代，灣仔軒尼詩道電車東行線正進行路軌維修工程。

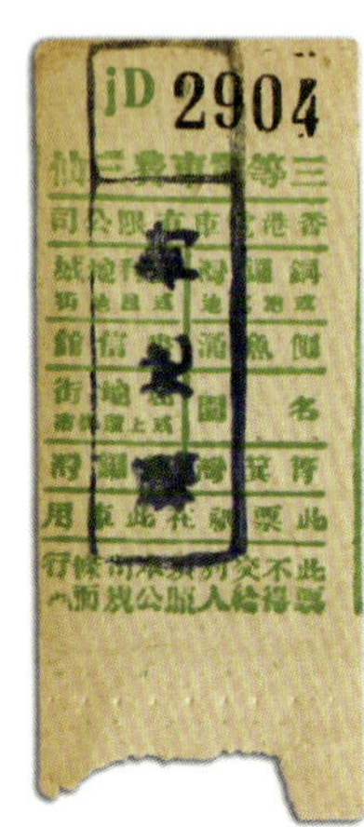

兩款日佔時期三等電車車票，上面加蓋了站名。

一九四〇年代，電車行經灣仔軒尼詩道，圖右方為大三元酒家。

兩款日佔時期三等電車車票，被改為頭等並加蓋站名。

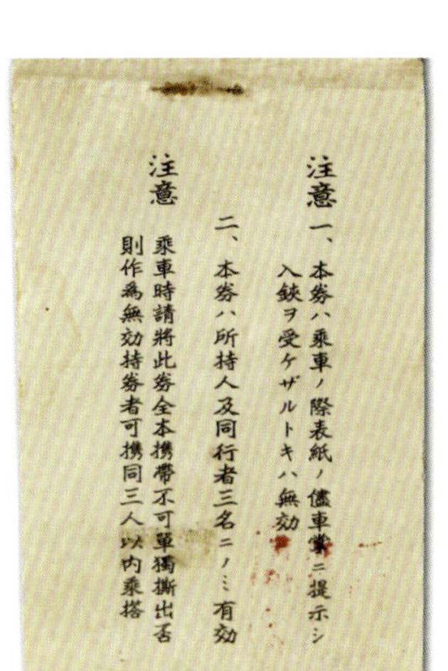
注意
一、本券ハ乘車ノ際表紙ノ儘車掌ニ提示シ入鋏ヲ受ケザルトキハ無効
二、本券ハ所持人及同行者三名ニノミ有効

注意
乘車時請將此券全本携帶不可單獨撕出否則作爲無効持劵者可携同三人以內乘搭

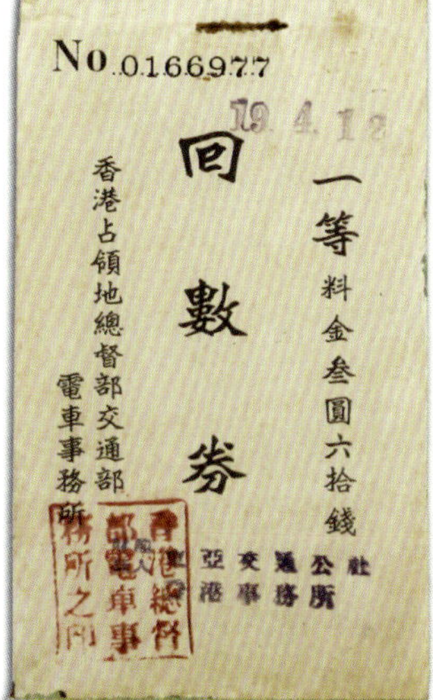
No.0166977
19.4.12
一等
料金叁圓六拾錢
回數券
香港占領地總督部交通部電車事務所

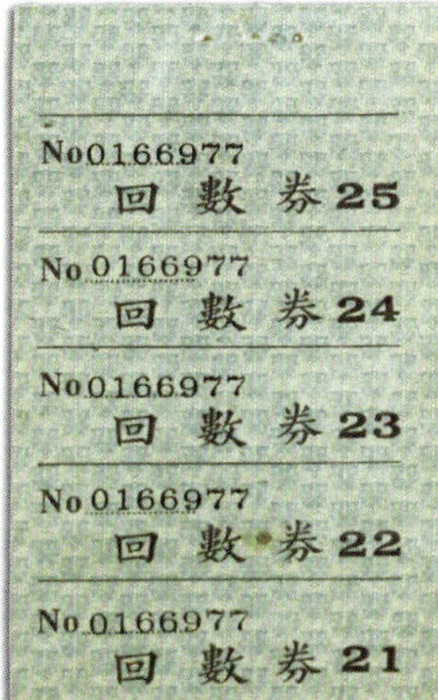

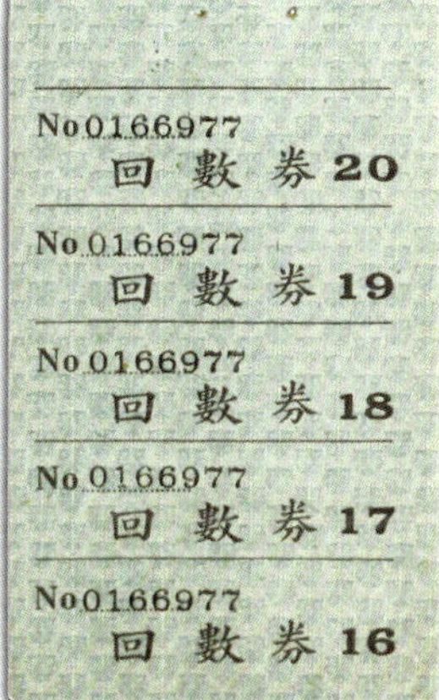

日佔時期電車頭等「回數券」，每次使用一格，直至用完為止。持票者可最多攜同三人一同乘車。

巴士的滄桑

歷史背景

香港在淪陷前已有不少公共巴士行走，在1920年代，香港有多家巴士公司，包括九龍汽車公司（九巴）、啟德汽車公司、中華汽車公司（中巴）、香港仔街坊汽車公司、香港大酒店汽車公司等等。1933年6月，港府實行地區專利權，港島路線由中巴經營，九龍及新界路線則由九巴經營。日本攻佔香港時，很多交通工具都被戰火摧毀，日本當局更將全港的巴士、的士、貨車等充公掠走，或運到外地給日軍使用，成為了軍用物資；其餘車輛則撥歸由運輸業商人組成的「香港自動車運送會社」，以圖集中控制車輛數目，提供有限度的公共交通服務。自1942年起，香港電車、山頂纜車及天星小輪亦逐漸投入有限度的服務。九廣鐵路則於1943年恢復通車。巴士服務雖然在1942年初開始有限度恢復，但是行駛的範圍和班次顯然無法與戰前相比。此外，當時的車費非常昂貴，到了日佔後期，巴士票價更漲至軍票十多元。在捉襟見肘的淪陷時期，市民乘搭交通工具始終是一件「奢侈」的事。

日佔時期的巴士服務

由於大部分巴士受戰火毀壞或被徵用、掠走，行走的巴士只有寥寥數十輛，數量一直供不應求，路線因此大減。此外，在淪陷時期，巴士服務往往會因燃料供應短缺而影響班次或陷入癱瘓。1943 年，為節省燃油，九龍巴士公司便縮減巴士行走班次，同時又縮短行車路線。日佔交通部亦游説市民多利用人力車、腳踏車、三輪車、電車等。由於班次減少，服務又不穩定，加上巴士載客之餘亦兼載貨物，因此車上非常擁擠。巴士公司除了向政府申請燃油外，還須自行搜購。可是，當時巴士公司可用的燃油只能維持數月的服務而已。為解決問題，政府曾經研究將巴士的柴油發動機改裝為電油發動機使用。1943 年年底，燃油短缺問題持續惡化，往來九龍、新界的巴士被迫停駛，市民只有徒步、踏單車或坐火車往返兩地。從上述情況看來，巴士顯然不是日佔時期的主要交通工具。

九龍至新界間
巴士恢復問題
交通當局有短期核准可能

（本報特訊）九新間巴士自停駛迄今，已告三個多月，其間新界方面居民凡欲來港者惟有以步伐代巴士，或乘搭火車，或脚踏車而已，如若乘搭火車來往交通，猶可不受硬阻消耗時間，但如改乘單車三輪車或步行，則交通遲緩尤甚，故爾來新界居民欲來港賣買商品洋雜或携帶雜粮入港者，殊感不便。香九乘合自動車會社當局爲謀本公司之發展，及爲維持新九最低限度巴士交通，以利來往九新間居民公衆之利便計，最近曾擬定計劃，恢復行走九新大埔間之巴士路綫，并呈請交通當局核准，頃聞交通當局，刻在積極審查恢復此路綫之實情，及其影响，已令櫻井課員主理是項工作。據記者從各方面探悉，各界對恢復該段巴士路綫，聆望甚殷，交通當局近鑒于九新間巴士恢復行駛後，對於促進市面之繁榮，雖有莫大關係，惟因巴士燃料之供應問題，尚值得考慮，故對于恢復是條巴士綫之處理問題，至爲愼重，惟依照實情據探詢有關當局之意向，則將有短期內恢復巴士通車之可能云。

▲一九四四年二月七日，《香港日報》報道九龍至新界計劃恢復巴士行走。

▲ 一九三〇年代，人力車後為九龍尖沙咀碼頭前行走的巴士。

◀ 日佔時期彌敦道上行走的巴士，位置在現今的九龍公園附近。

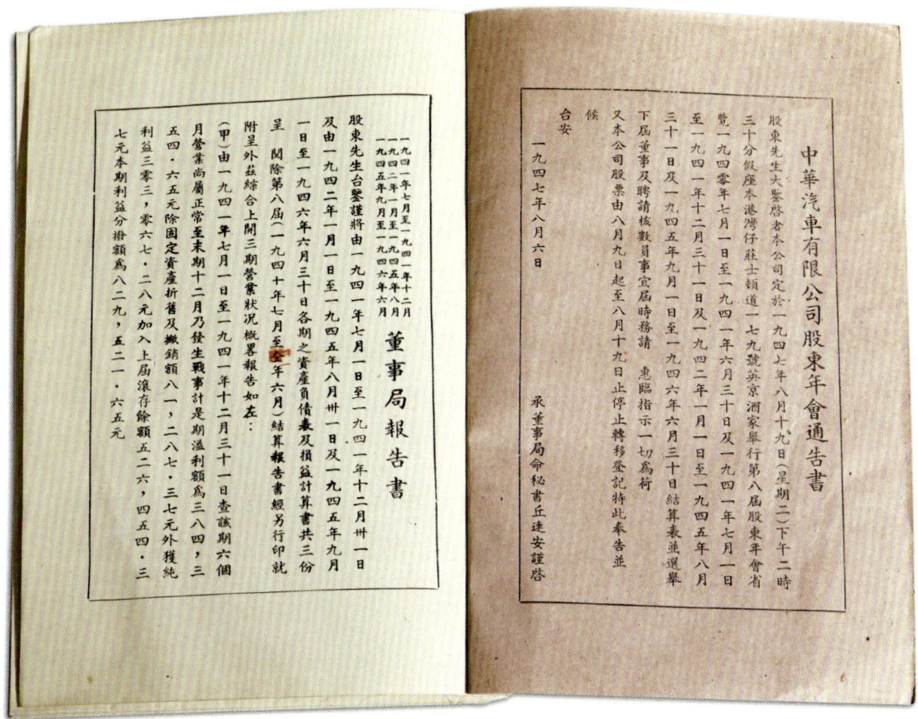

中華汽車有限公司股東年會通告書

股東先生大鑒啓者本公司定於一九四七年八月十九日(星期二)下午二時三十分假座本港灣仔莊士頓道一七九號英京酒家舉行第八屆股東年會省覽一九四零年七月一日至一九四一年六月三十日及一九四一年七月一日至一九四一年十二月三十一日及一九四二年一月一日至一九四五年八月三十一日及一九四五年九月一日至一九四六年六月三十日結算表並選舉下屆董事及聘請核數員事宜屆時務請 惠臨指示一切爲荷又本公司股票由八月九日起至八月十九日止停止轉移登記特此奉告並候

台安

承董事局命秘書丘連安謹啓

一九四七年八月六日

董事局報告書

一九四一年七月至一九四一年十二月
一九四二年一月至一九四五年八月
一九四五年九月至一九四六年六月

股東先生台鑒謹將由一九四一年七月一日至一九四一年十二月卅一日及由一九四二年一月一日至一九四五年八月卅一日及一九四五年九月一日至一九四六年六月三十日各期之資產負債表及損益計算書共三份呈 閱除第八屆(一九四十年七月至仝年六月)結算報告書經另行印就附呈外茲綜合上開三期營業狀況概畧報告如左:

(甲)由一九四一年七月一日至一九四一年十二月三十一日查該期六個月營業尚屬正常至末期十二月乃發生戰事計是期溢利額爲三八四,三五四·六五元除固定資產折舊及撇銷額八一,二八七·三七元外獲純利益三零三,零六七·二八元加入上屆滾存餘額五二六,四五四·三七元本期利益分撥額爲八二九,五二一·六五元

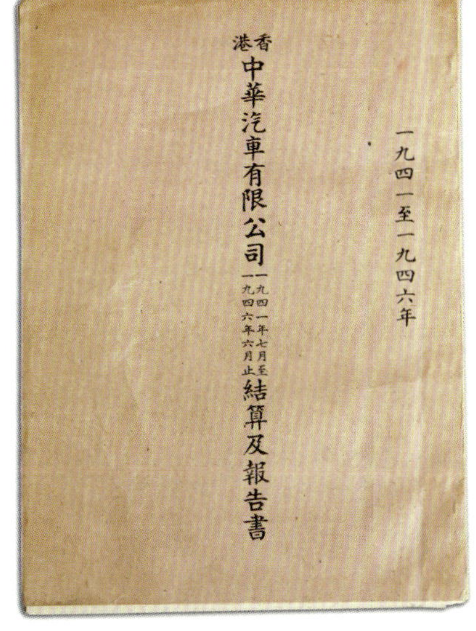

香港
中華汽車有限公司
一九四一年七月至一九四六年六月止
結算及報告書

一九四一至一九四六年

▲ 一九四七年香港中華汽車公司股東年會結算及報告書，內容提及巴士在淪陷時期的損毀嚴重。

渡輪服務

日軍攻擊港島前夕，英軍徵用多艘油麻地及天星小輪，鑿沉棄置在維多利亞港內，以堵塞航道，阻止日本軍艦駛近。戰爭期間，多艘天星小輪亦被擊沉，使天星小輪元氣大傷。其後香港淪陷，日軍強行徵用油麻地小輪「民覺號」及「民德號」行駛華南各地內河，結果兩船被擊沉擱淺。油麻地小輪的荃灣碼頭亦被炸毀，航線被迫停辦。

港內渡輪

港內渡輪服務在淪陷不久後即告恢復，來往中環和尖沙咀的航班首先重開。不過總督部取代原有的天星小輪公司，直接管理營運渡輪。1942 年 1 月，油麻地小輪公司派代表與政府協商復航事宜，日方雖同意復航，但要由總督部控制營運。同年 3 月，油麻地小輪恢復來往香港至深水埗及新界的航班。當時尖沙咀航線由總督部運作，而港內線和新界航線則由油麻地小輪公司經營。1943 年 5 月，油麻地小輪公司接辦尖沙咀的航線，而汽車渡輪則完全停航。由交通部支配的「香港通船組合」不久成立，專門負責管理日常的港內航運事宜。

日佔早期，香港尚有一百多萬人口，大量乘客每天來往港九兩地，尤以來往中環和尖沙咀的航線為甚。該航線每 20 分鐘一班，每天約有數萬人乘搭。由於航行港九兩地的渡輪數目有限，加上巴士經常停駛，渡海乘客眾多，所以渡輪上往往擁擠不堪。日佔政府曾發告示禁止市民攜帶大量貨物上船，以免渡輪超載。1944 年 6 月，港內線的小輪實施「拍拖」措施，即一艘小輪拖引另一艘小輪行駛，藉以增加載運量。

除往返維多利亞港兩岸的渡輪復航外，港外航線亦陸續恢復運作，包括元香港（香港仔）至赤柱的航線服務。1944 年初，渡輪因燃料短缺而縮減班次。某些航線在大幅加價之餘，一星期只能航行兩天到四天。此外還有不少載運客貨的帆船來往港九及新界各地，以助運輸。

離島及新界渡輪

日佔時期，油麻地小輪公司亦提供行駛香港島至大嶼山和長洲的離島航線，以及來往香港與新界地區的渡輪服務。恢復開辦的航線包括「長洲」航線和「大澳」航線，兩線沿途並接駁其他島嶼，如長洲線接駁坪洲、梅窩；大澳線接駁青山。

當時大澳是香港漁產的重要地點，對香港的糧食供應非常重要。同時青山和元朗一帶亦是農業生產地點，農產品須運往港九兩地的市場出售，因此運載漁農業產品便成了大澳航線的主要功能。為了迎合貨運需要，每次大澳航班前往香港時，都會拖帶船隻，以增加載貨量。不過，來往香港與新界的渡輪曾因燃料短缺而停航一段時間。

省港澳航運

其他前往澳門及廣東附近的內河輪船服務，在日佔初期亦陸續恢復通航。「粵／澳」航線包括由「內河運營組合」營運，來往澳門、廣州、江門及廣州灣的航線，航行的輪船有「嶺南丸」、「福海丸」、「白銀丸」、「南海丸」、「海珠丸」等。但到了日佔末期，這些航線因燃料缺乏而相繼停航。

香九去貨亦然・由輪渡運至青山起卸後・即由四輪貨車曳赴元朗・貨物往還・並無若何不便之處・至於香港長洲梅窩一線小輪・最近搭客亦增至二百人以上・梅窩方面・且有應節柚子運港供應云（

旺角碼頭 兩便使用 便利上落

（特訊）九龍方面巴士暫停後・交通上雖有馬車人力車三輪車單車等交通工具爲代・交通情形不受影響・惟是所有九龍城深水埗旺角之居民・早晚返工放工・因時間關係・原日多乘巴士至尖沙咀・乘船渡海・現因暫無巴士可乘・彼等居於遠處之人・以金錢與時間問題不易解決・蓋步行則需時甚久・而乘車則每天需一元八角・負担過重・不得不改乘旺角或深水埗小輪渡海・因而該兩航綫乘客大增・每船開行均告滿載・在返工與放工時間情形尤見擠擁・連日一届四時半至七時・乘客渡海即須在統一碼頭排列長龍・依次入

▲報章報道由於巴士停駛，以致很多市民改乘小輪渡海，令渡輪乘客大增，在上下班時間更甚。

▶一九二〇至三〇年代，來往尖沙咀與中環碼頭的天星小輪。

CHE.SHUI.CHOY..No21.
香港尖沙咀

Kowloon Ferry

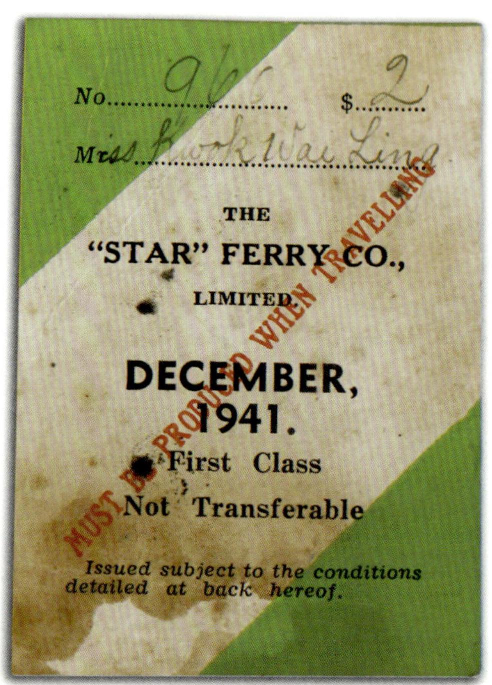

◀ 一九四一年十二月的天星小輪頭等月票，售價為兩元。日軍在一九四一年十二月八日開始進攻新界及九龍。天星小輪仍決定冒着炮火，將渡輪服務維持至十二月十二日十時正，以疏散九龍半島的難民到港島。

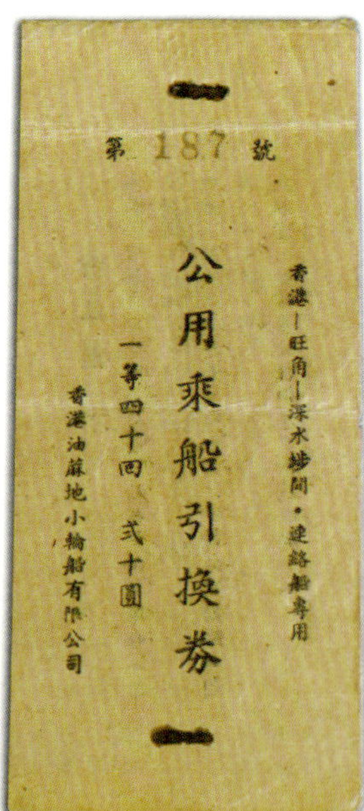

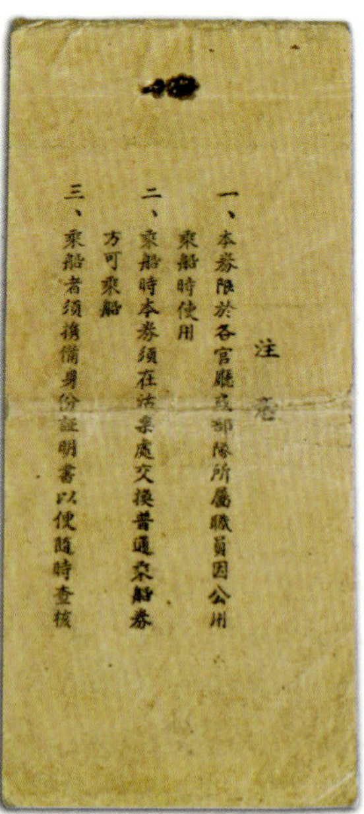

◀ 油麻地小輪公司提供的「公用乘船引換券」，只限各官廳或部隊所屬職員因公時使用，可以來往香港、旺角及深水埗。頭等每張四十回，售價二十元。

香港通船組合事務所啟事，列出港內各航線的時間及收費。

啟事

香港通船組合常備船隻來往山等地每天由上午七時至下午弍時為開行時間同時荔枝角元香港荃灣青山等地亦每天由上午七時至下午弍時開行返港輪流對開香港方面各線由平安碼頭開行九龍方面各線由四方街碼頭開行本港內各線在瓊山碼頭開行凡欲付貨者請留意焉・

運費

航線	每担	客每位
香港至元香港	壹円	伍拾錢
香港至荃灣	壹円	伍拾錢
香港至青山	壹円弍拾錢	捌拾錢
香港至荔枝角	捌拾錢	伍拾錢
九龍至元香港	壹円	伍拾錢
九龍至荃灣	壹円	伍拾錢
九龍至青山	壹円弍拾錢	捌拾錢
九龍至荔枝角	壹円	伍拾錢
香港至九龍	弍拾伍錢	

香港通船組合事務所啓

地址：香港中件吉通港務局對面

電話叁叁柒陸弍

一九四三年九月八日，由於巴士停駛，為了疏導貨運，通船組合增加元朗經汲水門至香港的航線。

利用通船航元朗等線代巴士輸送客貨來往

通船組合訂定貨脚公價劃一執行

（特訊）行駛香九各線巴士由本月五日起暫停行走後・交通當局為維持九龍方面交通計・特在本港抽出人力車百輛・調往九龍・而香港通船組合指定之正式港內通船・有關當局亦為適應現時交通計・盡量利用・藉以在管區內各地輸送客貨・俾本港與各地間之各項糧食・圓滑供給・查從前元朗・荃灣・元香港各地來港貨客・皆藉巴士輸送・惟現各線巴士暫停行駛・故將來各線貨客與本港聯絡・將盡量利用通船輸送・但通船指定在港內航行・以不出西便港口汲水門為限・惟以水路前往元朗之航線・須經汲水門・港務當局有見及此・特准懸有通船組合發給旗幟之正式通船經由汲水門而航行元朗線・此事已由港務局向主管方面呈請中・至于荃灣及元香港兩綫・無須經由汲水門之正式通船可以自由航駛・因行駛各線巴士暫停・今後正式通船對各線貨客之輸送當佔重要地位・通船業務・實方興未艾也・關于通船代客運輸貨物所收傭脚・組合方面為使劃一起見・特規定傭脚公價・凡由某地至某地每担或每件貨物應收運費若干・均有詳細規定・茲錄于下：（九龍至香港及西環至筲箕灣傭脚相同）・

香港通船組合運輸脚價

（地點類別）九龍至香港 及 西環至筲箕灣

（脚價數目）

每籮二十五錢

每担二十五錢

每件（五十斤）二十錢

每包（一百八十斤）四十錢

每罐二十錢

（搬運）由大河船接駁至海旁或海邊接駁至船邊交收・每噸三円二十錢・

（租賃）照船牌計・每天每噸收費八十錢・

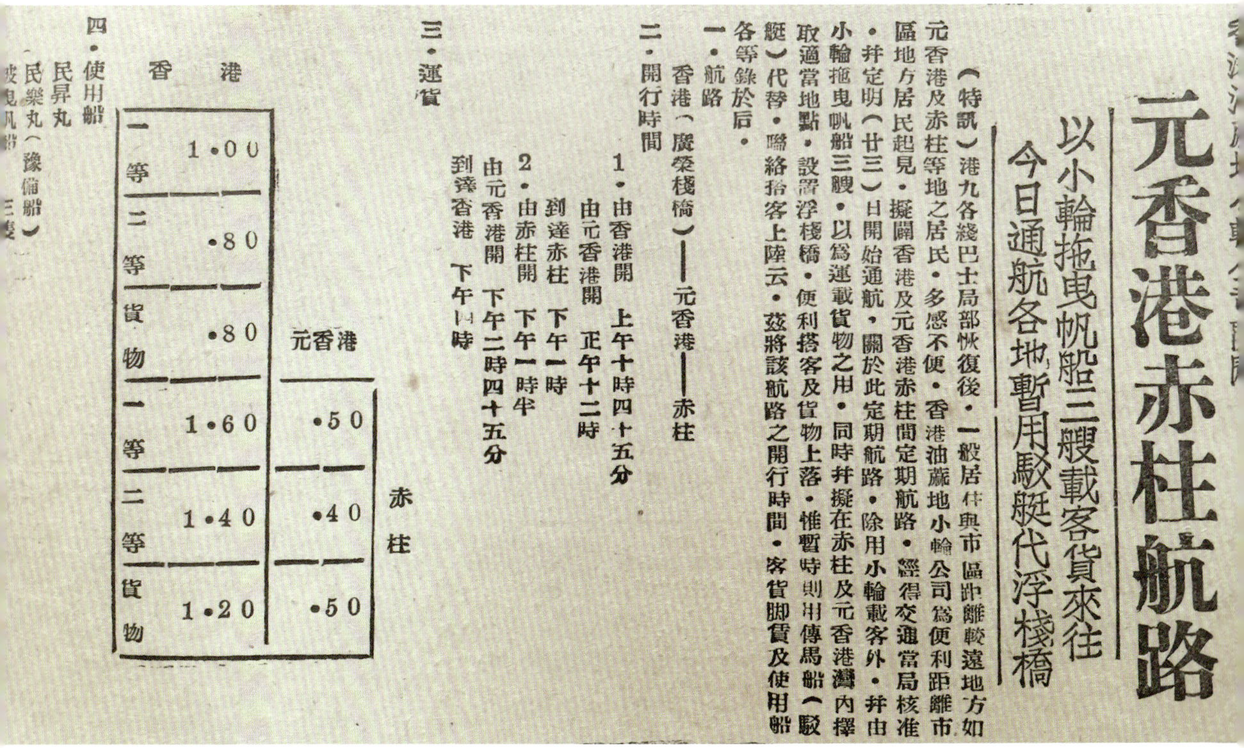

元香港赤柱航路

以小輪拖曳帆船三艘載客貨來往
今日通航各地暫用駁艇代浮棧橋

（特訊）港九各綫巴士局部恢復後，一般居住與市區距離較遠地方如元香港及赤柱等地之居民，多感不便，香港油蔴地小輪公司為便利距離市區地方居民起見，擬闢香港及元香港赤柱間定期航路，經得交通當局核准，并定明（廿三）日開始通航，關於此定期航路，除用小輪載客外，并由小輪拖曳帆船三艘，以為運載貨物之用，同時并擬在赤柱及元香港灣內擇取適當地點，設置浮棧橋，便利搭客及貨物上落，惟暫時則用傳馬船（駁艇）代替，聯絡搭客上陸云，茲將該航路之開行時間，客貨脚價及使用船各等錄於后：

一、航路

香港（廣榮棧橋）——元香港——赤柱

二、開行時間

1、由香港開　上午十時四十五分
由元香港開　正午十二時
到達赤柱　下午一時

2、由赤柱開　下午一時半
由元香港開　下午二時四十五分
到達香港　下午四時

三、運價

		香港	元香港
元香港	一等	1.00	
	二等	.80	
	貨物	.80	
赤柱	一等	1.60	.50
	二等	1.40	.40
	貨物	1.20	.50

四、使用船

民昇丸
民樂丸（豫備船）
拖曳帆船　三隻

▲ 一九四三年九月二十三日，由於港內交通需求量大，油麻地小輪增開香港、元香港（香港仔）及赤柱間航線，每艘小輪拖曳三艘帆船，以增加客運量，每天來回一班。

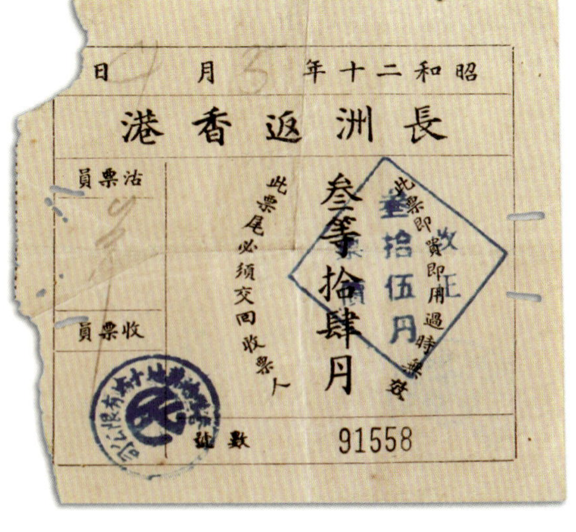

▶ 一九四五年三月，長洲往香港的油麻地小輪三等船票，價格由十四元加至三十五元。

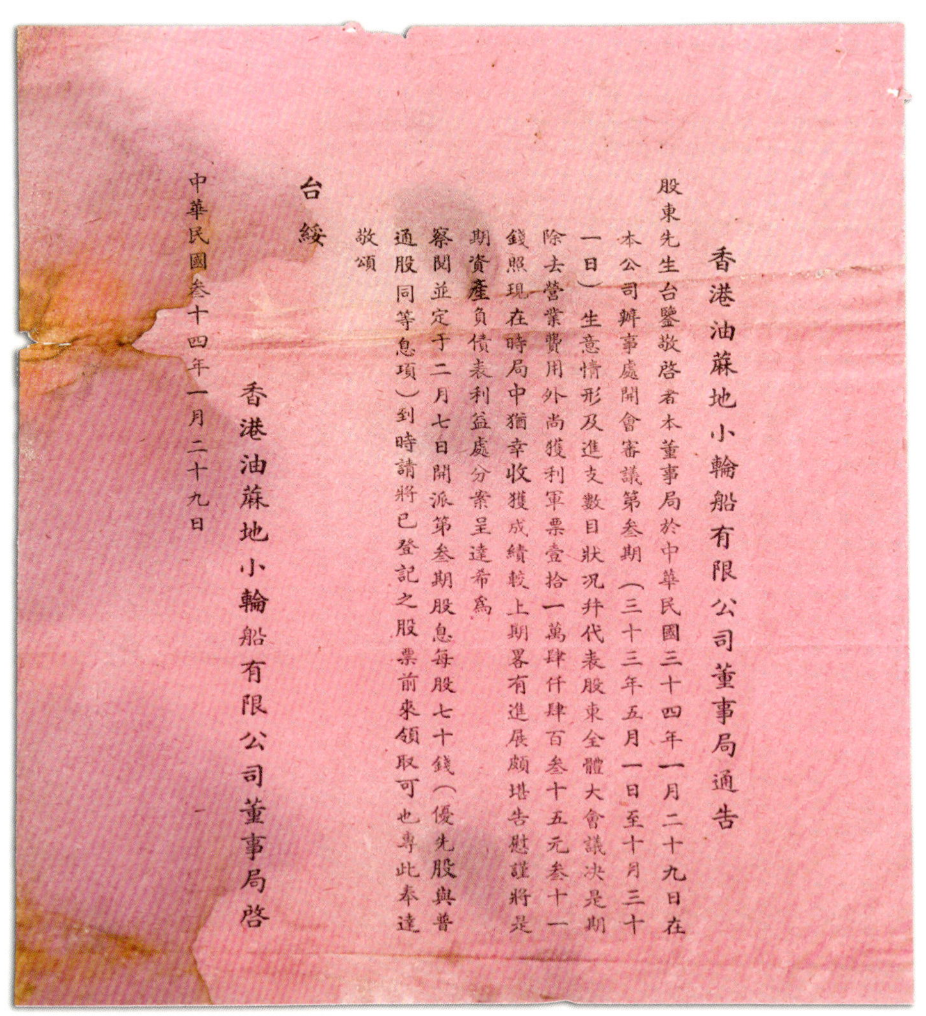

香港油蔴地小輪船有限公司董事局通告

股東先生台鑒敬啓者本董事局於中華民國三十四年一月二十九日在本公司辦事處開會審議第叁期（三十三年五月一日至十月三十一日）生意情形及進支數目狀況并代表股東全體大會議決是期除去營業費用外尚獲利軍票壹拾一萬肆仟肆百叁十五元叁十一錢照現在時局中猶幸收獲成績較上期畧有進展頗堪告慰謹將是期資產負債表利益處分案呈達希爲
察閱並定于二月七日開派第叁期股息每股七十錢（優先股與普通股同等息項）到時請將已登記之股票前來領取可也專此奉達
敬頌
台綏

香港油蔴地小輪船有限公司董事局啓

中華民國叁十四年一月二十九日

▲ 一九四五年一月二十九日，油麻地小輪公司股東通告，內容提到在這艱難時期，小輪公司在上個季度猶幸有十一萬多元盈利。

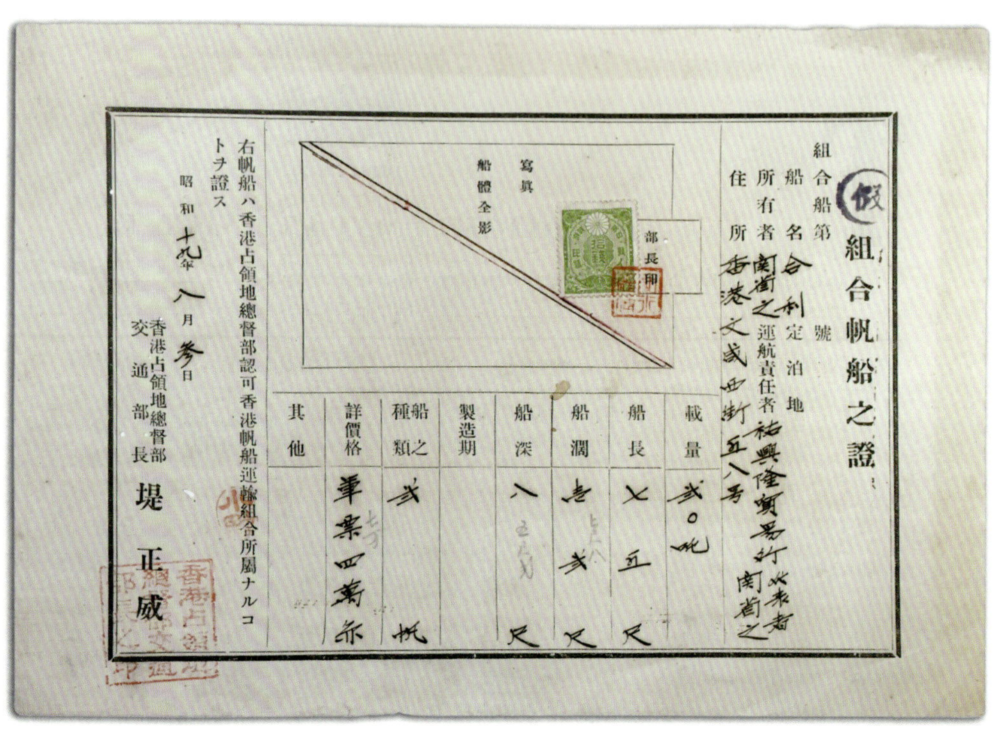

假

組合帆船之證

組合船第　號

船名　合利　定泊地

所有者　關省之　運航責任者　祐興隆貿易行　代表者　關省之

住所　香港文咸西街五八号

寫眞　船體全影

部長印

載量	船長	船闊	船深	製造期	船之種類	詳價格	其他
弐〇吨	七五尺	壱弐尺	八尺		弐帆	軍票四萬弗	

右帆船ハ香港占領地總督部認可香港帆船運輸組合所屬ナルコトヲ證ス

昭和十九年八月参日

香港占領地總督部交通部長　堤正威

▲由總督部交通部長發出的帆船認可證。

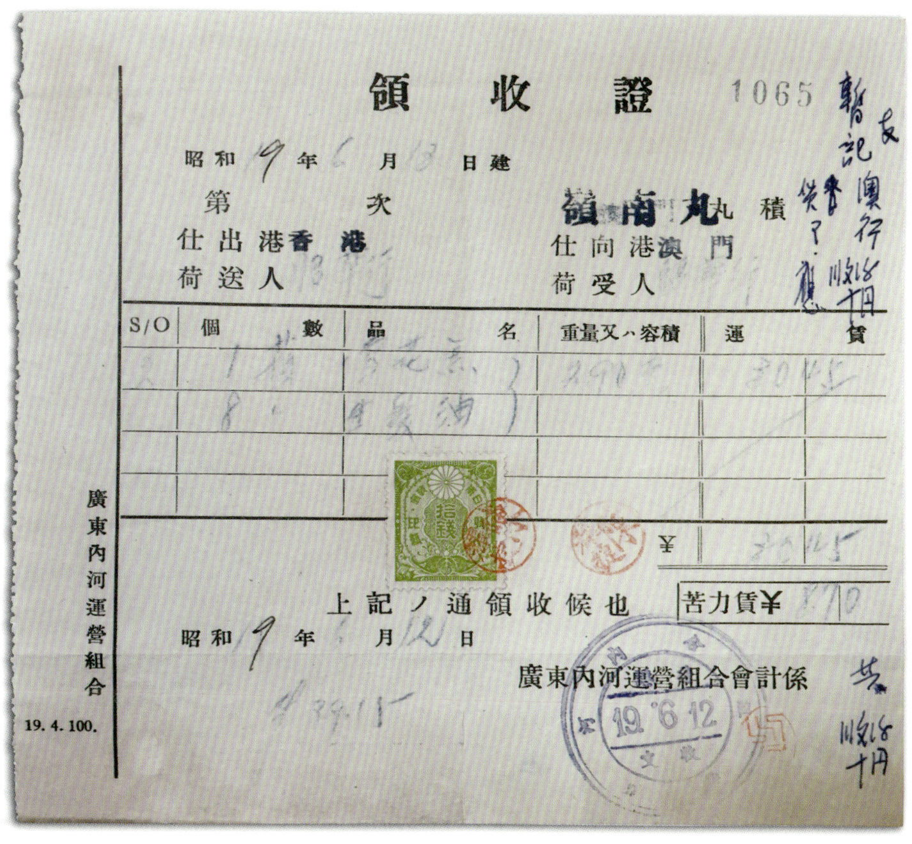

領收證 1065

昭和 9 年 6 月 日建

第 次 嶺南丸 丸 積

仕出港 香港

仕向港 澳門

荷送人

荷受人

S/O	個數	品名	重量又ハ容積	運賃
			¥	

上記ノ通領收候也

苦力賃¥

昭和 9 年 月 12 日

廣東內河運營組合會計係

廣東內河運營組合

19. 4. 100.

一九四四年六月，來往港澳輪船「嶺南丸」號的貨運收據。

郵政與電報

日佔郵政

淪陷期間，港幣不能流通使用，香港郵票當然也不例外，戰前的香港郵票被全面禁止使用，取而代之的是日本本土的郵票。要辨認哪些日本票曾在香港使用過，必須憑藉蓋銷的郵戳。1945 年 4 月，郵政局發行了一套日本票加蓋「香港總督部」改值郵票，這套加蓋郵票發行不足四個月後，日本便宣佈無條件投降，此後便停止使用。

國際間有一協定，就是任何國家如侵佔其他地方，必須提供俘虜對外通訊服務，由佔領國發出明信片或信封，並印上「俘虜郵便」（Sec des Prisonniers de Guerre）字樣，而內容必須公開，並且不能提及在集中營的生活，經檢查後蓋印方可寄出。至於親友要聯絡集中營中的俘虜，則可透過國際紅十字會，使用特有的明信片或信封通訊。由於這些日佔郵件見證了當時的歷史和政治，具備相當的收藏價值。

香港勝利和平郵票

戰後，香港發行了一套「勝利和平紀念」郵票以紀念香港光復。郵票的設計者，是日佔時期被囚於赤柱戰俘營內的兩位英籍公務員——香港郵政司榮鍾士（E.I.Wynne-Jones）及繪圖員鍾惠霖（William E. Jones），他們懷着「侵略者必有一天被打敗、香港終有一天重光」的信念，冒着被日軍發覺的危險，在集中營中共同設計郵票。郵票圖案主圖是英皇喬治六世，下面有熊熊烈火，兩旁是一對鳳凰，有鳳凰浴火重生的寓意，兩旁有中文「鳳鳥復興 漢英大和」八字，面值三角及一元兩枚。日本戰敗投降後，榮鍾士重獲自由並恢復郵政司一職。不過，對於這郵票的設計，有人曾提醒榮鍾士說：「漢英大和」中的「大和」一詞不妥，因「大和」亦指日本，此詞若出現在紀念和平的郵票上，勢必引起香港民眾反對，故建議改為「漢英昇平」。後來郵票設計即按此修改，並得到英皇批准印製發行。這套郵票原擬在抗日戰爭勝利、香港重光一週年的 1946 年 8 月 30 日發行，但當天是假日，因此提前一天，即 8 月 29 日發行。至於這個郵票的草稿，現珍藏在英女王伊利沙伯二世的「皇室郵集」中，在 1962 年的「香港郵票百年展覽會」中曾經亮相，在郵壇轟動一時。

香港電報

電報是最早使用電流進行通訊的方法，它以電流（有線）或電磁波（無線）作載體，通過編碼和相應的電流處理技術實現通訊。在 19 世紀末，英國商人即積極發展香港的電報網絡，成立大東電報局，為香港市民及工商界提供對外聯絡服務。日佔期間，日本帝國電報局接收大東電報局，成立香港電報局。二戰後，香港經濟高速起飛，電報為香港的工商業發展帶來不少貢獻。在電報最為流行的時期，上至大企業、大銀行，下至一般貿易公司、製衣廠，都擁有最少一台電報發送機。發電報要到電報局，讓工作人員將電報內容由文字轉換成阿拉伯數字的電碼，然後發放出去。電報是按通訊距離及字數收費，所以文字一定要精簡。

隨着通訊科技發展，傳真機的普及和電話網絡數位化以後，電報已不再是主要的通訊方法。80 年代開始，電報在香港逐漸式微。如今一般人已使用電腦、互聯網及手提電話來通訊。香港電訊盈科更於 2004 年元旦當日宣佈停止香港境內外所有電報服務，電報業從此畫上句號。

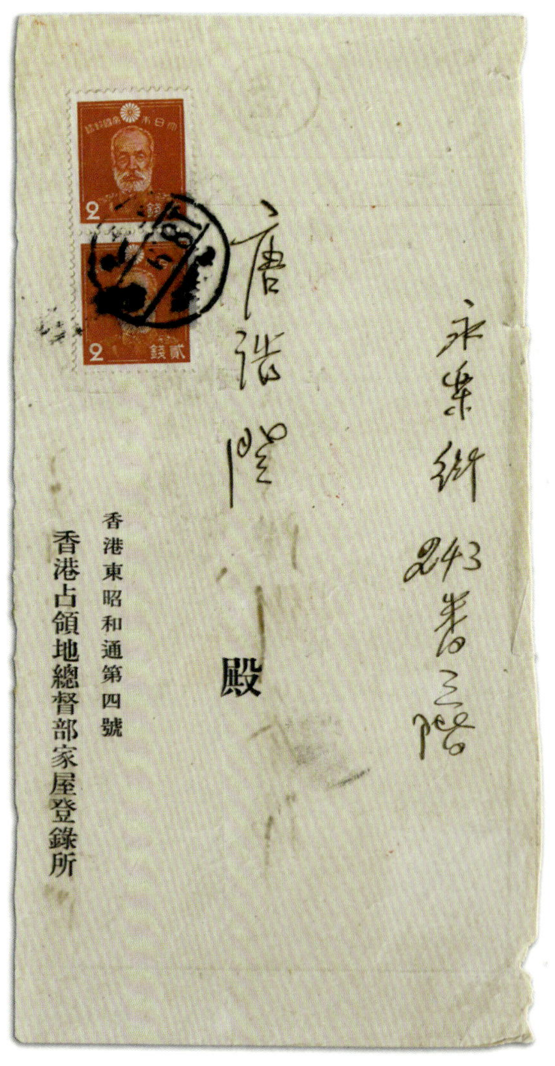

寄往本地的信件，貼有兩枚日本二錢郵票。

一九四二年四月二十一日，由香港寄至廣州的日本郵政明信片，上面註明發信者是中國人。

寄至上海的特殊郵品收據。

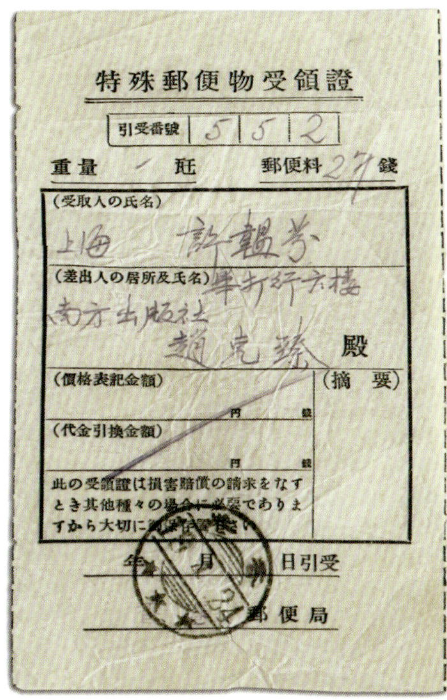

特殊郵便物受領證

引受番號 5 5 2

重量 1 瓩　郵便料 27 錢

(受取人の氏名)

上海

(差出人の居所及氏名)

南方出版社

殿

(價格表記金額)　円　錢

(代金引換金額)　円　錢

(摘　要)

此の受領證は損害賠償の請求をなすとき其他種々の場合に必要でありますから大切に

年　月　日引受

郵便局

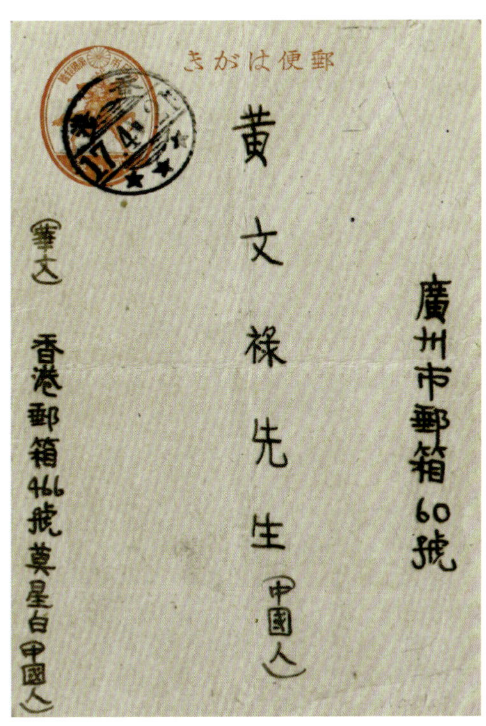

▲貼上一套三枚（一元五十錢、三元、五元）日本票加蓋「香港總督部」暫定改值郵票的信封。

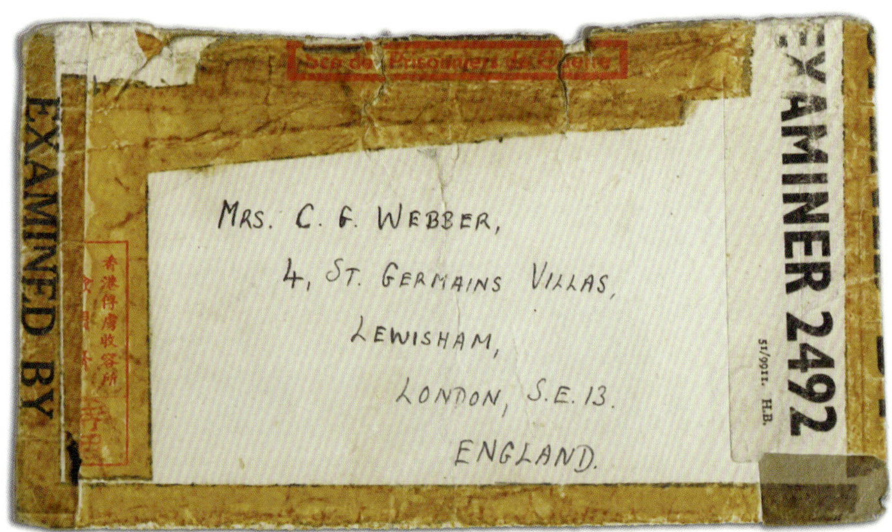

從香港俘虜收容所寄至英國的信件，從信封上的蓋印可見信件受到數次嚴格的檢查。

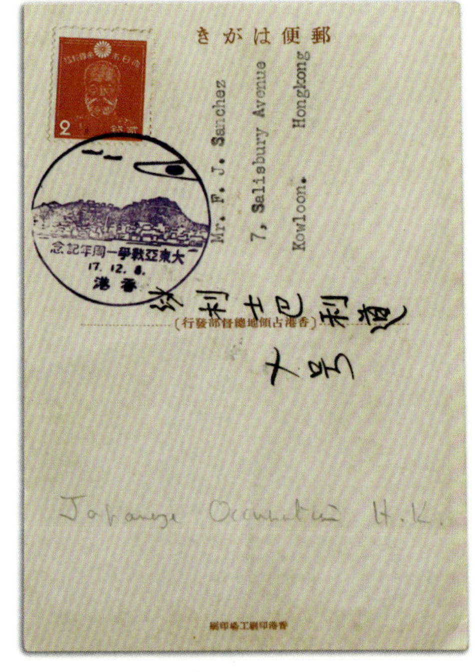

蓋上「大東亞戰爭一周年記念 17.12.8，香港」紀念印的明信片。

▲ 一九四六年八月二十九日，香港西郵會印製的「勝利和平紀念」郵票首日封。

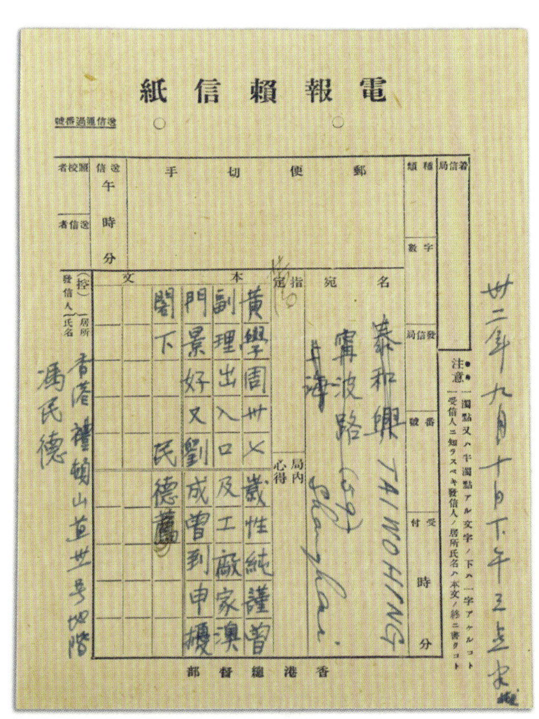
電報頼信紙

香港總督部

泰和興 TAI WO HING

寧波路 (59)

上海 Shanghai

卅二年九月十日下午三点

香港禮頓山道廿号四階

馮民德

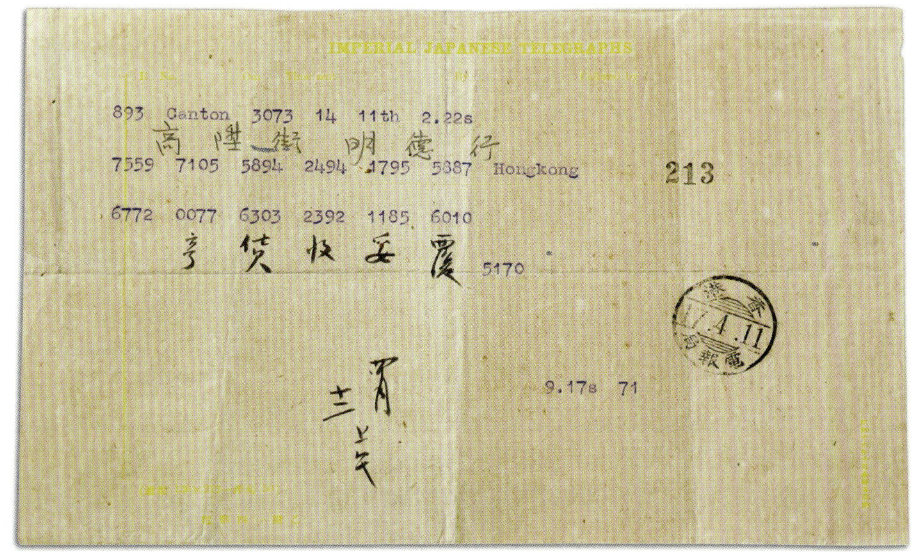
IMPERIAL JAPANESE TELEGRAPHS

893 Canton 3073 14 11th 2.22s

7559 7105 5894 2494 1795 5887 Hongkong 213

6772 0077 6303 2392 1185 6010

5170

9.17s 71

日佔時期，兩封香港收到及由香港發出的電報。

娛樂活動

馬照跑

香港賽馬會成立於 1884 年，歷史悠久，雖然賽馬活動含有賭博成分，但卻是香港市民主要消閒娛樂活動之一。日軍在佔領香港後，為了粉飾太平，麻醉人心，製造一種娛樂昇平的繁榮景象，於是在淪陷後的幾個月，迅速恢復賽馬活動，堅持「馬照跑」。1942 年初，「香港賽馬會」被改名為日本化的名字「香港競馬會」，而跑馬地「快活谷」則被改名為「青葉峽」。可是當時民不聊生，哀鴻遍野，港人都沒有興趣看賽馬，結果賽馬便成為了日軍和日籍商人的娛樂活動。

由於在香港保衛戰中，英軍只支撐了 18 天，所以戰事對香港的破壞程度不是太大，馬匹的傷亡也不多。除了少數馬匹被日軍徵用外，馬房裏仍然保留不少現役馬。因日本人急於恢復賽馬事業，所以特地以精糧飼養馬匹，這些餵馬的糧食比當時受糧荒折磨的港人吃的還要好，可謂人不如馬。

馬主、馬匹、騎師

戰前，香港賽馬是一種非常洋化的貴族活動，日本侵略者為了消除英國統治香港時的痕跡，於是刻意把所有本來用英文命名、書寫的馬名、騎師和他們的掛牌，全部改成中文，使華人馬迷更方便溝通。那時最高班次的馬匹是「藍鳥」、「青山」、「民望」及「勝利」四匹名駒，當時稱為「谷中四大天王」。

在淪陷時期，除了葡萄牙和印度人外，大部分外籍人士都被關進了集中營，他們名下的馬匹不是被日軍充公，就是讓其他馬主競投。日本人為了控制馬會、擴展賽事及讓馬迷們恢復信心，便加入一些日本的新馬主，其中有一部分是來港經商的日藉商人。日方曾邀請香港首位華人馬主何甘棠出任馬會主席及兼任裁判，但他在不久後辭任。由於當時外籍騎師大部分身陷囹圄，所以每場賽事都是以華人騎師為主。當時新秀騎師郭子猷在馬場上戰績彪炳，加上他精通日文，成為了馬場的風頭人物，並獲得淪陷時期「冠軍騎師」的稱號。

賽馬新招

在香港淪陷期間，賽馬所用的馬匹大部分是戰前的現役馬，包括澳洲馬、中國馬等。在那三年零八個月裏，只有從台灣運來二十四新馬參賽；除此之外，再沒有其他新馬補充了。過了不久，現役馬的數量日漸減少，為了令賽事有足夠馬匹，退役的老馬、街上的拉車馬也被徵入馬場參加賽事，濫竽充數，以補充馬源。到了 1944 年底，馬源缺乏問題更為嚴重，每半個月只能舉行一次賽馬，一天內舉行六至七場賽事，每場只得四至五匹馬上場。日佔馬會為了挽救這個頽勢，試行了「距離讓賽」、「速步賽」，甚至以掛於鋼線上滑下的木馬代替活馬競賽，做法可笑，然而仍未能挽救缺馬的難堪局面。

◀ 戰前不可能出現的景象：騎師、馬主及觀眾差不多全是亞洲人。

▲銀製會員馬牌，背面刻有「香港競馬會昭和十七年」（即一九四二年）。

▲銀製香港競馬會職員證章，背面刻有「香港深水埗鄧芬記製」。

◀日佔期間，馬會送給騎師的銅製馬靴獎品，以作獎勵。

◀一九四二年初，快活谷跑馬地被日本人改作「青葉峽香港競馬場」。

澳淵馬

距離讓賽

路程一千六百咪

編號	參加匹數	時間	首名馬及騎師	重量磅	被讓路程	二名馬及騎師	重量磅	被讓路程	三名馬及騎師	重量磅	被讓路程	馬位距離
13	3	1.54	飛霞 鄧文華	140	130咪	日光 吳祥輝	140	不讓步	凱旋 楊永貴	140	30咪	六馬身外 一馬身半
38	4	1.55	飛霞 莫慶垣	140	110咪	凱旋 楊永貴	140	60咪	春花 劉燊	140	不讓步	二馬身 六馬身外
68	5	2.07	飛霞 莫慶垣	140	90咪	凱旋 廖志雲	140	60咪	春花 梁天培	140	20咪	六馬身外 六馬身外

— 16 —

▲《競賽成績冊》內有關「距離讓賽」被讓路程、騎師資料、競賽成績及時間紀錄等。

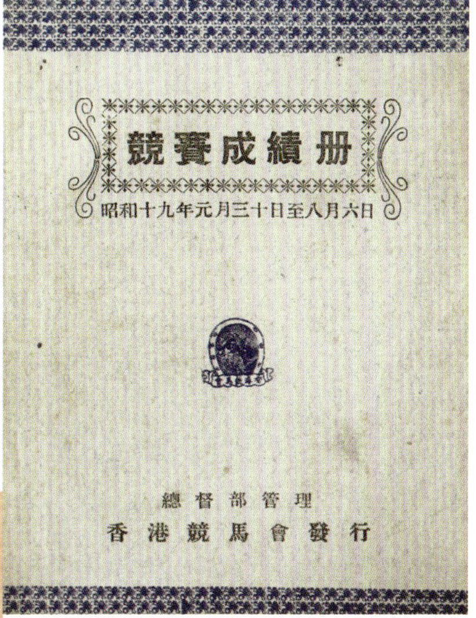

馬匹紀錄

昭和十九年元月至八月

中國馬

7. 金鷄

毛色:栗　體高:14掌2寸§
14, 25.

12. 飛霜

毛色:鹿　體高:14掌2寸§
7^{3}, 44, 49^{2}, 55^{1}, 60^{2}, 65^{1}, 73^{1}, 81^{2}, 88,
19-1-31 至 19-8-31 所獲獎金¥4,300.

18. 母鷄

毛色:葦　體高:14掌1寸§
25, 40, 44, 48^{2}, 73, 81.
19-1-31 至 19-8-31 所獲獎金¥2,500.

19. 松竹

毛色:栗　體高:14掌2寸§
7, 14^{2}, 25^{1}, 40^{3}, 44^{1}, 49^{3}, 55, 65.
19-1-31 至 19-8-31 所獲獎金¥1,750.

注意：§=體高在本年六月一日復量

—1—

▲◀ 昭和十九年（一九四四年）正月馬會發行的《競賽成績冊》，內容有馬匹紀錄、競賽成績、路程、時間紀錄等。

娛樂與賭博事業

日佔初期，政府雖曾明例禁賭、禁跳舞，但禁之不絕。日軍司令田中久一上任為第二任香港總督以後，公開鼓勵開賭，以抽取賭餉充當軍費及政府支出。當時百業凋零，唯有黃、賭、毒等行業得到發展，從最熱鬧的中區到最偏僻的角落都有賭場、煙館。各種賭博如番攤、牌九、麻雀、字花等風行一時。雖然市面上仍然有各種娛樂消遣，但只有少數負擔得起的人可以享用。

電影、粵劇及話劇

戰前全港有 38 間戲院。大部分是專門放映電影的，其餘的是上演粵劇或話劇。到 1942 年中，已復業的戲院有十多間，包括了娛樂、利舞台、平安、東方、大華等。票價就由最高的 45 錢至最低的 10 錢。時局雖然艱難，但看電影以排遣苦悶的人也不少。電影院因為成本不高，也勉強可以維持營業。日人也鼓勵電影院盡早復業，讓市民多一個去處，不會和當局對抗。

香港的電影工作者富有愛國傳統，在日佔時期，他們大都拒絕與日方合作，使日人希望藉本地電影以作宣傳的計劃落空。當時戲院大多放映舊片和親日電影，不時同場加插宣傳大東亞聖戰的「紀錄片」。《香港攻略》是日佔時期唯一在香港拍攝的電影，由田中重雄執導，大日本映畫株式會社製作。影片主要由日本演員演出，主題是表彰日軍的智計和英勇，使防守香港的英軍敗下陣來。該影片中還用了一些香港演員來襯托情節，如聘請了香港演員紫羅蓮做女主角。取景地點在日本、香港和深圳。這部電影在接近日軍佔領香港一週年紀念期間先後在東京（1942 年 11 月 19 日）和香港（1942 年 12 月 8 日）上映。

1942 年，報道部組成了「影畫檢閱所」，以檢查所有在港上映的電影。所有影畫、演劇須事先送報道部檢查，獲發許可證後才可以上映或演出，目的是禁止一切有反日思想或支持中、英、美政府的電影播出。由於戰亂的緣故，香港的影片來源短缺，於是日本當局成立「影畫配給社」，以管理及配給影片，操縱本地的影片內容和市場。影畫配給社的方針極富政治性，它以發揚東洋精神為原則，只容許「意識正確」的影片在港放映。

至於劇院，日方准許院方自由聘請粵劇戲班演出，但劇情歌詞等則需要交報道部審批。當時很多伶人如薛覺先、馬師曾、梁醒波、關德興等因為愛國，不想被日人利用，於是紛紛逃離香港，跑到內地演出，宣傳抗日。不過仍有不少藝人未能及時逃走，被迫滯留香港謀生，不得不粉墨登台。另一方面，由於電影與戲劇不發達，所以造就了歌壇的蓬勃發展。不過到了日佔後期，歌壇所採用的歌詞也要交給日方審查通過。

馬票與彩票

香港馬會於 1931 年首次發行馬票，這是一種結合賽馬與攪珠的彩票形式，分大馬票與小搖彩兩種，先以攪珠方式產生入圍號碼，再以一場指定賽事的賽果決定中彩馬票。大馬票每年開獎兩次，後增加至三至四次，小搖彩則於馬季期間每月開獎一次。除舉辦賽馬及發行馬票外，日方因財政拮据，還委託東亞銀行發行「厚生彩票」來搜刮民財。「厚生彩票」每張售軍票一元，每次發行二十多萬張，中頭獎者可得獎金數萬元，頓成小富翁。

由於日佔時期的片源缺乏，戲院上映的多是舊片。

當時經常播映歌頌日本聖戰的電影，並不時插入日本的新聞片段。

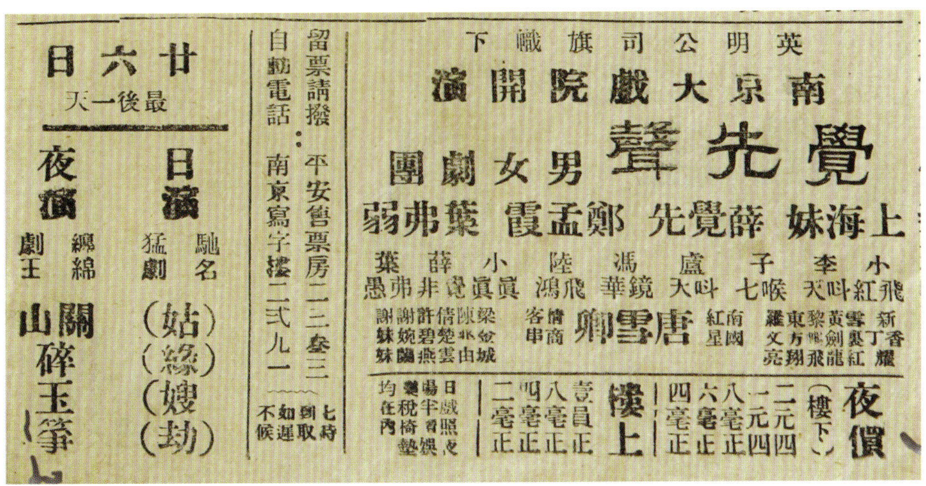

日佔時期，粵劇曾為普羅大眾在艱苦歲月中提供不少娛樂。上圖為覺先聲男女劇團於南京大戲院開演「姑緣嫂劫」、「關山碎玉箏」的廣告，下圖為義擎天劇團於普慶戲院開演「馬嵬坡下集」的廣告。

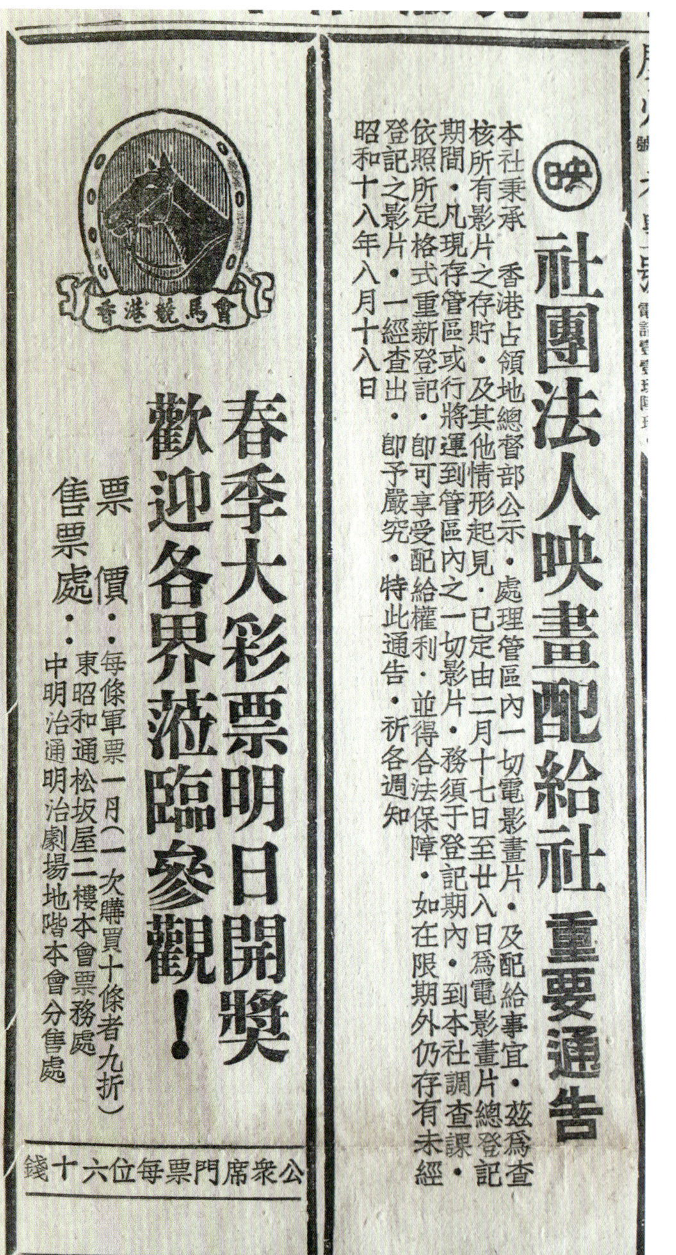
社團法人映畫配給社 重要通告

本社秉承香港占領地總督部公示．處理管區內一切電影畫片．及配給事宜．茲為查核所有影片之存貯．及其他情形起見．已定由二月十七日至廿八日為電影畫片總登記期間．凡現存管區或行將運到管區內之一切影片．務須于登記期內．到本社調查課依照所定格式重新登記．即可享受配給權利．並得合法保障．如在限期外仍存有未經登記之影片．一經查出．即予嚴究．特此通告．祈各週知

昭和十八年八月十八日

春季大彩票明日開獎

歡迎各界蒞臨參觀！

票價：：每條軍票一円（一次購買十條者九折）

售票處：：東昭和通松坂屋二樓本會票務處

中明治通明治劇場地階本會分售處

公衆席門票每位六十錢

映畫配給社在報章上的重要通告（右邊），指所有映畫必須先通過審查才能上映；另一則為馬會彩票的開獎通告（左邊）。

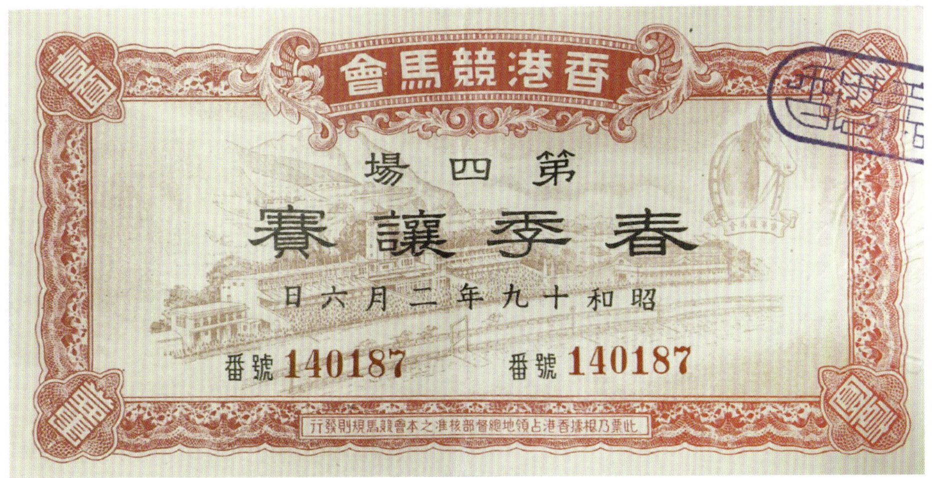

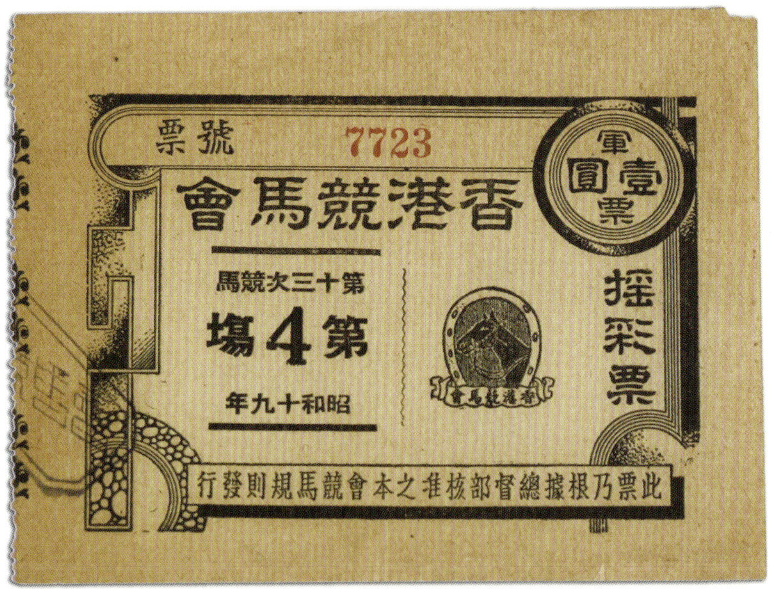

▲▲ 競馬會發行的彩票，售價一元，彩金豐厚。

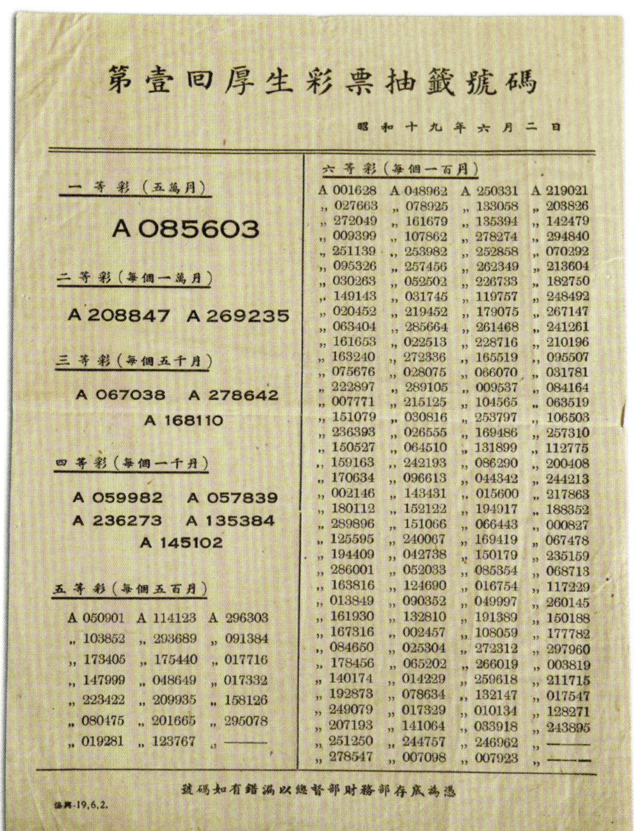

第壹回厚生彩票抽籤號碼

昭和十九年六月二日

一等彩（五萬円）

A 085603

二等彩（每個一萬円）

A 208847 A 269235

三等彩（每個五千円）

A 067038 A 278642
A 168110

四等彩（每個一千円）

A 059982 A 057839
A 236273 A 135384
A 145102

五等彩（每個五百円）

A 050901	A 114123	A 296303
,, 103852	,, 293689	,, 091384
,, 173405	,, 175440	,, 017716
,, 147999	,, 048649	,, 017332
,, 223422	,, 209935	,, 158126
,, 080475	,, 201665	,, 295078
,, 019281	,, 123767	,, ——

六等彩（每個一百円）

A 001628	A 048962	A 250331	A 219021
,, 027663	,, 078925	,, 133058	,, 203826
,, 272049	,, 161679	,, 135394	,, 142479
,, 009399	,, 107862	,, 278274	,, 294840
,, 251139	,, 253982	,, 252858	,, 070292
,, 095326	,, 257456	,, 262349	,, 213604
,, 030263	,, 052502	,, 226733	,, 182750
,, 149143	,, 031745	,, 119757	,, 248492
,, 020452	,, 219452	,, 179075	,, 267147
,, 063404	,, 285664	,, 261468	,, 241261
,, 161653	,, 022513	,, 228716	,, 210196
,, 163240	,, 272336	,, 165519	,, 095507
,, 075676	,, 028075	,, 066070	,, 031781
,, 222897	,, 289105	,, 009537	,, 084164
,, 007771	,, 215125	,, 104565	,, 063519
,, 151079	,, 030816	,, 253797	,, 106503
,, 236393	,, 026555	,, 169486	,, 257310
,, 150527	,, 064510	,, 131899	,, 112775
,, 159163	,, 242193	,, 086290	,, 200408
,, 170634	,, 096613	,, 044342	,, 244213
,, 002146	,, 143431	,, 015600	,, 217863
,, 180112	,, 152122	,, 194917	,, 188352
,, 289896	,, 151066	,, 066443	,, 000827
,, 125595	,, 240067	,, 169419	,, 067478
,, 194409	,, 042738	,, 150179	,, 235159
,, 286001	,, 052033	,, 085354	,, 068713
,, 163816	,, 124690	,, 016754	,, 117229
,, 013849	,, 090352	,, 049997	,, 260145
,, 161930	,, 132810	,, 191389	,, 150188
,, 167316	,, 002457	,, 108059	,, 177782
,, 084650	,, 025304	,, 272312	,, 297960
,, 178456	,, 065202	,, 266019	,, 003819
,, 140174	,, 014229	,, 259618	,, 211715
,, 192873	,, 078634	,, 132147	,, 017547
,, 249079	,, 017329	,, 010134	,, 128271
,, 207193	,, 141064	,, 033918	,, 243895
,, 251250	,, 244757	,, 246962	,, ——
,, 278547	,, 007098	,, 007923	,, ——

號碼如有錯漏以總督部財務部存底為憑

19,6,2.

第一回厚生彩票（下圖）及所抽出的號碼（上圖），彩票的圖案印有香港海岸景色，設計印刷精美，引人收藏。

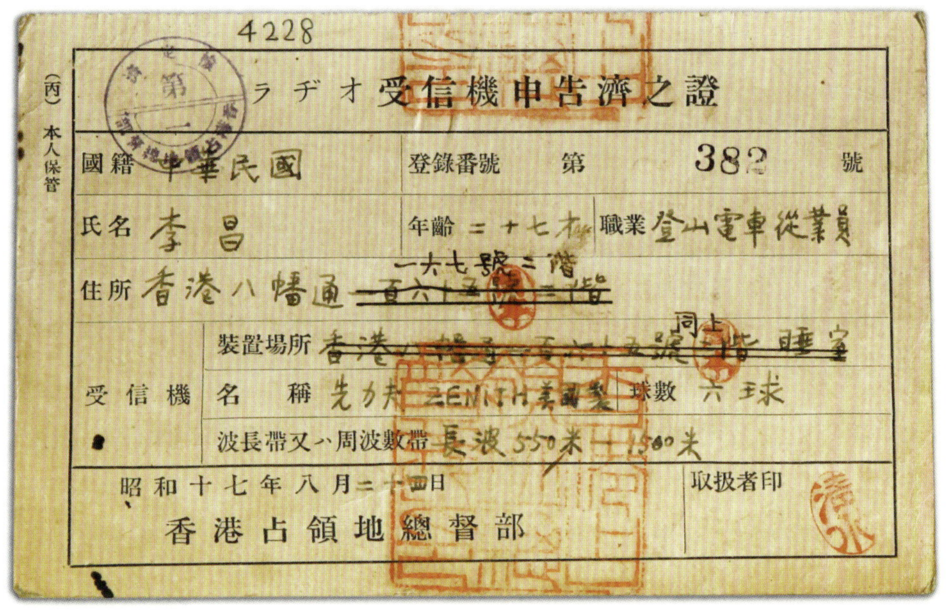

4228

(丙) 本人保管

ラヂオ受信機申告濟之證

國籍	中華民國	登錄番號	第 382 號
氏名	李昌	年齡 二十七才	職業 登山電車從業員
住所	香港八幡通一六七號三階		
受信機	裝置場所	同上	
	名稱	先旂 ZENITH 美國製	球數 六球
	波長帶又ハ周波數帶	長波 550米 - 1580米	

昭和十七年八月二十四日

香港占領地總督部

取扱者印

▲ 申請接聽收音機的許可，在日佔時期並不容易。

塘西風月

金陵酒家

上世紀初，香港最繁華的紅燈區就是西環屈地街至堅尼地城之間的石塘咀了，當時，那裏的大小妓寨不下百多間。妓院多，夜夜笙歌的酒樓也多，其中以位於屈地街電車總站前的金陵酒家為最大、最豪華的酒樓。1920 年代，該酒家遷往皇后大道西，原址改為廣州酒家。當時香港酒樓稱為「酒家」者乃由金陵首創，取自杜牧「夜泊秦淮近酒家」之詩句，此後規模較大的酒樓食肆亦隨之稱為「酒家」。為了增強知名度及推廣其為風流雅士聚首之處，金陵酒家曾經懸賞公開徵求對聯，要求以「金」和「陵」兩字作為開首，招募全港知識分子參加。結果，入選前位且最為膾炙人口的是香港首位華人立法局議員伍廷芳創作的對聯：「金粉兩行花勸酒，陵巒一角月窺樓」。

好景不常，港府於 1935 年全面執行禁娼法例，勒令全港的妓院停業，塘西的風光歲月不再。但是在香港淪陷初期，總督磯谷廉介將石塘咀劃分為「娛樂區」，把港島的風月場所集中在石塘咀地帶；至於九龍的妓院則須遷到深水埗指定地區，色情事業於是起死回生，重新興旺起來。

香港日佔期間，一般市民生活於水深火熱、貧病交迫之際，市內仍然有一部分人沉淪在風花雪月和紙醉金迷的生活中。當時的風月場所、娛樂賭館、煙館大行其道，形成了「朱門酒肉臭，路有凍死骨」的鮮明對比。二次大戰告終，日本投降，香港政府重新禁娼，塘西再次宣告沒落。

▼上世紀初，石塘咀為紙醉金迷、風月之地，酒樓、妓院和俱樂部林立。

三十年代富有時代感的美女照片。

昭和十八年（一九四三年）四月二日，位於皇后大道西（西明治通）金陵酒家的晚飯收據，印有娼妓費用一項。留意單據上除了貼有十錢印花稅票外（左上角），還要支付百分之十的遊與飲食稅（稅金四元五十一錢）。

第049號

料金領收書

殿

昭和 18 年 9 月 2 日

經營場所 香港西明治通四佰九十號

經營者 氏名又ハ名稱 金陵酒家

下記金額收候也

遊興飲食ノ年月日		遊興飲食ノ人員	9

品名	數量	金額 圓	錢
茶	9	1	80
酒		5	40
點心			
鹵味			
汽水			
飯 麵 粉	9	4	50
椒 芥 醬			48
御料理		31	80
娼妓花代立替金			
		1	20
計 45圓 10錢			
稅金相當額 4圓 51錢			
サービス料 4圓 51錢			
立替金 圓 70錢		內譯 円	70 錢
合計 54圓 82錢			

（指定用紙）

攝影沙龍

攝影沙龍起源

攝影技術在百多年前由西方傳入亞洲及香港，在社會中發展為無數的用途及角色，在 20 世紀 30 年代已經被市民廣泛接受，成為了生活的一部分。「沙龍」一詞源於法語 Salon，原意是指大廳或客廳，後來引申為招待會、社交聚會，以作為交流政治資訊、聯絡社會關係的場地。其後沙龍一詞又發展成一種特定的藝術展覽制度和展覽形式。「沙龍」與「攝影」這兩個名詞的結合，是攝影活動發展的產物。攝影愛好人士除了對器材設備感興趣外，又會集合同好一起研討各種攝影相關知識，欣賞作品，這就成了現代各種攝影協會或俱樂部的起源。

其實很多攻佔香港、中國及其他地方的日軍都是非自願的，而是被迫徵召入伍，或是受到政治洗腦蒙蔽，攻佔別國，做出殘暴的行為。所謂人之初，性本善，他們都是日本軍國主義的犧牲品。士兵們離鄉別井，思鄉之愁，只能寄情於家人友好的照片上。

日佔攝影展覽

日佔時期，政府和不同組織曾經舉辦多個攝影展覽，主要是官方機構透過攝影展來作政治宣傳。例如在 1943 年 9 月 20 日，總督部報道部為展示日本航空部隊的威容，一連十天在香港的松坂屋及玉屋百貨公司、九龍的各商店，舉辦照片展覽。

1943 年 11 月，為了讓市民清晰了解廣九鐵路沿線地區一帶曾發生多次遊擊戰爭，香港佔領地防衛軍及南支軍被派往參與肅清戰鬥，總督部在松坂屋的飾櫃內展出十餘張實況照片，以宣傳其成果，據報參觀者頗多。除了攝影展外，香港報社亦曾多次主辦攝影比賽，以顯示日佔政府建設香港的成果。

一名日軍在港島的照片（上圖），相片背面有香港憲兵隊檢查印（下圖）。

相冊內的日軍家庭照片。

▼▶ 日軍的個人相簿。

▶ 名為「回顧」的軍人照片及明信片冊。

日軍卡通明信片，顯示遠征的軍隊喜愛拍照，寄回家鄉留念。

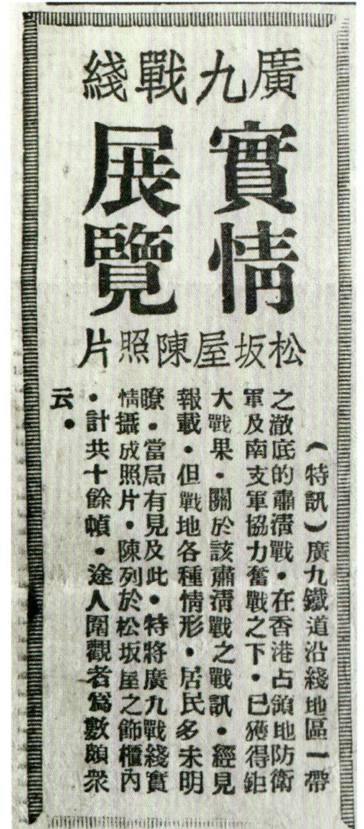

廣九戰綫

實情展覽

松坂屋陳照片

（特訊）廣九鐵道沿綫地區一帶之徹底的肅清戰·在香港占領地防衛軍及南支軍協力奮戰之下·已獲得鉅大戰果·關於該肅清戰之戰訊·經見報載·但戰地各種情形·居民多未明瞭·當局有見及此·特將廣九戰綫實情攝成照片·陳列於松坂屋之飾櫃內·計共十餘幀·途人鬧觀者爲數頗衆云·

一九四三年十一月三十日，《華僑日報》刊登「廣九戰綫」照片展覽。

報紙上的照相館廣告。

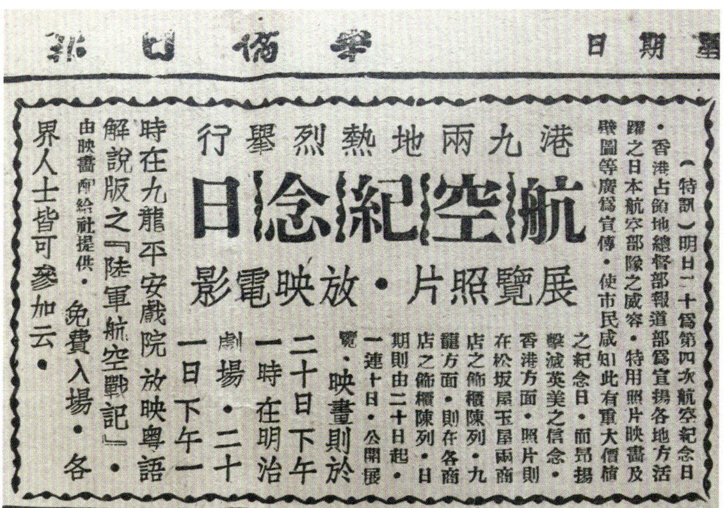
星期日 華僑日報

港九兩地熱烈舉行

航空紀念日

展覽照片・放映電影

（特訊）明日二十爲第四次航空紀念日・香港占領地總督部報道部爲宣揚各地方活躍之日本航空部隊之威容・特用照片映畫及戰圖等廣爲宣傳・使市民咸知此有重大價值之紀念日・而昂揚擊滅英美之信念・香港方面・照片則在松坂屋玉屋兩商店之飾櫃陳列・九龍方面・則在各商店之飾櫃陳列・日期則由二十日起・一連十日・公開展覽・映畫則於二十日下午一時・在明治劇場・二十一日下午一時在九龍平安戲院放映粵語解說版之『陸軍航空戰記』・由映畫配給社提供・免費入場・各界人士皆可參加云・

一九四三年九月十九日，報章上刊登航空紀念日的照片展覽，並有免費電影放映。

TDP

戰俘與
盟軍反擊

東江縱隊港九獨立大隊

日軍於 1938 年 10 月登陸大亞灣，正式進侵廣東，並在 1941 年 12 月展開對香港的襲擊，同年聖誕節香港宣報投降，香港進入三年零八個月的黑暗歲月。然而自日軍入侵華南後，廣東境內的抗日游擊隊相繼湧現，其中尤以中國共產黨領導，由民間組成的東江縱隊港九獨立大隊最為家喻戶曉。雖然這支游擊隊組織軍備不足，資源有限，但每位隊員都毫不畏縮，奮勇殺敵，與窮兇極惡的日本侵略者浴血奮戰，靈活周旋，全力支援祖國抗日，保護香港市民，為華南抗戰和反日本軍國侵略戰爭的勝利作出了重要貢獻。

1942 年 2 月 3 日，廣東人民抗日游擊總隊港九大隊在西貢黃毛應村的教堂宣告成立，其後改稱港九獨立大隊，直屬東江縱隊司令部。當時港九獨立大隊共有隊員逾千，大多為香港本地人士，由黃冠芳、劉黑仔領導。

東江縱隊港九獨立大隊成立後，全面開展游擊戰爭，積極擴大游擊區，加強部隊的力量。並積極對日軍發動攻勢，包括襲擊日軍據點、截擊日軍運輸隊伍，伏擊漢奸；又發動「紙彈戰」，到處派發抗日宣傳單張，如發佈《告港九同胞書》傳單；又發行地下刊物，如《前進報》、《東江民報》宣傳抗日思想，揭露日軍暴行。此外更與東江縱隊護航大隊互相配合，除保護漁民及海上航道外，又破壞日軍的海上運輸。游擊隊其後轉戰東江兩岸、配合國民政府的抗日部署；又在大鵬灣、大亞灣海域打擊敵人，控制數百里的海岸和通往香港的交通要道。同時，他們協助營救文化人士及國際友人，積極配合盟軍對日的反攻作戰。他們滲入九龍市區，打通數條路線，協助早前來港宣傳抗日的文化人士脱險，安排他們安全分批離港，其中就包括茅盾夫婦、鄒韜奮、張鐵生、何香凝和著名影星胡蝶等。另外亦營救了英軍戰俘，如賴廉士、王國棟、祈德尊和美國陸軍航空隊飛行人員。

此外，港九獨立大隊亦與盟軍、英軍服務團等緊密合作，除協助營救大批盟軍及國際友人外，又成立「國際工作小組」，為盟軍提供日軍在港的活動情報，協助盟軍部署對日反攻作戰。

1945 年 8 月 15 日，日本投降。英國於同年 9 月 1 日重新接管香港，東江縱隊港九獨立大隊奉命令撤離，但其後又應英方請求，自發組成自衛隊，以協助維持新界治安。及至港府於 1946 年 9 月重開各區警署後，自衛隊才陸續解散。

重光後直至 1997 年，港英政府一直不承認這支游擊隊的存在，不給予他們應有的歷史地位。但最終香港特區政府給予正確的評價，於 1998 年 12 月 28 日，政府在大會堂隆重舉行東江縱隊港九獨立大隊陣亡戰士名冊紀念儀式，行政長官董建華將 115 名烈士名冊安放在烈士紀念龕內，到此特區政府正式確認了港九獨立大隊的歷史地位和功績。

▲東江縱隊紀念館，位於廣東省惠州市博羅縣羅浮山

◀香港沙頭角抗戰紀念館前的將士雕塑，該紀念館的前身羅家大屋，是抗日時期港九獨立大隊的活動基地。

▼港九獨立大隊使用過的手槍和步槍。

▼列為國家二級歷史文物的東江縱隊印刷機。

▲ 烏蛟騰烈士紀念公園和抗日英烈紀念碑。

▶ 一九九八年重陽節，特區政府舉行「東江縱隊港九獨立大隊陣亡戰士名冊安放儀式」，時任行政長官董建華親手將港九大隊犧牲的一百一十五名烈士名冊安放在香港大會堂紀念花園內的紀念龕中。紀念龕內也展示一塊港九大隊中、英文名字的牌匾，以紀念大隊成員在抗戰期間所作的貢獻和英勇行為。

戰俘的悲哀

戰俘及英籍居民的處理

香港向日本投降後，約共有七千多名戰俘，主要包括英軍及市民，他們大部分被驅往深水埗兵營，少數則被囚禁於北角的難民營。不久，日軍把普通士兵與軍官分開囚禁，前者仍留在深水埗兵營，後者則被遷至亞皆老街的集中營。印籍戰俘則被囚於馬頭涌集中營，由於他們可用作宣傳，因此大部分印籍戰俘被囚禁一段短時間後即被釋放。1942 年秋天開始，先後約有 3,000 名戰俘被運往日本作苦工，其中近 1,100 人在前往日本途中被盟軍誤擊遇難喪生。留港的戰俘則被迫從事苦工如修路、開礦、擴建機場等勞動。至於被認為是「敵性國民」的英裔居民（包括一些美籍人士，他們大部分被囚禁不到一年便被遣送回國），除少部分有利用價值的人如銀行家外，不論男女老幼，均被送往赤柱拘留營。

戰俘營內環境擠迫，缺乏食物及藥物，戰俘飽受營養不良及飢餓的折磨。此外，痢疾、白喉、腳氣病等疾病非常流行，其中以深水埗營最為嚴重，1942 年中便有三百多名戰俘因而死亡，也有一些在囚禁期間遭日軍處決的。其後的一年，雖有個別人士及團體努力改善戰俘的情況，可是到了日佔後期，由於物資短缺，營內情況更形惡劣。

赤柱監獄及赤柱拘留營

赤柱監獄於 1937 年 1 月啟用，為香港懲教署最高度設防的監獄，囚禁被判終身監禁或較長刑期的男性囚犯及還押犯人，收容額為 1,511 名。日佔時期，有 2,000 名敵性國民、港英官員，被日軍拘留在赤柱監獄守衛宿舍、聖士提反書院等地，統稱為「赤柱拘留營」，但監獄本身並非拘留營的一部分。在 1944 年 1 月，赤柱拘留營改為拘留軍人。

深水埗戰俘營

該處原為英軍駐守的深水埗軍營，建於 1927 年。1941 年日軍入侵香港時，該處仍作軍營用途；香港投降後，便改為囚禁戰俘的集中營。囚禁的戰俘包括英國人、加拿大及印度人。香港光復後，深水埗軍營重新被英軍使用。1977 年，軍營關閉，部分營房成為難民營，收容當時湧入香港的越南難民，部分土地其後改建為麗閣邨、麗安邨及深水埗公園。現時公園內建有紀念碑，以紀念該段歷史。

北角集中營

北角集中營本為戰前的難民營，用以收容日軍侵華時避難來港的難民。香港淪陷後，該營用作拘留戰俘，其中主要為加拿大兵和皇家空軍。該址部分地方現為電照街遊樂場和英皇道遊樂場。

亞皆老街集中營

亞皆老街集中營是第二所原本用作收容難民的拘留營。香港向日軍投降前，該營已被日軍用作拘留戰俘，其中主要是印籍軍人。1942 年 1 月，拘留營進行重組，所有戰俘遷離該處，並轉而用作拘留大部分駐港軍官。該批人士一直被扣留於此，直至 1944 年 5 月遷回深水埗戰俘營為止。現址為香港眼科醫院及九龍城法院大樓。

馬頭涌及馬頭圍戰俘營

位於九龍城馬頭涌道及馬頭圍邨部分地方。馬頭涌戰俘營是第三所原本用作收容難民的拘留營，1944 年因餘下的印籍戰俘被遷到亞皆老街集中營而關閉。其後，該營重開，改稱為馬頭圍戰俘營，屬平民拘留營，用以拘留南美洲人、華僑、泰國人等公民。

▶ 英國印行的《遠東戰俘月刊》當中刊載了赤柱拘留營地圖。

MILITARY INTERNMENT CAMP. HONGKONG

For Civilians (Formerly Stanley Camp)

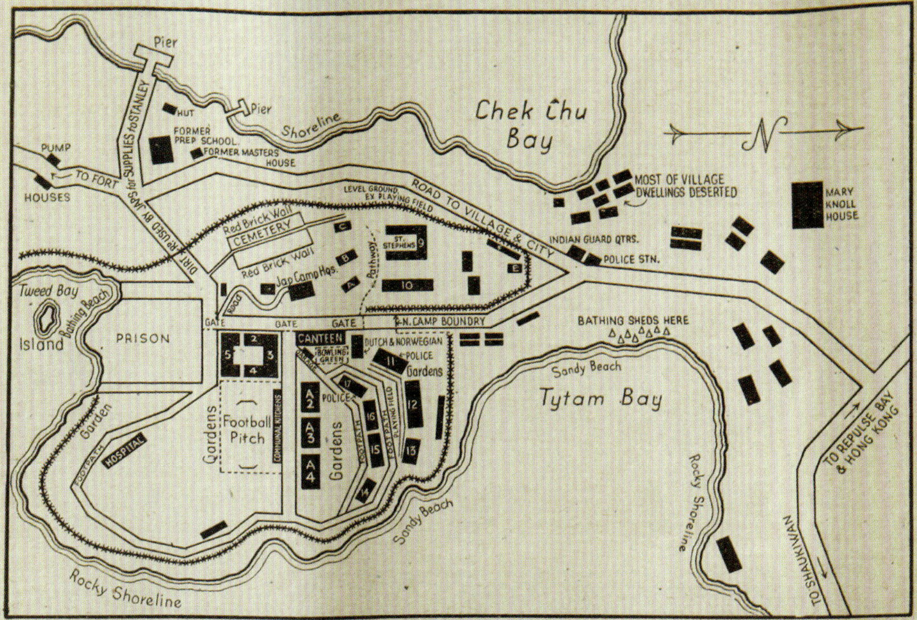

BASED ON A SKETCH MAP DRAWN BY REPATRIATES FROM THE EXCHANGE IN 1943.

The map is, therefore, correct up to September 23rd, 1943, when the repatriates left Hong Kong. This camp and other civilian camps in Japan are now termed "military internment camps" by a Japanese administrative ruling, although still occupied by civilian internees.

CIVILIAN NEWS

(Continued from page 11)

in Shanghai have now been moved into a Civil Assembly Centre known as Western Area No. 4. This Centre is situated at the corner of Lincoln Avenue and Chusan Road in the Hungjao district, and consists of fourteen houses in a compound, which formerly housed personnel of the Bank of China.

Visits to Hospitals

M. Egle, the I.R.C.C. Delegate in Shanghai, cables that on December 19, 1944, he visited the inmates of the Civil Assembly Centres who are ill in the Shanghai General Hospital. There were 112 British, 20 American, 2 Belgian and 2 Dutch patients. M. Egle was allowed to speak freely with them and reports that they are well cared for and in every respect are receiving the same attention and treatment as private patients. On December 24, 1944, he visited patients in Shanghai Country Hospital, consisting of 31 British, 4 Americans and one Italian. The same satisfactory conditions exist here.

MALAYA

Civilian Internment Camp, Singapore

EACH month, with money supplied to him out of Red Cross funds, M. Schweizer, a Swiss living in Singapore, is able to purchase relief supplies, such as foodstuffs, medical supplies, clothing, shoes, toilet articles and tobacco and send them into the Civilian Internment Camp. In the latter part of 1944, M. Schweizer supplied the internees with a certain amount of workshop equipment to be used for the erection and repair of camp huts. Agricultural implements were also supplied for vegetable cultivation.

Mail

About 1,500 postcards from civilian internees in Malaya were received in this country at Christmas. The majority of these cards were long and written by hand and we believe they were written in May/June, 1943. There were, however, a few cards of 25 words, either typewritten or printed in block capitals, which were apparently written in the autumn of 1943.

BURMA

The first letters to come from Burma since the Japanese occupation of that country in 1942 have arrived from civilian internees in Tavoy Camp, dated May, 1944. They state that these are the first letters or cards they have been allowed to write.

SAMUEL HOWARD WHYTE 香港俘虜收容所
THE HONG KONG PRISONER of WAR
CAMP 'A'
MAY 5th 1943.

DEAR BESSIE,
I HOPE THIS REACHES YOU SAFELY, AND FINDS YOU, JEAN AND JIMMIE WELL. I AM STILL IN HOSPITAL, HAVE BEEN SINCE OCTOBER AND AM DOING QUITE WELL

I AM ANXIOUSLY AWAITING NEWS FROM YOU ALL, LETTERS HAVE ALREADY REACHED THE CAMP, SO I FEEL SURE THAT I WILL BE IN LUCKS WAY IN THE NEAR FUTURE.

YOUR LOVING.

Sam

SAMUEL HOWARD WHYTE.

▲ 一九四三年五月五日，戰俘收容所寄出的信件，由於郵件須接受日軍檢查，信內不能通過的字眼便被檢查員剪去。

▶ 一九四一年十二月二十九日，一封由戰俘寄回老家報平安的書信。

Sig C. Sloan
V2219
Volinteir Defence Corps
Hong Kong
29 Dec 1941

Mrs J. M. Sloan
3 Edward Street
Kew E4
Melbourne
Australia

Dear Jean
I am alive & well & glad it is all
over. I hope this letter finds you all well I have been
trying to get in touch with dad but have been unable
to do so but I am shure he is well & may be
I will meet him soon little Jim must be quite a man
now does he talk yet & I suppose he can walk. now
please dont worry about me honey I will be OK. dont
worry honey & want you to be nice & fat by the time
I see you I havent been down to the flat but
I have heard everything is all right go to the
government honey they should carry on with your
allowance as I am a prisoner of war & dont forget
take everything you can get & please dont worry
I love you such a lot & am thinking of you every
minute of the day please keep loving me honey I
know you will & some day we will meet again & start
life anew I am shure uncle John will help you
as much as he can I hope mum is well tell
her not to worry everything will be all right I hope
amah will look after the flat for us if she does
I will pay her well when it is all over I can
still picture you when I last saw you do you
remember on the boat you were on the top rail
as the ship was pulling out keep you chin
ups honey I love you & am thinking of you
all the time

Your loving Husband

Charles Sloan

一九四二年七月十一日報道了老虎在香港出沒的新聞，一名俘虜借此鉛筆卡通畫，幻想有冰凍的老虎啤酒解渴。

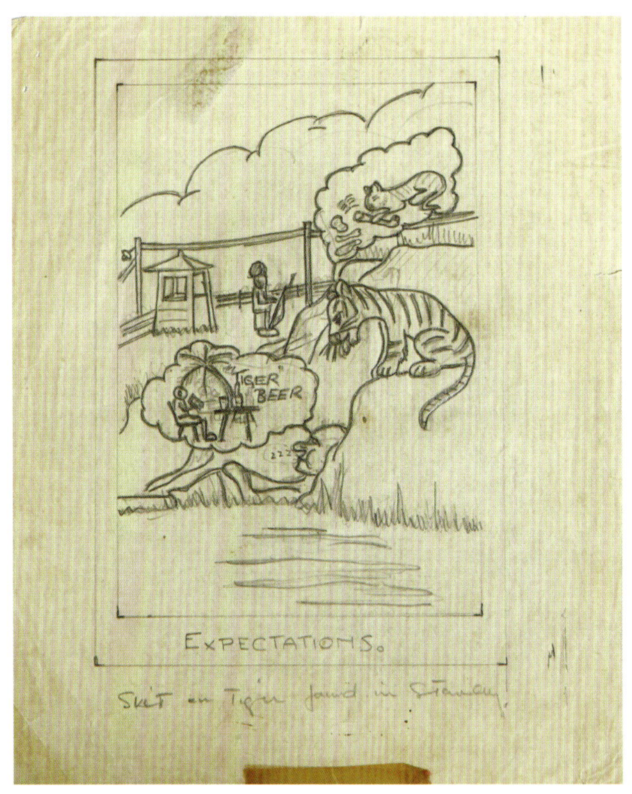

《遠東戰俘月刊》內有亞皆老街集中營的圖片。

Far East

Companion Journal to "*The* PRISONER of WAR"

THE OFFICIAL JOURNAL OF THE PRISONERS OF WAR DEPARTMENT OF THE RED CROSS AND ST. JOHN WAR ORGANISATION, ST. JAMES'S PALACE, LONDON, S.W.1

VOL. 1. No. 4 | Free to Next of Kin | AUGUST, 1944

The Editor Writes—

IN our No. 3 issue we printed a notice stating that "Far East" would not necessarily be published at regular monthly intervals. We had in mind the fact that news of the prisoners of war in Japanese hands reached this country at irregular intervals and felt that it would be better to defer publication until we had news or information to impart.

Thousands of Messages

During the last few weeks some 46,000 letters and postcards have been delivered to addresses in this country from the Far East. They came from both prisoners of war and civilian internees in Japan and many Japanese-occupied territories. About 15,000 were sent from Siam (Thailand), some as recently as last January, and the remainder mainly from camps in Japan, Hong Kong, occupied China, Korea (Chosen), Formosa (Taiwan), Malaya, Borneo and Java. Most of the messages from civilians were from Stanley Camp, Hong Kong. A small number of cards have been received from new prisoners of whom nothing has been heard before.

Mail Reaching Camps

All the correspondence from Malaya appears to have consisted of 25-word postcards. Many of the writers report that they have received a substantial quantity of mail. Messages from Java are couched in set phrases, as are those from Borneo. It is encouraging to learn from many of the camps that very much more mail is being received.

Glad News

This mail has brought to many next of kin the news that they have longed for and prayed for over many weary months—the first glad news since their dear ones were taken prisoner. It is easy to picture the thrill of joy and relief that the postcard with its mysterious markings, its meagre but tremendous message, and its scrap of familiar handwriting has brought to its recipients. We congratulate them warmly.

In His Own Hand

A parent in Penygraig (Glam) writes to tell me of a first message from a lance-bombardier who is a prisoner of war in Borneo. It was written on Christmas Day, 1943, and has taken six months to arrive. "What pleases me," writes the parent, "is that the 25-word message is in ink in block writing and in my son's own hand. He says that he is in good health and spirits and hopes to be seeing us soon."

Prisoners of war on parade at Argyle Street Camp, Hong Kong.

Mr. Norman Davis

Mr. D. Basil O'Connor has been appointed chairman of the American Red Cross following the recent death of Mr. Norman Davis, who had been chairman since 1938. Mr. Davis was for many years one of the most distinguished figures in American public life. He was a member of the Armistice Commission after the last war, served on the Supreme Economic Council, took a prominent part in the deliberations that preceded the Treaty of Versailles, and at a later date was appointed by Mr. Roosevelt to be his Ambassador at large in Europe. It was at his instance that arrangements were made last autumn for the Washington Conference of Red Cross Societies at which the British Red Cross was represented by Sir Ernest Burdon and Sir Montague Eddy.

On the news of his death reaching this country, Field Marshal Sir Philip Chatwode sent a cable to the American Red Cross in which he referred to Mr. Davis as one "for whom we had great admiration and to whom we owe many debts of gratitude."

Cigars and Port

"Cigars, fruit, cordials, port and duck" formed part of the fare at a Formosa camp last Christmas Day, according to a letter received at Bournemouth by the wife of a lance-sergeant in the Gunners. He tells her that he is very well and had a very nice time at Christmas, which included, in addition to the "feasting," a service and carols in the morning, comic sports and concert in the afternoon, and a sing-song in the evening. It appears from other letters that three

▲深水埗戰俘營內的軍樂團。

▼兩封由上海寄到赤柱拘留所的信件，信封上蓋有日軍檢查印章。

原子彈的威力

1944年日佔後期，太平洋戰爭仍然持續，美國盟軍傷亡慘重。當中1944年12月的傷亡人數達到最高峰，多達八萬多人。尤以盟軍在1945年4月展開的沖繩島戰役，是太平洋戰爭中傷亡人數最多的戰鬥。

自從太平洋戰爭爆發後，美軍開始空襲日本，但是收效不大。1944年，美軍在關島、塞班島等地修築機場，所以轟炸機可以從這裏的空軍基地空襲日本，造成大量日本平民死傷。1945年3月開始的東京大轟炸造成接近十萬人死亡，摧毀了二十多萬棟建築物。這次大轟炸是人類歷史上最具破壞性的非核武空襲，比第二次世界大戰中任何一次軍事行動所造成的傷亡都要多。

盟軍轟炸香港

盟軍由1942年9月至1945年7月期間多次轟炸香港，亦為英國政府所允許，盟軍戰機主要空襲香港的日軍據點，但是亦有誤中民居，造成數千平民無辜傷亡。不過香港市民一般都支持盟軍的轟炸。

研發原子彈：曼哈頓計劃

美國的曼哈頓計劃在國家實驗室成功研發出兩種原子彈，其中一種採用鎗式設計，使用鈾 235 來引發核子連鎖反應，例如投擲在廣島的「小男孩」原子彈；而另一種則是內爆式鈈彈，使用雷管引爆中央的球形鈈，例如投擲在長崎的「胖子」原子彈。

盟軍在空襲日本許多城市後，計劃進攻日本。歐戰於 1945 年 5 月 8 日德國投降後結束，但是太平洋戰爭仍在持續。中、英、美三國在 1945 年 7 月 26 日發表《波茨坦公告》，要求日本無條件投降，並提出日本投降條款。該宣言被視為最後通牒，表示日本如果不肯投降，盟軍將進攻日本本土，造成「日本軍隊不可避免且徹底的毀滅，日本本土一樣無法避免遭到徹底的破壞」。公報中沒有提及使用原子彈，但是日本政府並未作任何回應。美國於是計劃使用成功研製的核武器，在 1945 年 8 月 6 日與 8 月 9 日，分別向日本的廣島及長崎投下原子彈，這也是原子彈唯一一次在戰爭中使用。

廣島與長崎遭原子彈襲擊

廣島

廣島是日本重要的工業及軍事中心，是一個小型的日軍補給及物流基地，也是一個軍隊的通訊、儲存中心與集結區域，很多軍事設施位於廣島附近。在原子彈轟炸的時候，廣島的人口約為 350,000 人。美軍在 8 月 6 日上午 8 時 15 分向廣島投下第一枚原子彈，目標是市中心的相生大橋，爆炸當量為 16,000 噸 TNT 炸藥。總破壞半徑約 1.6 公里，11 平方公里內發生火災。估計約有 12 平方公里的市區被摧毀。市區受到的傷害最大，

70% 的建築物遭到摧毀。約有 100,000 人因核爆而死亡，另外有 70,000 人受傷。

長崎

長崎一直是日本南部最大的海港之一，擁有蓬勃的工業活動，包括兵器、船舶、軍事裝備和其他軍用物資製造，其重要性在戰爭時期很高。長崎跟較現代化的廣島不一樣，大部分的建築都是老式的木造日本建築，住宅與工廠毗鄰，整個山谷幾乎都佈滿工業設施。8 月 9 日上午 11 時 02 分，原子彈被投下長崎市，在距離市中心以北三公里上空爆炸。爆炸產生的高溫估計為 3,900℃，引起每小時 1,000 公里的熱風。爆炸當量相當於 20,000 噸的 TNT 炸藥，估計有 70,000 人立即死亡。到了 1945 年底，總死亡人數可能達到 80,000 人。原子彈徹底毀滅半徑約 1.6 公里內的地區，火災從城市北部蔓延至 3.2 公里外的南部。

長崎遭受核彈轟炸後六天，也就是 1945 年 8 月 15 日，日本宣佈向盟軍投降，並在 1945 年 9 月 2 日簽署《降伏文書》，象徵第二次世界大戰正式結束。

▼盟軍由一九四二年至一九四五年期間多次轟炸香港的日本軍事據點，圖示為受美機轟炸的黃埔船塢。

▼廣島遭到原子彈轟炸時的情景，巨大的「蘑菇雲」升至半空，二十四萬人傷亡。

▶原子彈爆炸產生的高温強光及輻射非常厲害，能在物體或地面上做成陰影。

ガス・タンク
原爆の輻射線を梯子が遮つた爲めに其の部分のみ塗料が変質せず、陰影を殘してゐる
(爆心地より約2200米)

GAS TANK
A certain part of the painted gas tank was shaded from the thermic rays by the fixed ladder and underwent no change whatever, thus making the part quite distinct from the other.
(About 2.200 meters from Explosion Center)

死者の影
爆發の時に大阪銀行の玄關の石段に腰をかけていた者があるらしく、他の部分は花崗岩が强い熱線を受けて表面が變化し其の人の影を殘しゐる
(爆心地より280米)

THE DEAD MAN'S SHADOW
The granite front door-step of the Osaka Bank has a mark resembling a human shape clearly distinguished from the other part affected by the explosion heat, making us suppose that a man was sitting there when the catastrophe took place.
(280 meters from Explosion Center)

◀ 爆炸後廣島市差不多夷為平地，據日本電台描述，廣島的破壞「幾乎所有活的東西，包括人類和動物都被燒死」。

▲ 廣島的產業獎勵館只餘下一個空殼。

▶ 長崎的原子彈落下中心地標，照片上蓋有和平紀念印章。

PEACE FROM NAGASAKI
原子爆弾落下中心地之標
松山町一七〇番地
ATOMIC BOMB CENTER
OUTLINE OF DAMAGE
ON 9 AUGUST 1945 AT 11.02 A.M. AN ATOMIC BOMB EXPLODED IN THE AIR JUST ABOVE HERE. INSTANTANEOUSLY ALL THE HOUSES IN THIS URAKAMI AREA COLLAPSED. THERE VAS A TREMENDOUS CONFLAGRATION.
OTHER PARTS OF NAGASAKI CITY VERE ALSO BURNT DOWN AND PRACTICALLY ALL THE HOUSES IN THE CITY SUFFERED HALF DESTRUCTIONBY THE EXPLOSIVE VIND.
THE PITIABLE SCENE VAS BEYOND DESCRIPTION. THE OUTLINE BY MEANS OF FIGURE IS GIVEN HERE.
1 BURNT AREA 73116000 SQ FT
2 DAMAGED HOUSES
(TOTAL & MAJOR DESTRUCTION ONLY) 18409 HOUSES
TOTALLY BURNT 11574 TOTALLY COLLAPSED 1326
MAJOR DESTRUCTION 5509
3 SUFFERERS 120820 PERSONS
DEATH 73884 INJURED (INCLUDING LATER DEATHS CAUSED BY ATOMIC DISEASE) 76796
被害の概要
被害の状況
ATOMIC.BOMB.CENTER
OUTLINE.OF.DAMAGE
原爆中心地

英國重佔香港

戰後香港的歸屬問題

第二次世界大戰後期，軸心國的戰敗已成定局，有關這些國家所佔地區的前途問題，在國際間開始受到注視。香港方面，當時的輿論普遍認為香港是帝國主義及殖民主義的象徵，因而主張把香港交還中國。此時中國已擠身大國之列，當然希望消除不平等條約和治外法權。美國總統羅斯福也多次主張香港歸還中國，使之成為國際自由港。不過另一方面，英國卻極力要求戰後保持包括香港在內的遠東殖民管治地區，首相邱吉爾在香港問題上多次表態，對交還一事，寸步不讓。由於英國的強硬態度及戰勝國間的利益關係，香港的歸屬問題始終沒有在國際會議上提出。

英國接收香港的經過

1945 年 8 月 15 日，英國宣佈接收香港及恢復香港的管治。中華民國政府曾表示強烈反對，但經過多次交涉及美國的協調後，中方最後同意英方代表可在中英兩國政府授權委託下，在香港接受日軍的投降。1945 年 8 月 15 日，日皇宣佈無條件投降。一天前，英國已得知日本將投降的消息，便指令其駐華大使知會中國，謂英國將接收香港及恢復香港的管治；同時命令其太平洋艦隊組織一支特遣隊，趕往香港受降。

另一方面，當時身在赤柱拘留營的前港府輔政司詹遜亦已接到英國指示，着他在日本投降後接掌香港政務，以待英國的先遣部隊抵達。8 月 28 日，詹遜在電台宣佈，他已是當前英國駐港的首席代表。

8 月 30 日，英國太平洋特遣艦隊抵港，指揮官夏慤少將獲任為重佔香港部隊總司令及香港軍政府總督，詹遜暫任為副港督。當天遂定為重光紀念日，正式代表英國恢復對香港殖民統治，直至 1997 年香港主權移交以前，每年重光紀念日都是香港的公眾假期。

British Official

A Boatload of Grinning Jack-tars Heads for Shore to Replace Defeated Japanese Guards in Hong Kong—H.M.S. *Indomitable* in Background

Despite their victory smiles, the sailors have their rifles ready. Snipers inside the dockyard had to be silenced. Escaping Japanese suicide boats were bombed.

▲重佔香港的英國海軍部隊。

▶一位可愛的小男孩戴上一頂軍帽，與一名英軍一起站崗。

Hong Kong Restored 487

British Official

The Long and Short of It: a Chinese Boy Joins a British Sentry on Patrol

Warships led by the new 35,000-ton British battleship *Anson* relieved Hong Kong. Prisoners of war and internees, including jubilant Canadian troops, rejoiced over the end of suffering. Japanese officers, replacing them in prison, were released to sign the surrender document while 21-gun salutes blazed and fireworks crackled.

一九四五年十月十三日，香港軍政府內部文件，列出了各高層領導人的名單及各部門負責人。

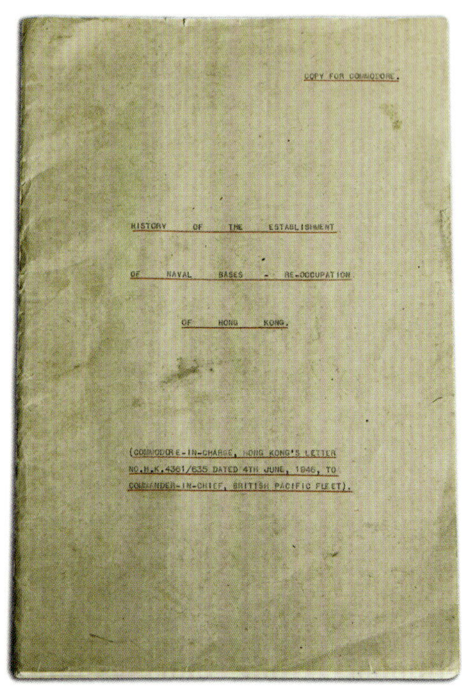

一九四六年六月四日，軍政府向夏愨總督提交的《重建香港海軍基地報告》。

日佔期間英國政府印發的香港資料手冊（*Manual for Hong Kong Planner*），以供負責香港重建計劃的人士使用。

SECRET PERSONAL COPY FOR COMMODORE

Office of the Commander-in-Chief,
HONG KONG,
13th October, 1945.

No. 3(B)/2.

MEMORANDUM.

OFFICES AND STAFF OF THE COMMANDER-IN-CHIEF, HONG KONG.

The Offices of the Commander-in-Chief, Hong Kong and Staff are being established in the Hong Kong and Shanghai Bank Building on the first floor.

2. The duties and responsibilities of the Staff are shown in paragraphs 6 and 7 and the attached diagram (Appendix A).

3. OFFICES.

(i) * The Commander-in-Chief, Hong Kong.

REAR ADMIRAL CECIL H.J. HARCOURT, C.B., C.B.E.

(ii) * The Secretary to the Commander-in-Chief, Hong Kong.

COMMANDER (S) J.D. TRYTHALL, R.N.

(iii) The Chief of Staff to the Commander-in-Chief, Hong Kong. (C.O.S.).

AIR COMMODORE B.V. REYNOLDS, C.B.E.

(iv) The Secretary to the Chief of Staff.

LIEUTENANT (S) R. ELLIOTT, R.N.V.R.

CIVIL AFFAIRS.

(v)** The Chief Civil Affairs Officer (C.C.A.O.).

BRIGADIER D.M. MACDOUGALL.

(vi)** Civil Affairs Staff.

(vii)** Civil Affairs Secretariat.

THE SERVICES.

(viii) Assistant Chief of Staff (Policy) A.C.O.S. (P).

ACTING CAPTAIN A.H.T. FLEMING, R.N. (To be relieved by a Captain, R.N.).

(ix) Policy Section. COMMANDER. L.G. WILSON, R.N.

LIEUT. COLONEL (Army not yet appointed).

WING COMMANDER P.C. HAINE, R.A.F.

SQUADRON LEADER A.S. WOOLNOUGH, R.A.F.

/(x)...............

日本投降

1945 年 8 月 6 日，美軍在日本廣島投下第一枚原子彈，8 月 9 日再於長崎投下第二枚原子彈。8 月 15 日，日皇宣佈無條件投降。1945 年 9 月 2 日，盟國在日本東京灣的美國軍艦「密蘇里號」上舉行日本投降簽署儀式，第二次世界大戰正式結束。9 月 9 日，何應欽代表國民政府，在南京主持中國戰區日本投降簽署儀式，中國「八年抗戰」終告完結。

由於中英雙方對於香港受降問題遲遲未能達成協議，駐港日軍投降儀式遂延期至 1945 年 9 月 16 日才舉行。英國皇家海軍少將夏愨代表英國及中國戰區於香港總督府接受日本陸軍少將岡田梅吉和海軍中將藤田類太郎投降，並在中國代表潘華國少將、美國代表威廉臣上校及加拿大代表凱氏上校見證下，聯合簽署香港的受降文件，香港「三年零八個月」正式結束。

日本雖然宣佈無條件投降，但多年來都不肯正視歷史，不承認發動太平洋戰爭，拒絕道歉認錯，甚至篡改歷史；其國家政要更不時參拜靖國神社，懷念軍國主義，這些行徑都令曾遭日軍侵略的國家之人民痛恨不已。作為戰敗國，日本憲法放棄以軍事手段與他國解決爭端，成立自衛隊只作自我防衛而非軍隊。然而，日本自衛隊近年積極以維持和平為名，派兵參與海外軍事活動，更有人提出把自衛隊升格為國防軍，明顯是要為自衛隊變成軍隊鋪路，漠視周邊國家人民的感受。

駐守港九各處的日軍投降情況。

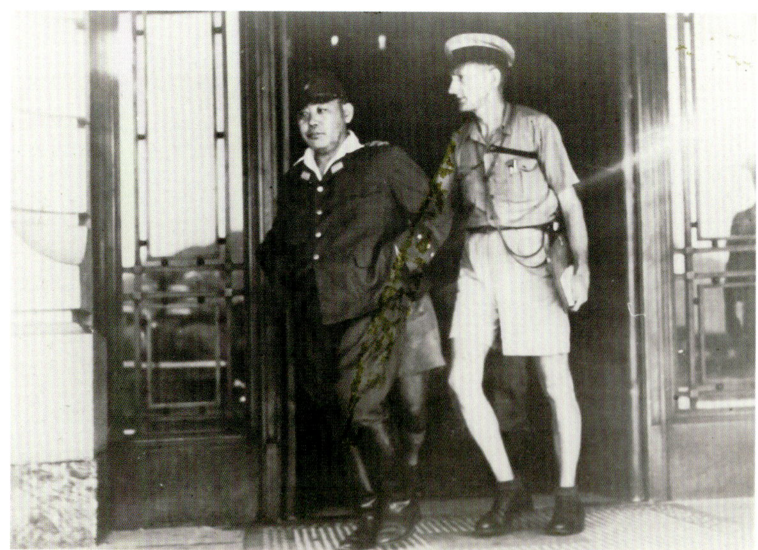

◀▼ 半島酒店外，日本軍官被英軍拘押。

日本軍官與傳譯員。

駐港日軍投降儀式在一九四五年九月十六日於港督府舉行，中國政府代表潘華國少將（左邊桌子左一）會同夏慤少將（左邊桌子左二）接受日軍投降。

一群在啟德機場內負責清理跑道的日軍戰俘向英國軍旗鞠躬，以示降服。

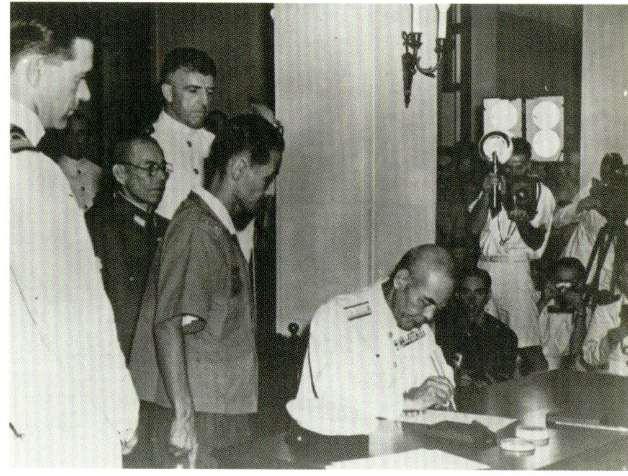

日海軍中將藤田類太郎簽署投降書。

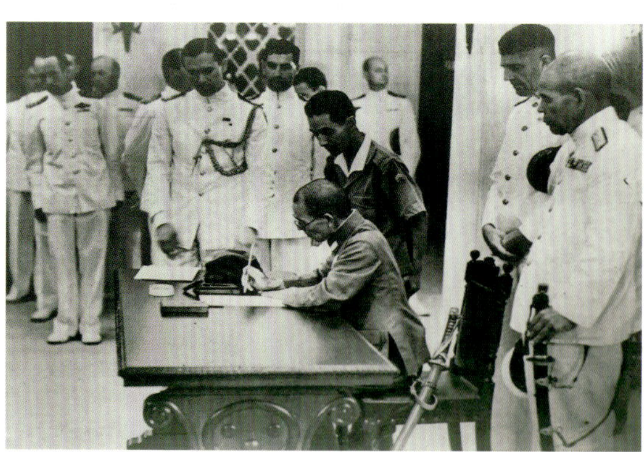

日陸軍少將崗田梅吉簽署投降書。

英日雙方聯合簽署的日本投降書。

INSTRUMENT OF SURRENDER.

We, Major General Umekichi Okada and Vice Admiral Ruitaro Fujita, in virtue of the unconditional surrender to the Allied Powers of all Japanese Armed Forces and all forces under Japanese control wherever situated, as proclaimed in Article Two of the Instrument of Surrender signed in Tokio Bay on 2nd September, 1945, on behalf of the Emperor of Japan and the Japanese Imperial Headquarters, do hereby unconditionally surrender ourselves and all forces under our control to Rear Admiral Cecil Halliday Jepson Harcourt, C.B., C.B.E., and undertake to carry out all such instructions as may be given by him or under his authority, and to issue all necessary orders for the purpose of giving effect to all his instructions.

Given under our hands this 16th day of September, 1945, at Government House, Hong Kong.

海軍中將 藤田類太郎

陸軍少將 岡田梅吉

In the presence of Cecil Harcourt

On behalf of the Government of the United Kingdom.

Cecil Harcourt

On behalf of the Commander-in-Chief, China Theatre.

紀念性建築物

設施毀壞

日本在佔領香港後隨即重組政府及私有物業。在擴建啟德機場期間，日軍摧毀了位於九龍城的九龍寨城及宋王臺，一些知名建築物和學校，如英皇書院、拔萃男書院、聖士提反書院等都被強行徵用為日軍的馬廄、醫院或戰俘營。皇后像廣場內的維多利亞女王銅像更被移走，而拱頂亭座則被刻有佔領香港《告諭》的石碑所封，宣告香港已經被日本佔領。第二次世界大戰結束後，拱頂亭座因為毀壞不堪而被拆卸。

維多利亞女王像

1896 年，為紀念維多利亞女王登基 60 週年，香港政府鑄造了一座三噸重的維多利亞女王銅像，放置在皇后像廣場（當時稱為中央廣場）中心的拱頂亭座之內。香港日佔時期，日政府曾發動「獻銅運動」，強迫市民捐出銅製品以供日方製造武器。原屬香港上海滙豐銀行總行的兩頭銅獅子差點被掠走。皇后像廣場中的維多利亞女王像及其他銅像亦被日軍運往日本，準備熔掉作為製造武器的原料。

其後香港政府透過駐日盟軍總部，尋回愛德華七世伉儷、維多利亞女王及昃臣爵士的銅像。昃臣爵士銅像其後重置於皇后像廣場南面，而維多利亞女王銅像則放置於 1957 年落成的銅鑼灣維多利亞公園內，愛德華七世伉儷銅像則運返英國。隨着香港淪陷及戰後的城市發展，皇后像廣場現時已經沒有任何英國皇室成員的銅像，僅保留了一座紀念銀行家昃臣爵士的銅像。

和平紀念碑

和平紀念碑，豎立於香港島中環遮打道，屬於香港法定古蹟。於 1923 年 5 月 25 日由當時港督司徒拔揭幕，原先是為了紀念第一次世界大戰殉職的軍人而建，雕刻了英文"The Glorious Dead"（意即光榮殉難者）字樣及大戰年份「1914–1918」。其後為紀念第二次世界大戰的死難者，加刻「1939–1945」的年份，直到 1981 年紀念碑側面加刻「英魂不朽　浩氣長存」八個中文字，以表示紀念所有戰爭死難者，特別是為港捐軀殉職的軍人。和平紀念碑外觀設計勻稱，位於階式長方形花崗石地台中央，四周為草坪，突顯紀念碑的莊嚴肅穆。

忠靈塔

1942 年 2 月，日本為紀念進攻香港時陣亡的日軍將士，於是着手興建忠靈塔。忠靈塔建於港島寶雲山的山頂位置，即灣仔峽和馬己仙峽之間，選址相當理想，該位置在維多利亞港兩岸的大部分地區均可看到，計劃建成後會成為香港的地標。忠靈塔原定高 80 米，由大麻石堆砌而成。不過，1945 年日本投降時，忠靈塔只興建不到一半。由於忠靈塔代表了日本的侵略軍國主義，所以港府於 1947 年 2 月 26 日炸毀了忠靈塔。

▼上世紀初（上圖）及一九二〇年代（下圖），維多利亞女王銅像置於拱頂亭座內，下圖可見香港會所前的和平紀念碑。

一九四三年由美國政府印行，只供內部傳閱的《日佔下的香港》(*Hong Kong under Japanese Occupation*)一書，內容提及女王像的移除。

Restricted

HONG KONG

under

JAPANESE OCCUPATION

A Case Study in the Enemy's Techniques of Control

Prepared by

ROBERT S. WARD
American Consul

Detailed to the

FAR EASTERN UNIT
BUREAU OF FOREIGN AND DOMESTIC COMMERCE
DEPARTMENT OF COMMERCE
WASHINGTON, D. C.

1943

PURCHASED FROM
MULTNOMAH COUNTY LIBRARY
TITLE WAVE BOOKSTORE

LIBRARY ASSOCIATION OF PORTLAND, ORE.

QUEEN VICTORIA TAKES A RIDE—The removal of the statues in Statue Square commenced on Thursday. Among the first to go was the statue of Queen Victoria, which is seen being swung out from the position it had occupied for decades.

HONG KONG NEWS, March 15, 1942.

▲一九三〇年左右的和平紀念碑，用以紀念在大戰中陣亡的將士，至今仍然保留原貌。

▶日佔時期，佔領地政府為紀念陣亡的日軍而興建的忠靈塔。香港重光時，忠靈塔仍未建成，最後被香港政府炸毀。

宋王臺石，日佔政府為了擴建啟德機場，炸毀了整塊巨岩。擴建工程尚未完工，日本已宣佈投降。香港重光後，工人由餘下的殘石中，切割出現今的宋王臺石碑。後來港府整修石碑，把它移到新建的宋王臺花園，花園於一九六〇年開放。現今所見到的石碑是原來尺寸的三分之一。（上圖為宋王臺石原貌；下圖為修整後的石碑。）

香港光復與戰後問題的處理

戰爭結束後，英國重新接管香港，夏慤少將於 1945 年 9 月 1 日頒佈《軍政府統治公告》，正式宣佈成立軍政府管治香港。軍政府的首要工作，是接收政府機關及船塢，釋放盟國戰俘和被囚的英國僑民，使水電供應等公共設施盡快回復正常。警署、消防和航政署等政府部門也恢復運作，並且致力維持公共秩序。

重建香港

日軍在香港淪陷時期遺留了極多問題，眾多市民營養不良、醫療衛生惡劣、傳染病嚴重、各種物資嚴重短缺，大部分適齡學童失學，不少房屋受到戰爭破壞。此外，這段時期大量香港原居民及難民湧入，平均每月多達十萬人，使情況進一步惡化。

為了迅速重建百廢待興的香港，夏慤的軍政府首先進行糧食及燃料統計，並頒佈延期付款法，令以凍結各銀行戰前的資金，執行全面的管制政策。同時，凡糧食及燃料都要由軍政府採購，再交由已登記的零售商以政府議定的公價配售，市民要領配米證購買。可是供求一時仍難於協調，黑市大行其道。

統制政策實施兩個月後，軍政府決定除了部分重要物資外，即時恢復自由貿易。1946 年上半年，香港經濟已經恢復至一定水平，貿易漸漸回復正常。1946 年 5 月 1 日，曾被囚於瀋陽集中營的前總督楊慕琦重返香港復職，八個月軍政府的艱難歲月終於宣佈結束，英國對香港的殖民統治恢復正常。

審判戰犯

軍政府成立了 14 個戰犯調查處，並審判了二百多名日軍戰犯。由 1945 年至 1948 年，英國殖民政府審判最少 123 名日軍戰犯，他們涉及最少 45 宗戰爭罪行。當年的戰爭法庭位於銅鑼灣的崇光百貨附近。其中 22 名被判死刑，並於赤柱上吊行刑。14 名因證據不足而獲釋。其餘戰犯被判監禁，刑期由六個月至終身。不過，由於政治及經濟因素，這些戰犯在 1950 年代獲釋。

至於在日佔時期曾與日人合作的華人，英政府採取寬大處理的態度。除了曾加害市民人身者以外，其他的行為都不予追究；即使是最高華人代表、華民代表會主席羅旭龢，亦只是被列入永不錄用黑名單。

部分戰爭罪犯雖然接受了應有的懲罰，但並不能彌補他們在戰爭中所造成的破壞。戰後 70 年的和平日子，是靠戰時無數人民和戰士流血犧牲而換取得來的。我們對犧牲者永懷敬意，也要時刻警惕軍國主義蠢蠢欲動的野心。

April 28, 1944

NOTES FOR SPEAKERS

THE INTERNATIONAL POST-WAR SETTLEMENT

The National Executive Committee has issued a Report on "The International Post-War Settlement," to be presented to the Annual Conference at Whitsuntide.

The following is the full text of the Report:

When the war broke out, the British Labour Movement pledged itself to do all in its power to defend our country against the Nazi gangsters and to fight on until the victory of civilised life was assured. That pledge has been honoured in the letter and the spirit. It will continue to be honoured until the war is won.

But victory on the battlefields is not enough. We must look beyond the surrender of our enemies to the peace settlement. We must pledge ourselves to the great end of an enduring peace and to the methods of social relationships which assure that peace will endure. We cannot permit the agony and horror and destruction of these bitter years to be repeated. That is the debt we owe to our posterity. That is the dream for which so many have so bravely died.

To pay that debt we must begin, without delay, to build a world order in which all peoples unite to pursue their common interests. We are confident that the vital interests of all nations are the same. They all need peace; they all need security and freedom; they all need a fair share in that abundance which science has now put it into our power to create.

But none of this can be achieved unless the international settlement which follows this war is built on unbreakable foundations. We must be clear about our direction. We must be united in our aims. As we have stood together in the shadow of war so we must stand together in the sunshine of victorious peace.

THE PURPOSES OF THIS SETLLEMENT ARE PLAIN

They must be—

(a) To prevent future war, both by removing its causes and by organising in advance collective and preventive action against all forms of aggression;

(*b*) To make sure, none the less, that, if war should again be forced upon us by aggression from any quarter, we shall be able to crush the aggressor quickly and completely;

(*c*) To achieve a high and ever rising level of economic well-being in all lands, the ending of mass unemployment, poverty, and malnutrition, and an effective system of social security everywhere; and

(*d*) To promote the spread of Democracy and political freedom throughout the world.

In brief, our aims must be the maximum security

(*a*) Against war;

(*b*) Against defeat, if war should come;

(c) Against unemployment, poverty, and all other forms of economic distress; and

(*d*) Against Fascism and all forms of political slavery.

To each of these aims Socialism is a fundamental necessity. Each can be achieved only by international co-operation as well as by national action.

The broad outlines of such a settlement are contained in the Atlantic Charter, to the principles of which not only Britain and the United States but Russia and all the other United Nations have subscribed.

THE TERROR IN THE OCCUPIED COUNTRIES

We in Britain must learn to see the lessons of these cruel years through the eyes of our suffering comrades in German-occupied Europe and in Japanese-occupied Asia. Therefore we must take full account of the crimes committed against multitudes of innocent victims in many

5149

◀英國在一九四四年發表的戰後安排，內容提及這次戰爭的慘況，以及如何避免再次發生戰爭。

戰後高等法院前的臨時政府辦公室。

一九四七年港人存有軍票的登記表，以作日後索償之用。

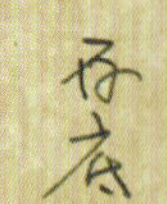

香港僑民存有日本軍票數量登記表　　36年　月　日　第　號

申請人	姓名	吳覲國	年齡	卅六	最近詳細地址	深水埗界限街卅號三樓
			籍貫	新会		
	職業 服務處所及担任工作	戰時：遠奇書司櫃 現在：遠奇書買手			軍票來源	由營業得来
	軍票 面額種類	全面額 壹拾萬零陸仟壹佰元			合計總額	壹拾萬零陸仟壹佰元

申請人簽名蓋章　吳覲國（錫手簽）

保證書

立保證書人　吳永徵　茲保證　吳覲國　填報上開登記表各節確係寔情如有虛偽願負法律上之責任。　此上

外交部駐廣東廣西特派員公署香港辦事處

保証人簽名蓋章　吳永徵

保証人職業	双头	住址	文咸東街119号

備考

說明：本表應填一式二份．申請人及保証人必須親自簽名蓋章，一切事實應詳為填報，不得偽冒．

太平洋戰爭軍人勳章。

防衛香港的加拿大義勇軍勳章。

香港義勇兵團的紀念匙子。

聯合國香港協會索償委員會

港人申請向日索償戰時損失登記表

申請人	姓名	謝禮吾	性別	男	年齡	60	原籍	廣東省台山縣	電話 431597
	職業	洋紙文房商人	住址	香港文咸東街72號地下					
申請人商號	商號	~~永生隆~~ 松茂公司	地址	香港李節街13號叁樓					
	司理	謝禮吾	性別	男	年齡	60	原籍	廣東省台山縣	電話 764227

損害類別

傷亡類

傷亡者姓名	性別	年齡	關係	傷亡簡歷
謝子銘	男	15	第3仔	在香港灣仔被炸彈炸死
余慶章	男	32	店員	〃 〃 〃 〃 〃 〃 〃 〃 〃 〃
合計	傷者			人
	死亡者			弍人

物質損失類

種類	名稱	數量	價值	損失概況
紙料	白書紙	50抵	HK$2500.00	在香港灣仔被炸彈炸毀
〃 〃	色白弍號紙	80抵	HK$2560.00	〃 〃 〃 〃 〃 〃 〃 〃 〃 〃
〃 〃	色雞皮紙	170抵	HK$3876.00	〃 〃 〃 〃 〃 〃 〃 〃 〃 〃
〃 〃	白粉文紙	100抵	HK$1600.00	〃 〃 〃 〃 〃 〃 〃 〃 〃 〃
文房	色鉛筆	50嘜	HK$1200.00	〃 〃 〃 〃 〃 〃 〃 〃 〃 〃
〃 〃	色炭紙	50盒	HK$1250.00	〃 〃 〃 〃 〃 〃 〃 〃 〃 〃
〃 〃	色打帶	40盒	HK$600.00	〃 〃 〃 〃 〃 〃 〃 〃 〃 〃
〃 〃	自來墨水筆	70枝	HK$840.00	〃 〃 〃 〃 〃 〃 〃 〃 〃 〃
〃 〃	打吼机	136個	HK$384.00	〃 〃 〃 〃 〃 〃 〃 〃 〃 〃
〃 〃	鉄紙夾	100盒	HK$250.00	〃 〃 〃 〃 〃 〃 〃 〃 〃 〃
合計總價值			港銀壹萬伍仟零陸拾	元

軍票：伍萬零長四佰 元

附註：以上人命及貨物損失俱是在日治時代在香港灣仔蘭杜街七號地下被炸彈炸毀

登記日期：一九六3年10月29日　申請人簽署或蓋章：謝禮吾

本會地址：香港中環雲咸街弍号叁楼
電話：二〇八八一

◀「聯合國香港協會索償委員會　港人申請向日索償戰時損失登記表」，記錄了當事人的慘況，除了財物的損失外，兒子及店員均被炸死。

▶▼戰後駐港英軍的受勳儀式，士兵們英勇作戰，不怕犧牲，值得我們尊敬及歌頌，僅能以小小的勳章答謝他們。

責任編輯：陳小歡　黎耀強
裝幀設計：高　林
排　　版：時　潔
印　　務：劉漢舉

淒風苦雨——從文物看日佔香港（增訂版）

著者　唐卓敏

出版　中華書局（香港）有限公司
香港北角英皇道 499 號北角工業大廈一樓 B
電話：（852）2137 2338　傳真：（852）2713 8202
電子郵件：info@chunghwabook.com.hk
網址：http://www.chunghwabook.com.hk

發行　香港聯合書刊物流有限公司
香港新界荃灣德士古道 220-248 號
荃灣工業中心 16 樓
電話：（852）2150 2100　傳真：（852）2407 3062
電子郵件：info@suplogistics.com.hk

版次　2015 年 11 月初版
2025 年 7 月增訂版初版

規格　16 開（230 mm × 170 mm）

ISBN　978-988-8913-59-6